POCHES ODILE JACOB

COMMENT FAIRE RIRE UN PARANOÏAQUE ?

DU MÊME AUTEUR
aux éditions Odile Jacob

La Fin de la plainte, 2000.

FRANÇOIS ROUSTANG

COMMENT FAIRE RIRE UN PARANOÏAQUE ?

Odile Jacob
poches

15, rue Soufflot, 75005 Paris

ISBN : 978-2-7381-0818-0

Avant-propos

Comment faire rire un paranoïaque ? Vous penserez sans doute que cette question est faite pour amuser[1]. Vous n'aurez pas tort puisque l'on ne s'amuse finalement que des choses sérieuses. Celle-là l'est plus que beaucoup d'autres ; vous allez vous en rendre compte d'ici peu. Mais il est essentiel qu'elle puisse vous faire au moins sourire, pour que vous vous y laissiez prendre. Elle est, en effet, au cœur de votre existence d'être humain dans cette culture et, avec plus d'évidence, au cœur de la pratique des psy en tous genres. Reste à savoir si votre gaieté ne va pas se tarir lorsque vous en soupçonnerez les conséquences, si elle ne va pas vous agacer lorsque vous constaterez combien elle vous implique. De ces réactions de défense nous pouvons toutefois nous consoler, car cette histoire de paranoïaque et de rire de paranoïaque court déjà depuis longtemps. Freud prétendait avoir « réussi là où le paranoïaque avait échoué ». Mais Groddeck écrivait à Ferenczi : « Espérons qu'il n'a pas désappris à rire. » Les deux compères, en bonne forme au début du siècle, pouvaient brandir leur indépendance d'esprit. Les choses s'étaient gâtées par la suite et,

1. Je remercie Jean-Luc Fidel d'avoir eu la patience de lire une masse d'articles et de conférences et choisi ceux qui relevaient d'un thème récurrent dans une évolution. C'est lui également qui a suggéré pour l'ensemble ce titre, seul reliquat ici d'une conférence donnée à Seattle en mars 1987.

chacun à leur manière, ils avaient fait les frais de leur impertinence. Souhaitons qu'il n'en soit pas de même ici.

Pourquoi privilégier la figure du paranoïaque ? Parce qu'elle est emblématique de notre culture et qu'elle met donc sous nos yeux ce que l'on peut produire de plus raffiné dans le registre de la maladie mentale. La paranoïa se profile d'abord sous les traits de l'individu qui s'adore et qui écarte les miroirs incapables de lui renvoyer une forme avantageuse. Il voudrait qu'une thérapie le narcissise. C'est encore la paranoïa qui est à l'œuvre pour nous inculquer une folle passion de contrôle et de maîtrise. Que la vie ne nous déconcerte jamais : tel serait l'aboutissement de la cure. Enfin la paranoïa se retrouve à son acmé dans le besoin d'un leader qui aurait déterminé avant nous le savoir auquel nous pourrions nous confier. Et peu importe les dégâts opérés par une telle soumission. Nous sommes tous des paranoïaques en herbe qui se soutiennent du ressentiment ou de l'attente exaspérés d'une reconnaissance et d'un pouvoir, à moins que nous soyons déjà des paranoïaques exercés qui jouent du fouet dans le minable royaume qu'ils ont réussi à se forger. Dans ces conditions, si nous voulons nous soigner et aller à la racine du mal, il faut soigner le paranoïaque en nous.

Mais comment ? Par le rire. Mais de quel rire s'agit-il, il y en a tant de sortes ? Évidemment le rire de soi. Mais pourquoi serait-il une médecine ? Il pèse si lourd dans sa légèreté qu'il approche tout ce qui se meut pour en accentuer les contours, qu'il se coule dans nos réalités pour en animer toutes les parts, qu'il fortifie ce qui est faible et réduit la prétention. Il ne juge pas, il n'impose rien et se contente d'épouser ce qui est, en espérant le transformer peu à peu. Avec la paranoïa on avait tout le pire, avec le rire de soi tout le meilleur : la distance dans la proximité, la tolérance par réalisme, la finitude sans le désespoir, l'horreur avec l'humanité, et aussi l'incertitude qui aiguise l'attention, les hasards de l'étonnement, et la vie et la mort. Car le rire de soi ne possède rien, ne capte rien, ne s'affole de rien : il considère et s'amuse. J'en suis donc encore là ; on verra demain.

Mais comment faire rire de soi le paranoïaque ? Question

sans réponse vraisemblable, car ce rire recèle pour lui le plus grand danger. Il suppose, en effet, que soient abolies les défenses édifiées pour tenir à distance une angoisse de dissolution. Au paranoïaque manquent des limites propres qui auraient dû remplir leur rôle sans qu'il ait à s'en soucier. C'est pourquoi il lui faut en emprunter qui seront artificielles et fatalement aliénantes. Il a besoin de prendre appui sur une force contraire, sur la force de son persécuteur, ou supposé tel, qui le protégera du risque de se répandre, qui tracera une frontière sur laquelle il pourra venir buter pour se redonner à chaque instant la certitude ou l'illusion d'exister dans un espace circonscrit. Sans ennemi il s'effondrerait.

L'entourage n'a pas su établir avec lui dans ses premiers temps des relations qui l'auraient rendu distinct et c'est pourquoi il a dû en appeler à des expédients. Comme la présence des autres le menace d'intrusion et leur absence de perte de lui-même, il construit des systèmes de pensée sans rapport avec la réalité et il fait tout pour les mettre en œuvre. Il est possédé par la haine de la vie, car ne disposant pas de limites propres, la vie ne peut que l'envahir ou lui manquer. Il devient lui-même une abstraction. C'est l'impossibilité de la distinction qui le conduit à la nécessité de la maîtrise. Incapable d'éprouver le sentiment premier de l'existence, il va se faire le garant de la vérité. Il ne peut jamais avoir tort. N'étant jamais à la bonne distance, il ne peut pas jouer avec l'accueil et le refus ou rythmer les avancées et les reculs. Pour lui il n'y aura jamais avec les humains d'autre choix que la reddition ou le triomphe. Bref il n'est pas un individu différencié dans et par le rapport aux autres.

Comment serait-il possible de le faire rire de lui-même, si en mineur nous produisions les mêmes manières de nous défendre ? Nous avons l'air de nager dans un tel océan de certitudes concernant notre métier, sa pratique et ses théories que l'on ne voit pas par quelle fracture pourrait s'introduire le rire sur nous-mêmes. Pour que nous soyons capables de transmettre cette forme de rire, nous devons accepter un premier impératif qui pourrait se formuler ainsi : mettre en incertitude toute affirmation théorique. Le psychanalyste ou psychiatre ou psychothérapeute qui tiendrait quelque chose pour définitivement assuré dans l'ordre de la construction intellectuelle ne pourrait que faire le jeu du paranoïaque. Ce dernier se confine, en effet, dans le registre de l'abstraction, abstraction du système et abstraction de sa mise en œuvre. Pour ne jamais en sortir, il suscitera l'opposition en ce domaine. Un paranoïaque — et l'obsessionnel ou l'hystérique n'en sont souvent pas loin — cherchera, par exemple, à connaître ce que le psychothérapeute a pu dire ou écrire, il tentera de percevoir et il détectera aisément dans sa lucide folie ce que son thérapeute tient pour une évidence théorique. Et il attaquera ce point crucial, sûr d'atteindre l'interlocuteur dans sa fragilité. Si le thérapeute se trouve blessé par ces remarques, s'il manifeste quelque résistance que ce soit, même dans le silence, pour abriter son bien propre, le paranoïaque ne manquera pas d'en faire son profit en vue d'éloigner le risque de sa propre mise en question. Si, au contraire, le thérapeute peut se moquer de et en lui-même, et rire de ce qu'il défend en public, en privé ou par-devers lui, le paranoïaque entrera dans une angoisse nécessaire parce que s'effondreront alors ses protections : elles se supportaient de la résistance du thérapeute. Le rire tous azimuts de ce dernier à l'égard de ses propres convictions et certitudes apparaît donc comme la première condition de la levée des symptômes du paranoïaque. Ce à quoi le paranoïaque va se heurter, sans justement pouvoir s'y heurter, c'est à la passion de l'incroyance qui doit habiter le thérapeute. Non pas une incroyance défendue, mais une incroyance allègre, une incroyance en acte capable de défaire à chaque instant toute compréhension préalable. Il s'agirait, par exemple, non pas de brandir le non-sens généralisé comme un autre absolu, ce qui reconduirait la paranoïa, mais de démonter avec précaution les sens proposés et de rendre manifeste leur insuffisance.

Pour que vienne se faire entendre le rire du paranoïaque, il faudra répondre encore à un autre impératif corrélatif du premier. Si, en effet, le thérapeute ne donne aucun appui à la paranoïa, dans le même temps il devra rendre possible son exercice sous peine de voir le paranoïaque se disperser faute de contenant. Car il faut lui fournir une limite. Mais où la trouver ? Comme elle ne peut plus être située au-delà en surplomb, à l'instar de celle qu'il s'est forgée en catastrophe, elle devra bien être découverte en deçà. Mais quel est alors ce quelque chose qui va être proposé pour circonscrire, plus précisément pour effectuer une distinction qui ne puisse d'aucune façon se transformer en maîtrise ? Dans le cas contraire la paranoïa saisira l'occasion pour s'en nourrir. Si le paranoïaque doit rire, cela passe par le rire de soi du thérapeute ; mais ce rire doit fournir l'évidence que tout tient encore, quand, pour la tête, plus rien ne tient.

Il faut que ce soit un appui sans appui, un fondement ininstituable, une assurance qui résiste aux critiques les plus radicales, mais surtout qui échappe à toute prise. Ce sera sans doute quelque chose d'élémentaire reçu sans réflexion possible, un indispensable méconnu : une respiration, un souffle vital au rythme ignoré, un arôme de tranquillité, une lumière qui dessine les contours, la pure capacité de se mouvoir, une place totalement habitée, bref la force d'une complexe présence, celle qui est le lot de tous et à laquelle tous omettent de porter attention tant ils s'y confient.

Un exemple, déjà cité ailleurs, permettra de faire hésiter les sourires entendus, suscités par de telles évocations. Un paranoïaque voudrait provoquer l'opposition du thérapeute par des remarques de plus en plus acerbes à l'égard de son mobilier, de sa voix, de ses dires, de ses écrits. Il ne trouve pas preneur. Alors il apporte avec lui, sans le soupçonner, les odeurs les plus désagréables : il transpire dans des vêtements qui ne vont pas chez le teinturier, il se parfume des eaux les plus âcres, il marche avant d'entrer dans ce qui porte bonheur. Les plus forts déodorants et les aérations répétées ne peuvent venir à bout de cette pestilence. Mais elle commence à décroître jusqu'à disparaître, à l'instant où le thérapeute comprend le manège. Il s'agissait pour cet homme, qui voulait guérir, de fomenter une opposition inévitable, mais qui ne pouvait engendrer aucune protestation. Sans le savoir, et il ne fallait pas qu'il le sache, il posait une question décisive : mon odeur, l'odeur de mon mal, est-elle supportable, le dialogue des odeurs peut-il s'instaurer et me fournir ainsi quelque chose de la limite première dont depuis toujours j'ai manqué ?

Cas exemplaire, car le paranoïaque s'y connaît mieux que quiconque en matière de constructions défensives. Il est donc capable d'arracher tous les masques, d'interdire les faux-fuyants, de mettre bas les protections sommaires d'une compréhension trop rapide. Mais, avec sa haine de la vie, il exige, de celui qui prétend lui proposer un remède, la distinction personnelle qui lui fait défaut. Pour faire face à ses coups de boutoir, il faut vérifier ce qui, à la base, dans les fondations, reste vrai, solide, incontestable. C'est le corps propre qui est mis à l'épreuve, c'est-à-dire l'appropriation de son existence dans la relation aux autres. Occasion pour le thérapeute d'habiter à nouveau son espace et de réapprendre à s'y mouvoir, laissant de côté la réflexion ou obligeant celle-ci à se réinvestir vers l'intérieur, au centre.

Cas exemplaire, mais non pas rare. Qui n'a entendu tel de ses visiteurs se plaindre ou se réjouir des odeurs du lieu où il reçoit, celle de la poussière des livres, celle d'un certain tabac de pipe, celle des personnes qui ont précédé ? Faut-il se précipiter à répondre qu'il n'y a, en ces remarques, rien d'étonnant puisqu'elles sont l'effet du transfert ? En assenant ce grand mot, on pensera avoir fait taire les interrogations. Il en reste une au moins qui demeure. Que cet homme ait utilisé les odeurs pour exprimer son sentiment à l'égard du thérapeute ne dit pas encore pourquoi il a choisi cette voie. On répondra sans doute : parce que sa parole ne trouvait pas l'ennemi dont il avait besoin et qu'il lui a fallu recourir à un moyen d'existence et d'expression qui le disculpait de toute agression et qui cependant faisait naître une opposition pour lui bienfaisante. Mais alors n'était-il pas tout simplement en train de réinventer les fondements de ses rapports aux humains ? Il n'usait pas d'abord des odeurs comme d'un instrument pour parler sans paroles une relation. Il travaillait en aval : il construisait cet instrument. C'est-à-dire que les odeurs — et il en va de même pour l'intonation de la voix, la qualité du regard, l'élégance du geste — formaient la distance nécessaire, constituaient la méfiance ou la confiance, marquaient les limites du corps.

Ce à quoi nous invite donc le paranoïaque, c'est à nous demander comment se constitue le corps relationnel. Il se forme comme la vie par le contact [2]. On raconte qu'une mère désespérée du refus de nourriture de son nouveau-né, lequel avait dû être transporté à l'hôpital, avait été voir Françoise Dolto. Celle-ci avait suggéré que, durant la journée, la mère s'entoure le cou d'un foulard et qu'elle le place le soir à proximité de son enfant. Il avait très vite retrouvé le besoin de se nourrir. Peut-être la mère, par une sollicitude intrusive, avait-elle étouffé celui qu'elle venait de mettre au monde, alors que l'odeur différée rétablissait la bonne distance. Le corps à corps eût été pernicieux ; le tangible d'odeur mesuré correspondait à la force de réaction dont disposait l'enfant et pouvait circonscrire son corps d'une enveloppe humaine et humanisante. Histoire banale pour les éthologues, mais qui nous donne une indication capitale sur la formation du corps propre de l'être humain. Et bien sûr les odeurs ne sont pas seules à présider à cette formation, mais chacun des sens que la culture a distingués et tous les passages entre les sens. Une mère qui interprète immédiatement avec exactitude les différents cris ou pleurs de son enfant, qui perçoit son plaisir ou sa souffrance, qui le prend contre elle pour l'apaiser forme son corps d'être humain à la communication humaine. Si le transfert est l'index du type de relation que répète un individu, il est donc nécessaire d'aller voir comment cette relation s'est instaurée, puis de la refaire, en

---

2. Jacques Schotte, en centrant sa réflexion sur le contact, a remis Freud sur ses pieds à l'aide de Szondi : *Szondi avec Freud*, Bibliothèque de Pathoanalyse, Éditions universitaires, Bruxelles, 1990. Pourquoi privilégier le contact ? Il se privilégie lui-même parce qu'il est la base de la fonction vitale. Aristote, qui termine son ΠΕΡΙ ΨΥΧΗΣ par plusieurs chapitres consacrés au toucher, voit dans ce dernier l'opération de la fonction nutritive, souffle vital dans sa plus grande simplicité. Le toucher est ce que l'on ne peut retirer à aucun être vivant sans lui enlever la vie. Le contact suppose cette âme, cette psyché, et il la sollicite. La réalité psychique est d'abord et avant tout la réalité de la sensation du toucher.

cas de malformation, avec les moyens appropriés, c'est-à-dire essentiellement par les figures variées du contact.

S'il en est ainsi, la question de savoir comment un individu peut entrer en relation n'a plus aucun sens. Le corps propre, le corps humainement animé, est constitué par le contact, n'existe pas sans lui, mais à l'inverse il le constitue. Le corps propre est et ne peut être que corps relationnel, corps social, pourrait-on dire. Il n'est que par la relation et la relation n'est pas sans lui. Il est distinct et distingué par son enveloppe personnelle, mais il n'aurait pas d'enveloppe personnelle si l'entourage et l'environnement ne lui avaient donné, ne lui donnaient sans cesse de quoi s'envelopper. Et à leur tour cet entourage ou cet environnement ne seraient rien pour eux-mêmes s'ils ne poursuivaient la tâche d'envelopper.

Lorsque l'on imagine un corps non seulement autonomisé — car il faut bien qu'il le soit — mais isolé au point d'être sans dépendance, c'est que l'on s'est situé encore une fois en amont, à cette pointe de l'esprit humain qui de fait peut se détacher dans le rêve et la pensée, au lieu où la réflexion s'échappe pour se clore sur elle-même et où le langage ne s'adresserait plus à personne, c'est-à-dire déjà au bord de l'égarement. On estime que là et là seulement l'individuation s'est accomplie. Peut-être est-il possible, en effet, de décrire l'être humain dans ces termes, en considérant la possibilité de la folie comme le principe de sa spécificité individuelle ! On doit admettre pourtant que, si on garde ce point de vue, il n'y aura aucune chance d'alléger quelque peu de son poids la condition humaine ; on ne pourra que renchérir indéfiniment dans la même direction.

Si l'on souhaite guérir quelques blessures, le corps propre, à la fois garant de l'individuation et capacité de rapport aux choses et aux personnes, doit être ramené au niveau des sensations de contact qui le constituent. Dans ce contexte quelle sera l'attitude requise du thérapeute au début et tout au long de la cure ? Freud a parlé d'attention flottante. Mais attention à qui ? Aux paroles ? Certes. Mais uniquement aux paroles ? En aucun cas. Il s'agit d'une attention à la personne investie dans sa totalité. C'est dire que le thérapeute doit retrouver pour lui-même le niveau qui rend possible les premiers contacts formateurs. Non pas d'abord analyser les comportements, détailler les possibilités et les entraves, s'interroger sur ce qui est dit ou ce qui est caché, mais fondre tout cela en une seule appréhension, rassembler et réduire l'existence de l'autre à ce que l'on en perçoit par les sens humanisés. Il importe que l'autre soit reçu dans sa singularité présente, que soit uniquement qualifiée son existence globale, c'est-à-dire qu'il soit enveloppé déjà par avance dans son individuation achevée comme corps, comme souffle vital et comme esprit. Tous les sens entrent en jeu et, d'une certaine façon, uniquement les sens dans leur transmodalité, parce que l'on est d'abord humain par les sens et qu'ils sont à la base de la communication, de l'échange, du contact. Le fondement du transfert positif ou négatif, au cas où l'on voudrait garder ce mot, alors que l'on se situe à l'écart de la névrose, pourrait bien être défini comme la finesse ou le manque de tact.

Le terme d'attention également flottante inventé par Freud prouve que, définissant par cette expression l'attitude première du thérapeute, il y avait vu la condition nécessaire pour que l'opération réussisse. Il devait bien soupçonner que c'était là le seul moyen de pourvoir à la reformation du corps propre, comme totalité personnelle habitée, et que c'était là l'unique chance de rendre possible une éventuelle transformation.

En revanche que va-t-il être proposé au patient d'abord (et même si c'est après de longs détours, ce sera toujours d'abord et au fondement) ? Tout simplement d'être attentif à ce qu'il sent sous ses mains, dans ses pieds, par ses yeux, ses oreilles ou sa langue, de s'absorber dans le rythme de sa respiration, de se mettre bien en place, bref d'être présent à son corps. Au lieu d'oublier le contact premier avec le tangible pour édifier des réponses aux pourquoi, mettre toutes les ressources de son intelligence, de sa pensée et de sa parole au service des sensations, comme s'il devait non pas s'élever dans la sphère des subtilités de l'esprit, mais descendre dans les fondations de sa vie propre.

Il ne s'agit nullement d'une régression à l'archaïque ou au

primitif, à un stade propice à la confusion ou à la symbiose. Car l'explicitation de la vie élémentaire favorise au contraire la distinction. Donc non pas retour à quelque passé enfoui, à un état infantile où rien ne serait encore élaboré, à une humanité incertaine, mais accès à l'unité personnelle par la reprise à la base de tout ce qui fait un individu différencié, par le retrait de la personne vers ses constituants.

En rendant attentif aux sensations, et non pas aux pensées ou aux émotions, on dissout le transfert qui aurait pu se former. Car ce n'est pas la relation au thérapeute qui est alors première, c'est la relation du patient-agent à son propre corps, c'est-à-dire à sa propre vie. Au lieu de rester fixé sur la personne du thérapeute et de reproduire grâce à lui le type de relation qu'il entretient avec tout autre, il se concentre sur ce qu'il est en écho à la concentration du thérapeute, il reconstitue ses limites propres par le contact et le tact de l'initiateur, bref il s'individualise davantage. Cela ne veut pas dire que le patient-agent est enfermé en lui-même. Bien au contraire, en aiguisant tous ses sens, il s'ouvre le champ de toutes les relations possibles. Le psychothérapeute n'est alors dans ce champ que un parmi d'autres, nécessaire aujourd'hui pour l'apprentissage en cours, inutile demain lorsque l'habitude de la concentration sera devenue comme une seconde nature. Il est facile de s'en détacher parce que, en se situant lui-même au niveau du contact sans aucune élaboration, le thérapeute a rendu plus établie la distinction du patient-agent et donc sa liberté de se mouvoir avec la même indifférence et le même intérêt à l'égard de toute autre chose ou personne.

⁂

Les deux impératifs exigés par le rire de soi du paranoïaque s'imposaient pour introduire les textes qui suivent. Ils sont marqués, en effet, par le double souci d'une part de ne tenir pour acquis aucun des concepts reçus dans le champ de la psychanalyse ou de la psychothérapie et d'autre part de tenter de décrire au plus près l'expérience relationnelle susceptible d'opérer des modifications dans l'existence. En réalité ces pages, écrites durant ces quinze dernières années, sont parcourues non par un double souci, mais par un seul et unique. C'est pour n'avoir pas pu échapper à la question lancinante du changement et de ses conditions que les réponses données jusqu'alors sont apparues insuffisantes.

Pourquoi des améliorations notables se dérobaient-elles à tout effort d'intelligibilité ? Pourquoi, dans des cas trop nombreux, la cure ne procurait-elle aucun bienfait et pourquoi, bien souvent même, était-elle le théâtre de détériorations persistantes ? Il était impossible de se rassurer en estimant que la guérison était un effet de surcroît, qu'elle ne devait pas être poursuivie comme un but, qu'il était donc inutile de s'interroger à son sujet et que l'on pouvait donc se livrer à des tâches théoriques plus captivantes.

Cela étant admis, le travail ne faisait que commencer. Le lecteur pourra constater que les questions élémentaires (que se passe-t-il en psychanalyse, pourquoi ne s'y passe-t-il rien, pourquoi, malgré la compréhension, rien ne change ?) n'ont pas donné lieu à des réponses univoques. Pour en arriver au résultat qui peut satisfaire aujourd'hui, et probablement pas demain, il a fallu passer par un cheminement complexe dont il est cependant possible de retracer après coup quelques étapes. Les thèmes qui s'y trouvent évoqués s'appellent réciproquement. Mais, pour la clarté, il est préférable de tenter de les déduire les uns des autres en une apparence de logique.

Une interrogation commandait toute la suite : quel était le statut de la prétendue théorie psychanalytique ? Maints auteurs, qui n'ont pas ménagé leur admiration pour l'œuvre de Freud, ont répondu, non en vue de la décrier, mais pour la situer, qu'elle n'était rien d'autre qu'une mythologie, grandiose sans doute, puisqu'elle sera la seule bientôt à passer le siècle, mais mythologie tout de même. Pour ma part, j'avais abouti à cette conclusion, sans nullement l'avoir recherchée, par une étude patiente et minutieuse du style de Freud. Un jour, j'ai eu l'impression d'avoir saisi avec précision comment s'entrecroisaient la chaîne et la trame. À partir de quoi il ne suffisait plus que de tirer un fil pour que tout le tissu se défasse, non pas en tant qu'œuvre d'art, mais comme message de vérité.

De cette constatation, il était inévitable d'extraire les conséquences. Par exemple, s'il n'y a pas de théorie psychanalytique, mais seulement une mythologie, il ne peut être question de la prendre pour guide dans le déroulement de la cure. Il est impossible et dangereux de vouloir soumettre une cure à une mythologie, car celle-ci se veut explicative ou consolatrice ; elle ne saurait en aucun cas servir de règle d'action. Seule le peut une technique dont les échecs ou les succès ne pourront aller au-delà d'une généralisation. Ou encore qu'une personne, dans un effet de l'analyse, abandonne ses croyances pour adopter comme vraies celles proposées par cette mythologie, cela ne peut produire qu'un changement de surface : les croyances anciennes ont été troquées par d'autres simplement plus faciles à porter parce que plus conformes aux habitudes de pensée de l'époque. Il fallait donc chercher ailleurs les tenants et aboutissants d'une authentique modification.

Pour cela, il était nécessaire de se demander comment l'existence pouvait s'ouvrir sur un autre futur. La régression temporelle qui était donnée comme le sésame de la levée des symptômes semblait avoir pour résultat des constructions peut-être satisfaisantes pour l'esprit, mais incapables de servir de levier à une transformation. En conséquence il devenait vain de rechercher des causes dans le passé, car il y avait là non pas à proprement parler des causes, mais seulement d'éventuels motifs ou raisons, alors qu'il fallait trouver le moyen de libérer des forces capables de renouveler les modes de relations aux choses et aux personnes.

Pour ce faire, pendant longtemps, la parole libre, celle qui se produit sans intention et sans vouloir, a été jugée nécessaire. C'est elle seule qui pouvait donner accès au monde des fantasmes et des rêves, ce fond que le romantisme nous avait enseigné receler les sources de la création. Se profilait aussi à travers cette croyance, la possibilité de la folie, lieu commun de notre culture comme marque la plus évidente de ce qui spécifie le genre humain. Mais avec le temps, cette manière de concevoir la guérison n'a plus semblé indispensable.

À la suite de Michel Henry, qui proposait une distinction radicale entre représentation et affect, il suffisait de se situer au niveau de ce dernier, et tout spécialement sous la forme de l'angoisse, pour que les forces de la vie soient appréhendées, pas seulement les forces sexuelles, mais celles qui poussent l'être humain à la possession, au pouvoir et à la puissance. Il est apparu plus tard qu'elles ne devaient pas seulement être appréhendées, il fallait se les approprier. D'où l'importance progressivement accordée à l'exercice de la décision durant la cure, décision de reconnaître son état et sa souffrance, de ne plus s'en plaindre comme d'un destin inéluctable, mais de s'en rendre responsable en tout et pour tout, bref d'investir son existence telle qu'elle est aujourd'hui pour y prendre appui afin de la transformer demain. Car il suffit de se placer là où l'on est, sans rien en laisser de côté, pour que les forces de la vie soient à l'œuvre.

D'où la découverte de l'hypnose, que Freud, contrairement à ce que l'on pense, n'avait jamais abandonnée, et dont il avait fait maintes fois le moteur de la cure et, sous plusieurs formes, sa solution. Elle était, en effet, sous les apparences du sommeil qui nous débarrasse de nos préoccupations coutumières, une hypervigilance, donc une veille paradoxale donnant accès à tous les paramètres constitutifs de la vie humaine. L'hypnose nous délivrait du souci de la maîtrise pour nous induire à un recevoir de l'existence comme telle et par là à une singularisation qui pouvait œuvrer en secret.

Une constante réflexion sur le transfert avait principalement conduit à cette redécouverte, ou du moins sur les énigmes de la relation en analyse dont le lecteur pourra noter ici les tâtonnements à travers d'inévitables répétitions. Le rôle du psychanalyste ne pouvait se réduire à une fonction, il ne pouvait pas davantage s'enfermer dans la position de celui qui est supposé savoir, il ne pouvait pas enfin être un pur désir sans objet. Sa personne entrait en jeu et elle ne pouvait pas ne pas entrer en jeu. Cela bien sûr n'allait pas sans poser des questions difficiles. En tout cas, il y allait pour l'analysant de l'accès à son identité — ou, ce qui revient au même, à sa distinction dans le rapport aux choses et aux êtres —, accès qui pourrait être l'une des manières de définir la guérison.

Longtemps l'incertitude du psychanalyste sur sa propre identité m'est apparue comme une nécessité pour que puisse se faire jour l'identité de l'analysant, comme si l'analyste misait sa propre carte dans la relation et que, incertain lui-même, il avait besoin de la certitude de l'autre, donc de la désirer et de la produire. Grâce à la pratique de l'auto-hypnose qui permettait au psychanalyste de prendre sa propre place en investissant son corps propre humanisé, l'interlocuteur pouvait être invité à prendre sa propre place distincte en toute relation. L'incertitude de l'analyste sur sa propre identité changeait alors de figure : en prenant sa place, toute sa place, et pour pouvoir la prendre, il était contraint de tout accepter de ses limites et de sa misère et ainsi de retrouver sous un autre mode les bénéfices de l'incertitude. Prendre sa place suppose de renoncer à représenter quelque idéal que ce soit et de s'absenter de toute illusion sur son propre compte. Impossible de faire l'économie de la désillusion généralisée, mais c'était alors sans désespoir, plutôt dans l'allégresse de la légèreté du rire de soi.

Le Thou, juillet 1995.

Personne*

Un jour de l'année 1892, la patiente qu'il venait de guérir de ses maux lui sauta au cou. Il se dit alors ce qu'il soupçonnait depuis longtemps déjà : « Ce geste ne saurait être le fait de mes charmes. Ce n'est pas à moi qu'il est destiné. » De ce soupçon naquit l'idée du transfert, ce « faux rapport », comme le nomme d'abord Freud avec une précision inégalée. Ainsi donc le transfert serait une lettre d'amour dont on aurait supprimé l'adresse. Il serait le résultat d'une soustraction : le psychothérapeute s'esquive comme personne particulière pour se laisser mettre à la place de l'autre d'elle-même, son autre qu'elle est indissociablement et qu'elle aime aujourd'hui, qu'elle pourra détester demain. Le transfert est donc l'amour en tant qu'il s'adresse à personne, parce qu'il s'adresse à son autre, image protéiforme, instable, mais impérieuse.

Cet autre que je suis est constitué de la réunion et de l'interpénétration des images, des personnes, des événements ou des choses auxquels je me suis identifié, auxquels j'ai voulu m'identifier ou auxquels je n'ai pas pu m'abstenir d'être identifié, en un mot de tout ce qui jalonne mon histoire, que je le sache ou non, de toutes les particularités qui ont fait de moi un nouveau mélange, fatalement distinct des autres individus de mon espèce. Mais ces images plus ou moins unifiées, à la fois figures, accidents ou objets, ne sont

* Paru dans *Études freudiennes*, mai 1982.

pas seulement l'histoire de ma distinction. En tant qu'elles sont devenues mon autre indélébile, elles marquent définitivement mon avenir, elles peuvent constituer à mes yeux l'image de mon destin, parce que je ne pourrai jamais empêcher d'avoir été formé ainsi et par là d'être déterminé dans mon futur.

Le transfert sera la projection de cet autre sur l'analyste. Tout au long de la cure, la chose est connue, le psychanalyste sera conduit à revêtir la variété des masques auxquels cet autre est attaché, à tenir successivement les multiples positions avec lesquelles je dois débattre pour exister. En ce Personne je rencontre cet autre auquel je suis indéfectiblement lié, qui me contraint à d'incessantes répétitions et dont, semble-t-il, je ne réussis qu'illusoirement à me débarrasser, à ne plus être la victime paralysée. Ainsi le psychanalyste prend la relève de la figure scellée de mon destin. Ce Personne n'est que celui qui me tient en prison. Au lieu de m'ouvrir les possibles réels d'un chemin jamais foulé, chaque nouvelle identification évoquée me renvoie aux mêmes chaînes et aux mêmes travaux circulaires.

L'hystérique — et sans doute pas seulement elle ou lui — se précipite dans cette tournure que prend l'analyse. Personne qui ne dit rien en sait très long sur moi, et même il sait tout, tout ce qui va m'arriver, tout ce qui ne peut pas ne pas m'arriver. Bien sûr je lui accorde le savoir en général, c'est un grand savant perspicace, audacieux, qui a tant de choses à révéler au monde. Mais toutes ces rodomontades cachent à peine la certitude qui me fige : il tient écrit, au ciel de son savoir, tout ce que je suis, tout ce que je deviendrai, tous les possibles possibles. Et si je veux absolument que ce ne soit pas des rodomontades, je me ferai moi-même objet de science, matière vive pour son savoir, souffrance extrême capable de lui dévoiler les derniers secrets, ceux qui se déchiffrent sur le corps des victimes ouvertes.

Ainsi naît l'amour, sur un horizon de perte et de mise en pièces, pour l'autre, un autre totalitaire, exigeant, insatiable, dévorant, dont je veux faire la puissance et la gloire, l'universelle connaissance. Mais je veux le faire, moi, parce que je veux le défaire, parce que l'amour est aussi la haine ;

parce que, si je m'offre en victime, il faut qu'il mette à me sacrifier le prix de sa vie. L'hystérique, c'est bien connu, ne se donne un maître, ne fait le maître qu'elle se donne que pour lui retirer sa force et le ridiculiser dans sa nudité et son impuissance. Mais les psychanalystes évitent peut-être d'en tirer les conséquences.

L'amour de transfert serait la fin de l'analyse. Demandant de l'amour, la patiente ou le patient mettraient un terme au processus analytique, refusant d'utiliser le transfert comme artifice s'adressant à Personne et permettant ainsi de se remémorer les identifications constitutives afin de les dénouer ou de les retisser de façon moins contraignante. Mais si par hasard, comme il a été dit plus haut, c'était le transfert qui produisait l'hystérique — on l'a dit, mais pour s'y arrêter comme à un succès —, si le transfert auquel on se tient rigidement, puisque l'on est Personne et qu'on y reste sans bouger un cil, fabriquait inéluctablement de la chose paralysée, de l'objet de science et donc un déterminisme implacable. Si le rassemblement des identifications sur l'analyste faisait de lui, même si le contraire a été voulu, une nouvelle variante des Érinyes, considérant comme *ubris* toute sortie de la répétition, l'amour de transfert pourrait avoir une autre fonction que celle de mettre un terme à l'analyse.

Si par hasard il visait à la rendre possible, au sens où elle implique une transformation du rapport au temps et l'ouverture de nouveaux possibles. Après tout séduire les Euménides, ces fausses « bien-veillantes », ne serait pas une si mauvaise idée, éveiller en elles un émoi majeur chez les mortels pourrait leur faire abandonner leur souci vengeur de la loi. Pourquoi l'hystérique ne chercherait pas à troubler l'impeccable posture de l'analyste qu'elle suppose savoir et qui a fini par se croire sachant ou savant, à moins qu'il soit encore plus figé par la vulnérabilité de son doute ou de son ignorance ?

Pas si facile toutefois. Bien des patients (et qui ne pas) s'installent avec ferveur dans les tenailles d'une double impossible condition, et veulent y enfermer l'analyste. Celui-ci est renvoyé comme une balle de squash d'un mur à l'autre jusqu'à épuisement : « Si tu ne réponds pas, tu es un salaud, parce que tu me laisses tomber sans rien faire, pas ému, pas concerné, cynique et en plus escroc ; mais si tu réponds, tu es un idiot, parce que tu n'a pas compris que c'était un jeu auquel je ne veux ni gagner ni perdre, le mouvement perpétuel étant mon soin unique. » Il ou elle ne supporte pas que le psychanalyste lui résiste, il ou elle se détourne du psychanalyste qui a craqué.

La marge de manœuvre est étroite ? Mais il n'est pas sûr que la question doive se poser en de tels termes. Il faudrait pouvoir soupçonner que l'offre ou la demande d'amour dans la cure sont d'abord faits pour effacer une autre question : suis-je ou non soumis au destin ? Ou cette hantise : pourrai-je jamais sortir de la répétition ? Il n'y a que les fous pour croire Virgile : « Omnia vincit amor. » Pour l'hystérique l'amour est un défi lancé à la cantonade et à Personne très spécialement, cet autre qui ne cesse de me torturer avec sa perfection, sa plénitude, sa suffisance. Je suis fait de cet autre parce que je suis parfait, total et sans blessure, mais je ne veux rien en savoir pour pouvoir l'exercer, et je ne supporte donc pas ce Personne qui m'en renvoie l'image. Je vais l'aimer pour troubler la surface de ce miroir, mais, s'il se trouble, je me détournerai de mon rire le plus sardonique, à moins que son trouble soit le premier temps d'une faille, d'une ouverture, d'une image incertaine qui me serait supportable si elle lui était supportable.

Erreur de croire que l'hystérique offrant l'amour le demande en retour. Elle dit qu'elle le demande à ceci près qu'elle n'en veut pas. On pense alors qu'elle veut faire sortir l'analyste de sa position, le rendre amoureux et qu'il se manifeste amoureux ; pourtant si elle réussit, c'est pour à nouveau restaurer cette place, l'y remettre ou y reposter un autre du même type. Si elle a besoin de la figure de son destin, qui est celle de sa perfection, de sa toute-puissance, de son agitation inaltérable, il s'agit de comprendre que c'est aussi pour en finir avec elle. Elle ne sait pas ce qu'elle veut, parce que, ce qu'elle veut, elle n'en veut plus. Elle ne demande pas l'amour, cet amollissement de l'irréparable, elle demande que soit brisé le cercle enchanté, qu'elle ne soit plus, comme dirait Michelet, la sorcière de cette science, et en conséquence qu'il cesse d'être Personne sans pour autant être amoureux. En un mot *son amour n'est pas une demande d'amour, mais d'implication*.

S'impliquer, qu'est-ce que cela peut signifier pour le psychanalyste ? Tout d'abord le pronominal ne convient pas, car le psychanalyste est impliqué, qu'il le veuille ou non, il n'a pour ce faire à produire aucun acte nouveau. Qu'il se contente de reconnaître. Mais de reconnaître quoi ? Précisément qu'il y est pour quelque chose dans cette situation. Non pas en ce sens qu'il serait responsable de la forme prise par cet arrêt de l'analyse, car ce qui compte c'est d'interpréter correctement ce signal d'alarme ou ce stop. L'arrêt de l'analyse réside non pas dans l'amour offert — ce n'en est là que le symptôme —, mais dans le fait que l'analyste se croit Personne, qu'il estime être le pur reflet de cet autre qu'est le patient, en un mot qu'il affirme n'y être pour rien. Si l'implication est un acte, il consiste pour l'analyste à maintenir un rapport ineffaçable entre Personne et celui-ci. Il n'est pas tout à fait Personne, en tout cas il n'est pas Personne comme n'importe qui, il est Personne comme quelqu'un. Déjà pour Ulysse Personne était un nom, c'est-à-dire un nom propre. Cette simple reconnaissance a pour effet de dire au patient : « Je ne suis pas tout à fait ton autre, je me suis introduit subrepticement dans le miroir, j'en ai même modifié le tain. » S'impliquer, et le pronominal reprend ici son sens, serait donc se déplacer légèrement, faire glisser une autre figure de dessous celle de Personne, qui était présentée à l'autre comme son autre.

Ce glissement est décisif pour relativiser l'unicité du transfert, pour mettre fin au monolithisme du sachant l'avenir et le déterminant. Il n'y a plus une image pleine, celle de Personne, et à côté, légèrement décalée, celle limitée de celui-ci, car le décalage ne saurait manquer d'atteindre qualitativement l'image de Personne, qui ne résiste pas à la particularité qui en a été extraite. En termes naïfs cela se dirait : si j'aperçois que mon psychanalyste parle pour lui et non plus en seule fonction de moi, je ne peux plus le considérer comme mon reflet ou ma projection, je dois admettre qu'il me déforme. Mais, s'il me déforme, lui que tout à l'heure je considérais comme Personne, comme mon autre pur, alors il n'y a pas Personne ; l'autre que je suis ne sera jamais pur et tout-puissant et vrai, il n'y aura jamais que des autres et juste assez de Personne pour que ces autres ne tombent pas en morceaux. Il y a du divers, des différences, des relatifs et peut-être même des relations. Personne n'est pas la loi.

Mais quel deuil ! Du côté du patient d'abord, et qui sans doute peut ici, et ici seulement, être appelé analysant, parce qu'il autolyse le transfert. De l'autre côté aussi, certes. Écoutons cette analyste, médiaïquement appréciée, dialoguer ainsi sans précaution :

« — ... il m'arrivait encore de penser par instants à moi lorsque j'écoutais un malade.

— Qu'est-ce que ça voulait dire ?

— Que mon analyse n'était pas achevée. Nous ne sommes rien lorsque nous écoutons notre patient. Un objet-sujet indispensable au transfert. Tout le monde sait cela aujourd'hui. »

Évidemment cette analyste, dans sa pratique, fait tout autre chose que ce qu'elle dit, car il n'y en a pas peut-être de plus impliqué qu'elle dans ses cures, et c'est ce qui fait son génie. Mais cela ne l'empêche pas de reprendre à son compte ici la doctrine officielle sur le transfert, doctrine dont nous serions bien avisés de faire la critique. Car n'être rien et avoir mis son moi au rancart, c'est évidemment être tout et s'installer hors camp dans la toute-puissance qui va tout droit à faire de la psychanalyse un substitut de la religion.

Nous ne sommes plus au temps de Freud. La question du transfert et en conséquence celle de l'amour de transfert ne sauraient se poser dans les mêmes termes et sur les mêmes fondements. Il était nécessaire, pour que l'invention du transfert soit suivie d'effet, qu'un idéal soit posé : le psychanalyste absent, afin d'isoler le fait que toute relation s'instaure à partir d'une fantasmatisation de l'autre comme mon autre, celui que je suis. Il s'agit donc là d'une description limite pour faire saisir et mettre en œuvre un mécanisme universel. Vouloir le psychanalyste absent, c'est en quelque sorte affirmer la condition de possibilité de l'étude des processus du fantasme et du rêve où je n'ai jamais d'autre que moi-même. Mais passer de cette opération transcendantale à la pratique, laisser soupçonner que la cure analytique peut se dérouler selon ce genre de pureté épistémologique, c'est là une tout autre affaire qui engendre la confusion. Car du fait que le psychanalyste mime l'absence, il ne saurait être déduit qu'il est effectivement absent. Mais lorsqu'on veut nous faire croire de plus que la condition suffisante de l'absence du psychanalyste est sa propre psychanalyse, qu'il peut, grâce à elle, mettre son moi entre parenthèses, on fait de lui à coup sûr un charlatan et un escroc. C'est même en cela, pourrait-on dire, que réside l'escroquerie majeure de la psychanalyse. Car, si réellement il pouvait s'absenter, il échapperait à la règle de toute relation qui prend l'autre pour un autre, parce qu'il est mon autre ; il serait un mage, un roi ou un dieu. C'est, en effet, poser comme identiques, ainsi que le font les mauvais politiques, les petits prêtres et les amants, la fonction et l'opérateur.

Que cette confusion soit au cœur de la pratique psychanalytique, qu'elle en soit même d'une certaine façon le ressort, cela ne justifie pas de la penser naïvement comme la suprême clarté, comme l'évidence à laquelle il faudrait se soumettre sans critique. Sinon cette confusion érigée en loi ne peut avoir d'autres conséquences que la démission devant les problèmes posés par la fin de l'analyse. La dissolution du transfert commence par le refus des idées reçues le concernant, car elles ont pour but de mettre le psychanalyste à l'abri des interrogations sur ce qu'il fait et ce qu'il suscite. Poser en principe qu'il est absent lui permet effectivement de s'absenter. Et c'est cela, pour revenir à l'amour de transfert, que l'hystérique ne supporte pas. Elle sait que la résolution du transfert est liée à la façon de concevoir le transfert. Elle ne veut pas arrêter l'analyse, mais poser la question du commencement de sa fin.

La question sur l'amour de transfert est donc peut-être aussi mal posée que celle du transfert. Cet amour n'est l'occasion de l'arrêt de l'analyse que s'il est mal interprété par l'analyste, c'est-à-dire comme demande d'amour, alors qu'il faudrait le considérer, à un certain moment de l'analyse, comme la chance pour l'analyste de se déplacer, de mettre une distance, par son implication, entre sa fonction et sa posture. L'amour de transfert serait essentiellement pour l'hystérique une manière, détournée d'abord, de faire apparaître la double entrave qui l'enchaîne à son autre, pour finalement exorciser cette figure de son destin. En somme l'amour serait les premiers pas incertains sur les voies du relatif et du possible, même s'ils restent toujours de l'improbable.

Si l'hystérique est reconnue comme demandant l'implication de l'analyste, au sens défini plus haut, elle ne sera plus dans la faute. Elle n'apparaît comme coupable séductrice que dans la mesure où l'analyste ne veut rien savoir de son désir, non pas le Désir de l'analyste avec un grand D, c'est-à-dire un désir pur du pur désir, mais un désir particulier, lié à une image particulière de son autre et non pas de rien. Si elle aime, c'est aussi pour être délivrée de cette culpabilité, liée au fait qu'elle serait seule à porter la responsabilité du désir. Car c'est cela dont on l'accuse. (La psychanalyse ne faisant ici que reprendre des lieux communs aussi vieux que la civilisation méditerranéenne.) Si l'analyste s'implique, c'est-à-dire s'il devient relatif et partiel, s'il cesse de représenter son autre sous les traits de la loi, elle pourra fantasmer sans culpabilité qu'elle fait l'amour avec l'analyste. Ne pas passer à l'acte sera le résultat d'un choix, la reconnaissance qu'il s'agit de lui et pas de lui, et non pas la butée exaspérante sur un interdit qui ne se donne jamais pour ce qu'il est.

Car l'interdit, qui faisait rire Groddeck, peut être envisagé chez celui qui le pose comme l'expression commode, purifiée et magnifiée, de l'impossibilité de cohabiter avec son désir et de le prendre en compte. Imaginer le rapport à la loi comme constitutif du désir, n'est-ce pas tout simplement sceller le confort des hommes qui ne veulent pas être dérangés dans leur travail civilisateur ? L'interdit est peut-être mis en place non pas pour engendrer le désir, mais pour l'écarter et l'ignorer, une sorte de commune défense des pères et des hommes, une protection de leur pouvoir, afin d'enfermer les femmes dans le cercle infernal de la culpabilité et de l'impossible. On ira même jusqu'à faire de cet impossible la plus haute instance à laquelle se voit confronté l'être humain. Cela n'est pas théorie, mais description d'un état de fait, le montage pervers ravivé sans cesse par les politiques, les paranoïaques et les savants. L'amour de transfert ne serait qu'une variation de plus pour tenter d'ébranler ces masses de certitude.

L'incertitude*

Ce n'est pas le doute, c'est la certitude qui rend fou.

NIETZSCHE

Il semble que le doute ne soit pas possible, si l'on adopte le point de vue de la biologie. Le darwinisme n'a-t-il pas son point d'appui dans le fait incontestable des petites différences entre les individus d'une même espèce [1] ? Pourquoi n'en est-il pas de même dans le domaine de la sociologie ou de la psychologie ? Pourquoi doit-on constater une inquiétude, le tourment d'avoir à se distinguer de ses semblables ou, à l'inverse, l'incoercible nécessité de se fondre dans la masse ? La différence dont l'homme a besoin pour se maintenir dans l'existence, il la redoute au plus haut point. Son individualité semble donc ne pouvoir jamais être stable. La question traditionnelle : quel est le principe d'individuation ? ou la question historique plus récente : à quel moment et dans quel contexte l'individualisme occidental apparaît-il ? sont peut-être des formulations faites pour détourner d'une interrogation plus angoissante : qu'est-ce que le fait de l'humanité introduit pour que la réalité des différences individuelles ne puisse être définitivement acquise, pour que

---

* Paru dans *Passé-Présent*, 1982.

1. « En Allemagne, des bergers ont gagné des paris en reconnaissant chaque mouton dans un troupeau de cent têtes qu'ils n'avaient que depuis quinze jours. » Cité dans *La Recherche*, n° 129, janvier 1982, p. 11.

soit donné libre cours à l'incertitude de la distinction, et par là même aux menaces qui pèsent sur l'existence elle-même ?

La psychanalyse répondrait classiquement et avec assurance aux formulations traditionnelles et historiques de la question en affirmant que la singularité de l'individu se fonde sur la remémoration de son histoire toujours unique. En se réappropriant ou en s'appropriant les événements et les relations qui ont présidé à sa naissance et à son développement, le patient restaure ou instaure son individualité. Il était jusqu'à présent victime impuissante de son passé, manœuvré par des mécanismes qu'il ignorait et sur lesquels il ne pouvait donc avoir aucune prise. L'inventaire de son étrangeté à lui-même le rend susceptible de se reconnaître dans une image jusque-là fabriquée par d'autres personnes ou d'autres faits. Il peut désormais devenir l'autre qu'il était et se repérer en lui. Il n'est plus un automate, mais un vivant distinct.

Les choses ne sont peut-être pas aussi simples. On sait les difficultés rencontrées par Freud dans sa pratique. Le travail de remémoration ne donne pas les résultats escomptés ; les symptômes réapparaissent et se déplacent. De plus la remémoration elle-même est souvent stoppée par la force du transfert dont le patient ne trouve aucun intérêt à sortir. Il troque sa névrose, comme le note Freud, contre une névrose de transfert, c'est-à-dire qu'il reconstitue ses symptômes en fonction de et grâce à sa relation à l'analyste. Bien loin de se distinguer, il entre dans une dépendance accrue qui peut lui donner l'illusion de l'existence ; en réalité il mime l'autre dont il devient un double inconsistant. Ou bien c'est un bavard qui ne sait plus user de ses propres mots et qui répète le discours analytique, à moins qu'il ne se change en fanatique d'une cause.

C'est que l'on ne devient pas si aisément « sujet de sa propre histoire » ; plus exactement, on ne le devient, selon la doctrine la plus classique, que par le recours au transfert. Mais c'est justement ici que tous les ennuis commencent. Car cette force relationnelle qui doit opérer la séparation, la distinction, l'individuation est en même temps celle qui s'y oppose. Ce n'est pas le lieu de développer longuement ce point. Mais comme le transfert peut être considéré comme un paradigme assez bien isolé de toute relation, il faut essayer d'en dire quelque chose. Cela pourrait ouvrir sur d'autres perspectives.

Les psychanalystes n'aiment pas beaucoup parler du transfert comme d'une force, parce que cette notion s'obscurcit lorsqu'on la fait passer de la physique ou de la mécanique dans le champ psychique où elle n'est plus mesurable ; or c'est en cela seul que résideraient sa clarté et son efficacité. Pourtant il faut bien y recourir si l'on veut rendre compte des effets de l'analyse. Il ne suffit pas de rabâcher que la psychanalyse est un procès de parole, car si elle trouve là son originalité, ce n'est pas en cela que réside son efficacité. Si la parole est opératoire, c'est uniquement parce qu'elle se situe dans le transfert, parce qu'elle est soutenue par lui, et c'est donc de lui qu'elle tire sa force. Lacan a posé autrefois une distinction décisive entre parole vide et parole pleine [2], mais c'était dans l'intention de tout réduire en fin de compte à la parole et de rejeter toutes les tentatives pour penser le réel qui s'établit entre analyste et analysant. Or ces deux régimes de parole se séparent précisément par leur prise ou non dans le transfert comme relation spécifique. Il n'est pas vrai que la psychanalyse opère par la seule parole, qu'elle est capable d'instaurer à elle seule la coupure nécessaire à l'existence d'un sujet individué. Les praticiens le savent : c'est dans et par le transfert que le patient, projetant sur l'analyste les éléments de son histoire, peut les voir apparaître et, les agissant sur lui, pour et contre lui, peut se les approprier. La parole n'étant que le médium qui permet au transfert de s'instaurer, de se développer, de se modifier. Mais, pour que le patient ose faire apparaître cette histoire et la travailler, il faut, pour reprendre un terme de Freud, qu'il soit dans l'attente [3] à l'égard de l'analyste, une pure attente de l'autre, comme autre, et inversement que l'analyste soit dans l'attente à l'égard du patient, une attente

2. *Écrits*, Seuil, 1966, p. 247.

3. *Gesammelte Werke*, 5, p. 14 *(Traitement psychique)* ; *G.W.*, 7, p. 339 *(Analyse du petit Hans)* ; *G.W.*, 8, p. 366 *(Dynamique du transfert)*.

et une confiance qui le suscitent dans sa subjectivité. Ces attentes réciproques, sans objet déterminé, sans tâche extérieure à accomplir, sans référent social, donnent une première définition de la force relationnelle constitutive de l'individu humain, force qu'elles portent à l'incandescence.

Comment définir plus avant cette force dont l'ambivalence est une des caractéristiques les plus frappantes ? L'attente, en effet, peut se transformer très vite en une dépendance réciproque qui peut aller jusqu'au besoin de la vie et donc de la mort de l'autre. Elle manifeste par là qu'elle n'est rien d'autre que la force épurée de la passion amoureuse qui, dans son désir d'union, est à la fois ce qui donne la vie et ce qui l'éteint, ce qui me fait par l'autre et m'annule en lui. Au cours d'une « soirée du mercredi » de janvier 1907, Freud avait dit : « Il n'y a qu'une puissance capable de surmonter les résistances, c'est le transfert. Nous contraignons le patient à renoncer à ses résistances *par amour pour nous*. Nos traitements sont des traitements par l'amour. Il ne nous reste que la tâche d'éliminer les résistances *personnelles* (les résistances au transfert). Nous pouvons guérir aussi loin que s'étend le transfert ; l'analogie avec le traitement par l'hypnose est frappante. Seulement, la psychanalyse utilise le pouvoir du transfert pour amener un changement *durable* [4] chez le patient, alors que l'hypnose n'est qu'un tour d'adresse. » Voilà qui est explicite et clair. Encore faut-il ajouter que cet amour est particulier, qu'il n'est entravé par aucune visibilité sociale, qu'il n'est porteur d'aucune injonction autre que la modification subjective. C'est une expérience de l'amour *in vitro*. Freud reviendra plus tard sur cet aspect de l'analyse, lorsqu'il parlera de « l'amour de transfert [5] ». Mais il sera bien en retrait alors

---

4. *Les premiers psychanalystes. Minutes de la Société psychanalytique de Vienne*, I (1906-1908), Gallimard, 1976, p. 123. Ces remarques de Freud n'ont rien d'original ; elles sont des lieux communs chez les magnétiseurs, les hypnotiseurs. Cf. L. Chertok, « Psychothérapie et sexualité. Considérations historiques et épistémologiques », in *Psychothérapies*, 1981, n° 4, p. 215-222.

5. *G.W.*, 10, p. 306-321 (1912).

par rapport aux positions prises en petit comité. De l'amour dans l'analyse il se méfiera. Il s'en méfiera tellement qu'il ne sera plus question du transfert lorsqu'il cherchera à rendre compte du moteur de l'unification des groupes ; il comparera l'état amoureux, non plus donc au transfert, mais à l'hypnose (en évitant de suggérer leur proximité). Entre l'état amoureux et l'hypnose, écrira-t-il, il existe une différence fondamentale : la seconde « exclut la satisfaction sexuelle [6] ».

Cette exclusion évidente mérite que l'on s'y arrête. Elle recèle peut-être quelque problème sérieux dont l'affirmation d'évidence évite la mise au jour. Se demander pourquoi les psychanalystes doivent renoncer au but sexuel de l'amour qu'ils suscitent peut sembler d'une incongruité notoire ; la plus élémentaire déontologie réclamant de respecter la demande du patient qui vient là pour qu'on le débarrasse de ses symptômes et non pour trouver un partenaire sexuel. Mais cette réponse professionnelle vaut dans bien d'autres cas et ne rend pas compte de la contradiction inhérente à un traitement qui provoque à l'amour, mais en refuse les conséquences. Une deuxième justification de l'exclusion de la satisfaction sexuelle s'appuie sur le fait qu'un passage à l'acte, comme on dit, compromettrait la poursuite du traitement. Comment rêver, associer, projeter à partir d'un autre qui serait devenu un personnage de la réalité, qui ne serait plus un certain incertain capable de devenir beaucoup. Explication elle aussi valable, mais qui, encore une fois, pose l'exclusion comme protectrice de cet amour sans en préciser la nature. De plus il n'est pas si sûr que dans ce cas précis, comme cela semble vrai généralement, le rapport sexuel diminuerait l'intensité de la liaison, car ce qui s'est créé sur la scène du fantasme est difficilement démenti par la réalité. Nous nous mouvons ici dans un registre étrange.

---

6. *G.W.*, 13, p. 126 (*Psychologie de masse*, 1921). Le texte se poursuit : « Il est intéressant de voir que précisément les tendances sexuelles inhibées quant à leur but créent des liens tellement durables entre les humains. »

Il pèse, en effet, sur la relation analytique un interdit très spécial. Pour le comprendre il suffira de rappeler un des aspects les plus typiques de toute analyse. Dans le transfert, à partir de traits minimes, anodins ou de soi dénués de sens, le psychanalyste devient effectivement pour l'analysant son père ou sa mère, sa sœur, son frère ou quelque proche ; l'analysant reconnaît dans ce bureau l'odeur d'une première maison, il y entend son bruit ou sa musique, il y retrouve la couleur d'un paysage de l'enfance. Bref s'il devient amoureux ici, parfois sans en rien savoir, si cet amour est à ce point intense et violent, si son autre côté la haine peut y devenir terrible, la raison en est que tous ces lieux, ces personnages, ces caractéristiques, ces détails appartiennent aux premières intimités. L'analysant aime en l'analyste, avec une force qu'il n'a jamais retrouvée depuis, les visages de ceux qui lui ont été sexuellement interdits. La force du transfert, la force de l'amour qui peut guérir, elle est là de nouveau passion inégalée, inégalable, mais secrètement, si secrètement qu'on ne le sait plus, marquée par l'interdit du rapport sexuel, c'est-à-dire par la prohibition de l'inceste. Nul besoin donc de mentionner comme règle déontologique ou technique l'exclusion de la satisfaction sexuelle. Celle-ci est inscrite dans l'amour de transfert comme la contradiction interne qui la spécifie. Le passage à l'acte entre analyste et patient ne serait donc pas seulement et d'abord une faute morale ou une erreur pratique, il relèverait du tabou sexuel par excellence. Mais s'il se produisait, il n'y aurait pas lieu non plus de s'en offusquer ou de le réprouver, il ne faudrait même pas s'en étonner, puisqu'il ne serait que la manifestation de la force mise en jeu.

De cela une conséquence inverse doit être tirée. Si le transfert n'est rien d'autre que l'inceste réactualisé, si l'interdit qui pèse sur la relation analytique reproduit la prohibition de l'inceste, il en résulte que le moteur de la cure analytique, la force qui opère en elle et dont on ne savait trop que dire, se définit comme la réédition du désir de l'inceste, désir qui préside à la naissance de tout individu humain. Désir qui est peut-être aussi le prototype de tout désir. Lacan nous a accoutumés à penser le désir en des termes qui devraient nous éloigner au maximum de la détestable relation d'objet avec ses relents de gratification, de frustration, d'adaptation et d'oblativité. Il s'agirait selon lui de poser le désir comme sans objet, comme ne pouvant se soutenir que du manque ou d'un objet qui choit. Mais, sous une formulation abstraite, distanciée, angélique, ne serait-ce pas là une manière de parler, sans en parler, du désir de l'inceste : l'objet prohibé se voit changé en absence d'objet ; l'objet inaccessible par la prohibition qui le marque devient un impossible pur. Tout se passe comme s'il était insupportable que l'objet soit interdit et, au lieu d'avoir à jouer avec et autour de lui dans cette situation singulière, on s'en détourne en forgeant une théorie céleste, on ne veut plus le voir, on l'efface pour en marquer la place d'un trou ou d'un bord. Rien d'étonnant que la psychanalyse en vienne à se situer pour certains dans une tradition religieuse ou mystique : l'ineffable du masochisme se le disputant avec la logique tous azimuts. Par là sont évités bien des fadaises, mais aussi bien des embarras, car on n'a plus alors, par exemple, à assigner à la psychanalyse un but précis dans la culture et la société, ce que requiert le dévoilement du désir comme désir de l'inceste prohibé. Car on se trouve là renvoyé à la condition de possibilité du politique et du social, et donc de l'individu à l'intérieur de ces sphères. Le transfert ainsi conçu se trouve dans la plus grande proximité avec le ressort de l'éducation — s'il s'agit non pas de fabriquer des individus standardisés mais des êtres capables de modification — et pour les mêmes raisons avec le ressort du politique. Cette force qui tend sans cesse à la réalisation, laquelle est interdite sous peine de réabsorption dans l'origine et de négation du temps, est la source première de toute individuation, en tant qu'elle est déviée de l'objet inaccessible, différée de cette réalisation vers d'autres plus larges. N'est-ce pas là, loin des idéalismes, redonner vigueur à l'hypothèse freudienne de la libido comme premier principe de l'existence humaine ?

Mais il faut reconnaître que Freud, en inventant le transfert, en a fait surtout l'instrument de l'extrême retrait de l'analyste pour lui éviter de se sentir mêlé ou impliqué avec sa propre sexualité ; le psychanalyste devenant pur récepteur insensible ou pur miroir jamais troublé. Le transfert est également bien autre chose, le lieu épuré, tendu jusqu'à la passion, où se déploie la force du désir de l'inceste, et qui met l'analysant — et l'analyste — dans un état de contradiction extrême. Réveiller le désir de l'inceste, qui, dévié, doit permettre l'individuation, ne peut se faire sans menace sérieuse pour la différenciation individuelle, puisque cette opération peut toujours susciter l'envie de s'évanouir dans la proximité des premiers proches. De là sans doute les déboires et les aggravations de symptômes. De là aussi ces analyses qui n'en finissent pas, parce que l'on ne peut se détacher de ce lieu où l'on retrouve ses premières amours, les plus prometteuses, ou les plus neuves pour ceux qui ne les ont pas connues, tout en étant théoriquement protégé de ses excès par la présence distanciée de l'analyste. Mais à l'inverse si ce désir n'est pas réveillé, jamais l'individu ne trouvera la force, non pas de survivre, mais de vivre.

Le transfert serait donc la reproduction de l'inceste et de sa prohibition. Mais s'agit-il bien de l'inceste ? Pour y voir un peu plus clair, il faudrait distinguer des degrés dans la réalisation. Quand on parle d'inceste, au sens propre, on évoque les relations sexuelles entre parents et enfants : mère-fils [7], père-fille, ou entre frère et sœur, parfois entre cousins. N'y aurait-il pas lieu en outre de parler d'inceste entre parents et enfants du même sexe, entre père et fils ou mère et fille ? Sans doute parce que le plus souvent on ne parle de l'inceste que sous le chef de la prohibition, et parce que cette prohibition est dite fondatrice de la société, l'accent sera mis sur ce qui conditionne le développement d'un groupe, la reproduction sexuée qui suppose la différence des sexes. Pourtant si l'on considère l'individu sexué,

7. « L'inceste fils/mère (ou mère/fils) semble relever d'un discours beaucoup plus caché et pose un certain nombre de problèmes que nous ne ferons qu'évoquer. » Patrice Bidou, « À propos de l'inceste et de la mort », in *La Fonction symbolique*, Gallimard, 1979, p. 111. En particulier parce que la mère ne fait pas partie de la lignée père-enfants, seule à exprimer l'endogamie.

on doit constater que la différence des sexes est une réalité aussi instable que l'individu lui-même. De même que l'inceste peut susciter et abolir les différences individuelles, il peut également susciter et abolir les différences sexuelles [8].

Mais il peut aussi y avoir inceste là où une véritable passion amoureuse est entretenue entre parents et enfants par les regards, par les caresses, par les soins corporels, prolongés bien au-delà de l'adolescence [9]. C'est sans doute pourquoi une psychanalyste très connue fait aux parents une règle de ne pas embrasser les enfants. De tels propos excessifs ont au moins le bénéfice de montrer que l'inceste est si présent aux relations qu'il faut l'endiguer par des prohibitions qui remontent jusqu'à ses commencements.

Enfin on peut étendre la notion d'inceste au désir de relations sexuelles, qui s'exprime dans les fantasmes et dans les rêves. Ici la prohibition ne peut s'exercer que par le moyen de la culpabilité et de la honte qui conduisent à refouler les fantasmes et à faire oublier les rêves. Cela ne veut pas dire qu'ils ne trouveront pas la possibilité de réapparaître sous la forme de symptômes.

L'existence de fantasmes ou de rêves incestueux ne fait pas de difficulté aux psychanalystes. Ils admettent volontiers, par exemple, que le désir de la petite fille d'avoir un enfant de son père est un élément structurant pour elle. À la

---

8. Françoise Héritier propose une deuxième définition de l'inceste : « Il ne s'agit plus du rapport qui unit deux consanguins de sexe différent dans une relation sexuelle prohibée, mais du *rapport qui unit deux consanguins de même sexe qui partagent un même partenaire sexuel*. Ce sont ces consanguins de même sexe, en relation de frère/frère, sœur/sœur, père/fils, mère/fille, qui se trouvent être en relation incestueuse du fait de leur partenaire commun et qui en supportent les dangers. » « Symbolique de l'inceste et de sa prohibition », in *La Fonction symbolique, op. cit.*, p. 219. Il est montré plus loin que la prohibition de l'inceste est édictée « lorsque la notion d'identique vacille aux frontières de la différence » (p. 232).

9. Georges Simenon, *Mémoires intimes*, Presses de la Cité, 1981, fournit un bel exemple d'inceste effectif, bien que non réalisé sexuellement.

rigueur ils ne seront pas trop troublés si dans de tels fantasmes ou de tels rêves leur personne est substituée à celles des parents ou des proches. Mais ils penseront que les états amoureux dirigés vers eux et plus encore les séductions qui conduiraient à l'acte sexuel sont à considérer comme étrangers à l'analyse ou comme tendant à y mettre un terme ; et ils s'en défendront par tous les moyens. C'est oublier pourtant que les différents niveaux où l'inceste peut se faire jour sont inséparables. Si sa réalisation est impensable, il ne saurait être fantasmé ou rêvé. Il faut même retourner la proposition et affirmer que l'inceste ne peut structurer dans la sphère du fantasme et du rêve que dans la mesure où sa réalisation est pensable. Et pensable signifie qu'il l'est de part et d'autre, du côté du père ou de la mère et du côté des enfants, et en analyse du côté du psychanalyste et du côté de l'analysant.

Propos scandaleux, mais qui sont pourtant d'une extrême banalité. Le scandale que l'on veut y voir n'est qu'un moyen de se défendre soi-même, très mal d'ailleurs, de pulsions que l'on préfère ignorer complètement. Car enfin est-il concevable que la petite fille qui veut coucher avec son père (remarquez que la pudique littérature analytique préfère parler du fantasme d'avoir un enfant du père, ce qui pourtant, la chose est à noter, est bien plus grave pour les civilisations anciennes, parce que l'inceste est devenu visible [10]) puisse s'exprimer ainsi, si rien de son père ne passe vers elle qui lui permette de forger ces fantasmes ? Les fantasmes ne sont pas des productions imaginaires qui sortent de nulle part. Ils ont été inscrits dans le corps par le père lui-même. On le constate à l'inverse chez des personnes qui sont comme interdites de fantasmes et de rêves : s'il en est ainsi, c'est que dans leur enfance il leur a manqué d'être entourés

---

10. « La honte ne naît pas du désir de coucher avec sa sœur, ou même du fait de coucher effectivement avec elle, mais bien du fait que cela sorte de la nuit. Ou encore qu'il (l'inceste) sorte du cadre étroit où il se définit : "Incest is fine, as long as it's kept in the family", inscrivait Cl. Lévi-Strauss en exergue aux "Secrets de famille". » Patrice Bidou, *op. cit.*, p. 121.

par des amours et des désirs incestueux. Que les parents ne veuillent rien en savoir, et les psychanalystes non plus [11], cela ne change rien à cette affaire. Là où l'inceste n'a jamais été pensable ou possible, on constate l'absence de subjectivité, l'abolition de la possibilité de différences, et avec elle la transformation de l'individu en une machine à réaliser son destin par l'autre.

Cette banalité peut être transposée dans la cure analytique. Quand Freud nous dit que la psychanalyse est une guérison par l'amour, il pense évidemment à l'amour du patient pour l'analyste. De l'amour de l'analyste pour le patient, il ne peut être question. C'est prohibé, c'est dangereux. Il ne sera qu'un miroir, un récepteur. Et le transfert, l'invention du transfert comme concept opératoire, doit en rester là. Mais c'est faux. Comment tel trait de l'analyste, la couleur de ses yeux, le timbre de sa voix, la courbe de son nez, sa main entrevue, comment tout cela pourrait-il devenir le point d'ancrage de désirs incestueux, si le psychanalyste lui-même ne cherchait à séduire, n'était pas de quelque façon amoureux, n'était pas habité par des désirs incestueux (et pas par le Désir du Désir avec des D hypermajuscules) ? C'est une plaisanterie que de ne pas vouloir le reconnaître. Comme si l'on pouvait sortir quelqu'un de la jouissance morbide où tous les mécanismes névrotiques et psychotiques viennent puiser de quoi se renouveler, se déplacer, s'inventer de nouveaux visages, sans une force d'une vigueur, d'une densité, d'une vitesse égales !

Il faut même aller plus loin. Si la réalisation de ces désirs incestueux n'est pas réellement possible, ils ne sont rien. Ils n'existent que s'ils tendent à la satisfaction. On a confondu deux choses qui sont parfaitement distinctes, à savoir la prohibition de l'inceste et son impossibilité. Un ami qui n'est ni sot ni inculte et auquel je disais l'autre jour que je me préparais à écrire quelque chose à propos de l'inceste,

11. Pas tous évidemment. Cf. plusieurs articles de *Études freudiennes*. « L'amour de transfert », mai 1982, en particulier celui de Julien Bigras, « Retour à la scène du crime ». Et aussi Monique Schneider, *La Parole et l'Inceste*, Aubier-Montaigne, 1979.

m'interrompit : « Tu veux dire : la prohibition de l'inceste. » On ne pourrait donc plus parler de l'inceste que sous le chef de la prohibition, estompant par là même son existence et sa valeur d'une part, sa possibilité d'autre part. La prohibition ne change rien à sa possibilité réelle. Il n'y aurait pas de prohibition, et une prohibition sans cesse répétée, si l'inceste était purement et simplement impossible. Certains ethnologues sont moins pressés. « Incest is fine, as long as it's kept in the family », selon l'exergue choisi par Lévi-Strauss [12]. C'est dire que l'inceste se porte fort bien tant que la société ne s'interpose pas pour l'interrompre, mais c'est également reconnaître implicitement que l'inceste doit jouer son rôle au sein de la famille, pour que la société, par un jeu de dérivation, puisse fonctionner. On dit le plus souvent que la prohibition de l'inceste est nécessaire pour que la société ne meure pas ; mais on oublie de penser qu'il en serait de même si l'inceste n'était pas pratiqué. La force première est celle de l'inceste ; la prohibition qui fait dévier cette force sur d'autres objets est incapable de la produire ; elle ne peut que l'utiliser. Tout le monde le sait puisque les ethnologues constatent que l'exogamie n'a pour but que de réaliser à travers un détour une endogamie plus ou moins manifeste. Ceci n'échappe pas davantage aux psychanalystes : les mariages ou les unions sexuelles reproduisent en positif ou en négatif les liens modèles au père, à la mère, au frère ou à la sœur. En un mot la réalisation de l'inceste n'est pas seulement possible, elle est nécessaire, fût-ce par personne interposée, sous peine de voir s'exténuer toute forme de relation entre les humains.

La question cruciale est celle du détour, car, en matière d'inceste, on se trouve toujours dans le trop ou le pas assez. Et c'est là sans doute qu'il faudra chercher une des raisons de l'instabilité radicale de la conscience individuelle. Quand le désir incestueux est à l'œuvre, comment le faire jouer selon la bonne mesure ? S'il est la violence première la plus interdite, il ne peut que s'égarer ou se nier. L'enfant qui parle

12. Cf. note 10.

en psychanalyse se plaindra toujours du manque ou de l'excès d'affection et de caresses. Quand Freud disait que, en matière d'éducation, on est toujours perdant, il aurait pu avoir cela en vue. Cette psychanalyste qui affirme qu'il ne faut pas embrasser les enfants doit penser aux débordements de contacts physiques qui font les psychotiques, mais on peut supposer aussi qu'elle doive redouter pour elle-même les envahissements maternels, ceux qu'elle a subis ou donnés. Car les psychotiques auxquels une individualité humaine fait défaut (ou qui en sont la caricature) se rencontrent tout aussi bien parmi ceux dont le corps n'a pas été choyé et qui ne peuvent à cause de cela s'approprier leur histoire.

Le trop et le pas assez permutent d'ailleurs l'un l'autre pour donner des résultats identiques. Est-ce la mère incestueuse ou la mère frigide qui interdit toute femme à son fils ou le projette dans la quête indéfinie de toutes les femmes, de telle sorte qu'il ne se fixe à aucune et qu'elle, la mère, reste l'unique [13] ? Est-ce le père incestueux ou le père incapable de

13. Tout ce qui relève de la catégorie de l'unique peut être référé à l'inceste. Georges Devereux note que chez les Mohaves le seul mariage qui exige le consentement des parents, le seul qui nécessite un rituel, le seul pour lequel la société prétend interdire le divorce, est celui qui a lieu entre cousins, lequel « constitue un inceste, au sens le plus strict du mot ». Le même auteur poursuit un peu plus loin : « Si donc on admet que le seul "vrai" mariage mohave, c'est-à-dire le seul qui, ritualisé, ressemble au mariage des autres sociétés, est un mariage incestueux, absolument défendu, il semble nécessaire de conclure que le rituel du mariage a pour fonction de légitimer l'illégitime, de soutenir l'insoutenable, de substituer une bienveillance apparente à une réelle hostilité. Le mariage est sacré, c'est-à-dire dangereux, précisément parce qu'il permet ce qui est défendu ; il consacre le sacrilège. » (*Ethnopsychanalyse complémentariste*, Flammarion, 1972, p. 188.) De là il est facile de déduire que le mariage monogamique indissoluble qui intéresse notre civilisation est ou même veut être la ritualisation de l'inceste. Saint Paul, qui est le véritable inventeur de cette forme de mariage, ne lui donne-t-il pas comme modèle l'union du Christ et de l'Église ? Or l'Église est traditionnellement et constamment symbolisée par Marie, la Vierge-Mère. Le modèle du mariage monogamique indissoluble ritualisé est donc l'union du Christ et de sa mère. Il y a peu de religions

désirer sa fille qui fait d'elle une vierge pour aucun homme ou une prostituée pour n'importe lequel ? Pour répondre à ces questions, il faudrait pouvoir se placer dans un temps mythique d'avant la prohibition de l'inceste, c'est-à-dire pouvoir décider ce qui dans le désir de l'inceste relève de l'objet incestueux et ce qui relève de sa prohibition. Les faces du désir sont, dans notre temps, indissociables et c'est pourquoi le plus de force peut toujours prendre la figure du moins. La séparation nécessaire à l'individu jointe au lien non moins nécessaire ne pourra s'opérer que par un entrecroisement fragile du trop et du pas assez.

Un problème semblable est posé dans la cure. Si le psychanalyste donne libre cours à son désir et à la séduction, il engendre un lien indissoluble qui peut donner à l'analysant l'illusion de vivre, mais qui l'enchaîne en réalité et lui interdit toute autre vie ; s'il est indifférent et sans désir à l'égard de son patient, rien ne se passe même après des années de prétendue analyse. Mais la difficulté réside dans le fait que, pas plus qu'entre parents et enfants, le désir incestueux n'est perçu par les intéressés ; ils n'en apprennent quelque chose qu'après coup. Le psychanalyste a beau se préserver par des comportements contra-phobiques, par le silence, la parole mesurée, la froideur, le désir ou l'absence de désir passent de l'un à l'autre dans un regard, une intonation, le moindre geste. Supposons qu'un psychanalyste tout à fait convaincu par les propos tenus ici prenne comme critère de son acceptation ou de son refus de recevoir quelqu'un en analyse la possibilité ou non d'avoir des relations sexuelles avec lui ou elle. Il aura autant de chances de se tromper que de voir juste. Les parents, eux non plus, ne savent jamais, même s'ils le prétendent, ce qu'ils font passer à tel enfant de ce désir incestueux fondateur ; ils auront

---

qui aient eu cette audace. On ne saurait donc accuser le christianisme d'avoir oublié l'inceste. Là réside sans doute une de ses forces : l'unicité du lien du fils et de la mère posée en règle du lien de l'homme et de la femme a dû être l'un des fondements de l'unicité de l'individu humain dans notre culture. Mais cette religion a tout de même été un peu fort dans ce sens. C'est peut-être aussi une de ses faiblesses.

beau lire tous les livres de psychologie et adopter les attitudes les mieux étudiées, ce sera toujours autre chose d'essentiel et d'insoupçonné qui passera entre eux et leurs enfants et qui sera décisif pour ces derniers. Le trop dans les comportements peut cacher un pas assez de désir, alors qu'à l'inverse une indifférence de surface peut laisser transparaître par des voies secrètes un trop violent désir. Il y a des pierres qui sont brûlantes et des soleils qui glacent. On bute là dans la cure sur une difficulté essentielle : impossible de manier à sa guise ce qui en est pourtant le ressort, impossible de savoir en commençant quel sera son propre degré d'investissement dont tout dépendra.

Mais cette impossibilité de prévoir si le ressort de l'analyse dans tel cas déterminé fonctionnera ou non (impossibilité de prévoir, qui est une impossibilité de maîtriser et donc de diriger) découle de l'essence même de ce ressort. L'efficace du désir suppose l'échec de la maîtrise. Y a-t-il une séduction, un état amoureux, une passion (et donc un transfert) qui ne soient immergés dans l'incertitude sur la nature et les effets du rapport à l'autre ? Est-ce une chaîne ou un passeport, une entrave ou la liberté ? L'amour va-t-il donner quelque vie ou se changera-t-il en une haine mortelle ? Sans ces incertitudes jamais rien ne pourrait se jouer, parce que sans elles il n'y aurait pas de risque ; et sans risque il n'y aurait jamais une chance de nouveauté et d'invention, il n'y aurait jamais désir misé et donc déjà perdu. Les psychanalystes ne peuvent pas continuer à dire qu'ils n'y sont pour rien, que tout cela est de l'ordre du théâtre. S'ils disent cela, c'est parce qu'ils ne supportent pas de ne pas savoir en quoi ils y sont, si ce n'est après coup et partiellement. La séduction, et donc l'amour, et donc le transfert fonctionnent non pas à partir d'un objet satisfaisant ou à satisfaire, pas davantage à partir d'un manque que le silence et le retrait devraient représenter, mais à partir d'un indécidable : vais-je devenir le jouet ou l'automate de l'autre, le sera-t-il, le sera-t-elle pour moi ? Serai-je au contraire, sera-t-il ou sera-t-elle un peu plus vivant, un peu plus distinct, différent, libre ? Tant que Nathanaël aime l'étrange beauté d'Olympia, il la croit vivante ; l'assurance qu'elle est une poupée le rend fou.

L'angoisse de l'*Unheimlich*, de l'étrange familier est au cœur même de l'existence de l'individu humain. Ce qui est pour lui le plus proche est également ce qui lui échappe davantage et ce qui lui fait le plus peur. Il ne peut qu'y revenir sans cesse pour tenter de s'en éloigner à nouveau. Et c'est sans doute pourquoi l'inceste, le désir de l'inceste, la prohibition de l'inceste constituent un paradigme de cette situation. Comment faire du lointain avec cette dangereuse proximité ? Pourquoi les longs voyages de l'exogamie nous ramènent-ils inexorablement à l'endogamie la plus manifeste ? Si l'individu était constitué une fois pour toutes, si la séparation était définitivement établie, si les différences ne risquaient jamais l'effondrement, si l'on savait qui est l'autre et qui est moi, il n'y aurait pas d'humanité, et pas non plus la saveur douce-amère du désir.

Grâce à la conjonction de l'inceste et de sa prohibition, grâce à l'entrecroisement du trop et du pas assez, grâce à l'angoisse du proche et du lointain, l'individu pourra se constituer, mais ce sera toujours dans un jeu sans cesse à réapprendre et à renouveler. En psychanalyse, en éducation, en politique, on ne jette pas la mise sur le tapis une seule fois mais chaque jour. Le désir incestueux n'est opérant pour l'individu que s'il reste réellement possible, mais ce possible, pour le demeurer, doit rester la déviation effective, la dérivation actuelle de l'inceste. Si l'inceste est oublié, méconnu, refoulé, récusé, l'individu ne sera plus que le champ clos d'un abandon ou d'une dépression mortelle. Si l'inceste est directement pratiqué et que l'individu n'ait d'yeux, d'oreilles et de sexe que pour les plus proches ou ses représentants, il sera toujours au bord du morcellement et de la dissolution. Toutes ces hypothèses restent à la disposition de chacun, et chacun en use à sa façon selon son histoire et les circonstances. Mais chacun n'en finit jamais de combiner maladroitement ces divers paramètres.

L'hypothèse selon laquelle la prohibition de l'inceste serait l'opérateur permettant de produire de la différence là où l'identique menace de bloquer le fonctionnement d'une culture déterminée, est séduisante [14], mais elle ne rend peut-être pas compte de tous les aspects de la question. Une autre tendance se fait jour dans nombre de civilisations. Elles tirent de la prohibition de l'inceste des conséquences extrêmes qui font retomber dans l'identique. La séparation de l'individu politique n'est de fait plus incertaine, mais c'est sans doute au prix d'une perte de différences qui ne sont plus jouées par rapport au risque de l'identique. Des Grecs pour qui les femmes ne font pas vraiment partie du genre humain (l'*aner* seul est *anthropos* [15]) aux Indiens d'Amazonie qui visent « l'endogamie absolue » par l'unique référence à la lignée paternelle [16], et à bien d'autres pour qui la prohibition de l'inceste sert finalement à préserver l'homosexualité masculine [17], la culture ne semble pouvoir s'instaurer que dans l'oubli de ce qui fait la nature, la reproduction sexuée : rejet des femmes, ignorance de l'inceste avec la mère, refoulement de la différence des sexes. Ne faudrait-il pas voir dans cet éloignement de l'inceste un des facteurs qui rendent les civilisations mortelles ? Comme un individu, une société qui tourne le dos aux sources du désir ne peut que devenir de plus en plus exsangue, de plus en plus fragile. Ayant oublié où était sa force, elle ne peut subsister que par la contrainte et donner aux sujets politiques une pure identité abstraite, leur interdisant de multiplier les différences.

Peut-être notre civilisation va-t-elle beaucoup plus loin encore dans l'abstraction. L'objet technique domine toujours davantage l'économique et le politique [18]. Le rêve ou le cauchemar de notre temps est non seulement de faire des individus interchangeables, de remplacer l'homme par

---

14. Françoise Héritier, *op. cit.*
15. Nicole Loraux, *Les Enfants d'Athéna*, François Maspero, 1981.
16. Patrice Bidou, *op. cit.*, p. 111.
17. Georges Devereux, *op. cit.*, p. 169-199.
18. Sur cette question, spécialement dans ses aspects stratégiques et logistiques, voir l'œuvre de Paul Virilio, en particulier *Vitesse et politique*, Galilée, 1977, et *Esthétique de la disparition*, Balland, 1980.

la machine, mais de fabriquer la vie, de faire du vivant un automate. Tout ce qui s'invente, en particulier autour des processus de reproduction et de gestation, n'est que le plus spectaculaire d'une tentative pour arracher à la nature sa limite pour nous et au désir ses aléas et ses incertitudes chroniques. Il ne s'agit de rien de moins que de se débarrasser de l'humain qui vient sans cesse perturber les calculs. Inutile de se livrer à la nostalgie du bon vieux temps ou de fustiger le progrès scientifique. Mais il faut bien reconnaître que dans cet environnement l'individu politique semble n'avoir aujourd'hui à sa disposition que deux folies corrélatives, celle du paranoïaque, sujet certain de sa différence et grand manœuvrier de l'univers, celle du sujet aboli dans la masse où il espère retrouver la vie qui lui est enlevée de toute part [19]. Y a-t-il encore espoir d'une révolte des corps pour faire barrage à ces implacables logiques ?

La psychanalyse dans ce contexte doit probablement son succès au fait que, sous des traits modernisés, elle est un des lieux très rares où le sexe, les relations de désir, la subjectivité sont vécus, revécus, travaillés, et en quelque sorte mis en pratique. Dans cette perspective elle n'est pas morte, comme certains le pensent ou le souhaitent. Mais elle n'en est pas moins traversée aujourd'hui par deux tentations contradictoires. Soit le repli sur son propre territoire, la réalité psychique, à laquelle la cure aurait charge d'introduire, mais avec le risque qu'elle se suffise à elle-même et produise la mise à l'écart d'un petit monde d'initiés, soit la conquête de la culture en habillant la découverte freudienne avec des emprunts faits à la philosophie, la linguistique ou les mathématiques, laissant croire que la psychanalyse est la vérité radicale qui donne sens à toutes ces disciplines. L'individu qui se laisse prendre à ces tentations verra sans doute s'estomper plusieurs de ses incertitudes, mais il y perdra probablement ce qu'il était venu chercher : un peu plus d'indécidable et de précaire différence dans un monde qui s'acharne à tout aspirer dans l'identique.

---

19. Elias Canetti, *Masse et puissance*, Gallimard, 1981.

L'efficace de la psychanalyse*

En quoi réside l'efficacité de la psychanalyse ? Question élémentaire et, comme toutes les questions élémentaires, sans doute insoluble. D'autant qu'elle renvoie à une question préalable : qu'est-ce que vise la psychanalyse, quel est son but, qu'est-ce qu'elle recherche, qu'est-ce que demande quelqu'un qui commence une psychanalyse, et qu'est-ce que le psychanalyste pense pouvoir apporter au cours du traitement ? Mais les questions ainsi posées ouvrent la voie à un flot d'autres questions. Certains, en effet, ne voudront pas parler de traitement, si ce n'est avec d'infinies précautions. Dire, par exemple, que la psychanalyse veut guérir provoque immédiatement de la part de nombreux psychanalystes une véritable levée de boucliers. La psychanalyse ne serait pas un traitement psychique, mais ressemblerait plutôt à une initiation à la découverte des processus inconscients, elle serait l'entrée dans un autre monde qui aurait ses lois propres, ses maîtres ou ses mages, ses adeptes, ses croyants et ses infidèles. Force est donc de choisir et en quelque sorte arbitrairement pour définir la perspective que l'on préfère et que l'on prétend soutenir par la suite.

J'opte délibérément pour la psychanalyse comme cure, visant à une guérison. Mais ce sont ces mots qu'il faut à leur tour définir pour pouvoir se les donner comme point de départ. J'affirme que la psychanalyse commence par la

* Paru dans *Modern Language Notes*, mai 1982.

présentation de symptômes tels que les ressent un patient : angoisse, impuissance, difficultés de relations, inaptitudes au travail, etc. Ce sont ces symptômes qu'il s'agit de lever, mais la méthode suivie ne sera pas directe, comme elle peut l'être en médecine ; on ne peut pas et on ne doit pas se fixer sur eux, mais utiliser de longs détours qui permettront éventuellement d'en venir à bout. Utilisons une comparaison : si un poste de radio est en panne, il ne sert à rien de le considérer longuement en cet état, il faudra, par exemple, vérifier un à un les transistors et les réparer. De même il n'est d'aucun secours d'entendre indéfiniment la plainte qui se lève à partir des symptômes ; il s'agit, si l'on peut s'exprimer ainsi, de reprendre un à un les circuits psychiques et de les refaire fonctionner. C'est toute la machine qui est engorgée, rétrécie, rigidifiée, il s'agit de lui redonner la vie en y faisant circuler la vie.

Comparaison mécanique boiteuse et peut-être injurieuse, mais qui souligne seulement que la guérison, définie par Freud en un heureux raccourci comme la possibilité d'un plus d'agir et de jouir, ne peut être obtenue que par de longs détours.

Ces quelques prises de position semblent suffisantes pour permettre d'avancer la thèse qui sera défendue dans les pages qui suivent : il peut y avoir guérison, en ce sens, parce qu'*il se transmet au cours de l'analyse une force qui tend à produire de la différence*. Termes qui pourraient rendre compte, si je réussis à leur donner un contenu, de l'efficacité de la psychanalyse. En passant, on verra peut-être que psychanalyser entretient quelque rapport avec éduquer et gouverner. Ces verbes représentant, selon Freud, les trois métiers impossibles.

Partons de la règle fondamentale qui définit la méthode caractéristique de la psychanalyse : tout dire, même ce qui paraît inutile, insensé ou infamant. Dans la vie courante, la parole est supposée faite pour communiquer, pour transmettre des informations, mais aussi, évidemment, pour éviter d'en transmettre. L'utilisation du langage est sous-tendue par des intentions plus ou moins explicites et par une volonté d'exprimer ou de taire. La règle fondamentale propose un usage inverse du langage. Il s'agit de s'exercer à parler sans intention, à laisser venir des mots n'importe comment, sans souci d'une syntaxe quelconque, c'est-à-dire indépendamment d'une organisation par la volonté consciente. Apprentissage d'une parole qui s'ouvre vers d'autres sens non prévus intentionnellement, vers d'autres raisons, d'autres visées ; laisser la parole se diffracter non seulement dans la plurivocité, mais vers des sens insupportables pour l'image de soi que l'on avait ou que l'on voulait se donner ou donner aux autres. Pratiquer systématiquement ce que je propose de nommer la « déparole ». (En français nous connaissons le mot ancien « déparler », utilisé uniquement sous la forme négative : ne pas déparler, qui signifiait : ne pas cesser de parler. Ce n'est pas dans ce sens que j'emploie déparole.) La déparole s'apparente au délire, en ce sens que c'est une parole défaite, une parole à la dérive qui a perdu le souci de s'adresser à quelqu'un, de s'inscrire dans un rapport social, en vue d'une action ou d'un projet. Elle s'apparente aussi au lapsus, parce qu'elle tend à exprimer ce qu'on voulait cacher, ce qu'on ne voulait dire ni à l'autre ni à soi-même. C'est une parole qui échappe au locuteur. Tout cela est suffisamment connu pour qu'il ne soit pas nécessaire d'y insister davantage.

Mais la question se pose de savoir à quelle condition la déparole est possible. Car elle n'est pas seulement inhabituelle, elle est aussi dangereuse. Si le patient hésite à s'y livrer, c'est qu'il voit en elle la menace d'une désubjectivation, la perte du contrôle élémentaire sur ses propres dires. Car il lui arrivera d'être envahi par ce qu'il ne prévoyait pas, et qui lui fera abandonner les repères auxquels il est accoutumé de se référer pour conduire son existence et pour maintenir l'image minimale de soi-même qui l'assure de la continuité. C'est un autre inconnu qui lui apparaît et en qui il ne se reconnaît plus. Pour se lancer dans pareille aventure, il est nécessaire qu'il ait une suffisante confiance en l'analyste qui saura éventuellement freiner ou arrêter la déparole, lorsque celle-ci risquerait de submerger celui qui la parle. Si la déparole ne devient pas délire, c'est que, contrairement à celui-ci, elle s'adresse tout de même à un autre qui est censé l'entendre, un autre qui est en quelque sorte le sujet de la déparole et qui n'en est pas détruit pour cela. Le psychanalyste doit être un autre qui n'est pas dans le champ social des intérêts, qui n'a pas d'intentions ou de volontés liées à l'accomplissement de buts déterminés.

Pourtant le psychanalyste n'est pas rien, il ne peut pas, sous peine de devenir un être de rêve ou un fantôme, ne pas avoir de désir, d'intention ou de visée. Pour éviter que la déparole devienne délire, il peut se faire protecteur, mais pour que cette déparole ait effectivement lieu, pour que le langage socialisé se défasse, il faut supposer la présence d'une force singulière qui déchire le tissu intra-mondain. Quelle est-elle ? Freud décrit parfois le transfert de l'analysant sur l'analyste par les mots d'« attente confiante » ou croyante *(glaübige Erwartung)*. Le patient attend de l'analyste la solution de ses difficultés et la sédation de ses souffrances, et la confiance dont il crédite l'analyste le rend capable d'abandonner sa manière ordinaire de parler, parce qu'il s'est mis en état de suggestibilité et que le lien ainsi créé avec l'analyste rend dérisoire et sans poids les valeurs ou intérêts proposés dans le champ social. Mais cette attente confiante peut très bien définir aussi la position de l'analyste. Et c'est même cette attente croyante de l'analyste qui fonde la possibilité de la déparole de l'analysant.

Le psychanalyste attend. Il ne suggère rien, il ne propose aucune autre tâche que celle du laisser venir n'importe quelle parole. On pourrait dire qu'il attend la déparole. Mais s'il n'attendait que cela, elle ne viendrait jamais. En réalité il attend les forces — en langage freudien on dirait peut-être les forces refoulées ou les pulsions — qui seront capables de défaire le langage social, de le faire éclater, de faire s'ouvrir le glacis protecteur interdisant à ces forces de se manifester sous peine de compromettre la vie policée. En d'autres termes l'analyste attend que le patient sorte de son tombeau et se réveille, et il n'attend fondamentalement que cela. Mais cette attente pourrait n'être que celle du voyeur se réjouissant du spectacle de la mer démontée, fracassant ce que son flot rencontre. Si c'était l'unique composante de l'attente, même si elle peut entrer en jeu sous cette forme au cours d'une analyse, il est probable que rien ne se passerait, parce que la peur de l'analysant serait par là accentuée et qu'il s'enfermerait dans un prudent silence ou qu'il ferait diversion par des paroles sans portée pour lui.

On peut d'abord donner de cette attente la description la plus banale : l'analyste fait confiance à l'analysant, mais d'une autre manière que ce dernier. Si l'analysant attend de l'analyste qu'il *le* sorte d'affaire, l'analyste attend de l'analysant qu'il *se* sorte d'affaire. L'analyste met sa confiance dans l'analysant, il fait l'hypothèse que celui-ci s'en tirera, il y croit, il lui fait crédit. C'est *cette sorte d'attente* et de confiance, cette croyance qui est efficace et qui à elle seule est *transmission de force*. Expérience des plus courantes : il suffit d'écouter quelqu'un ou de s'intéresser à ses dires pour qu'il en dise beaucoup plus long qu'à quiconque et qu'il ne craigne pas de s'exposer dans ses paroles. La psychanalyse ne fait peut-être rien d'autre qu'isoler cette expérience et que la systématiser. Écouter donne à l'autre la force de parler, écouter dans l'indétermination des buts donne la force de la déparole. Indétermination signifie que toute parole est possible et qu'aucune parole précise n'est souhaitée. La force transmise par l'attente est celle qui ouvre un espace de possibles à un état de fait qui semble irrémédiable.

(Nous avons là sans doute le premier et le dernier ressort de l'éducation et peut-être même de l'enseignement. Le destin des enfants à qui les parents ont fait confiance, en qui ils ont cru, n'a rien à voir avec celui des autres. On sait bien qu'un professeur qui sait donner confiance peut faire réussir les plus récalcitrants à sa discipline. La différence évidente entre l'éducation et la psychanalyse, c'est que cette dernière n'utilise la médiation d'aucune tâche et qu'elle fait donc apparaître la relation d'attente comme telle, ce qui entraîne toute une série de conséquences. Mais il y a fort à parier — pari gratuit puisque invérifiable — qu'il y aurait beaucoup moins de recours aux psychologues scolaires ou aux psychanalystes d'enfants si les enseignants ne transmettaient pas le doute généralisé et la dépression. Mais cela dépend bien sûr de toute une série de réseaux propres à la société.)

La psychanalyse isole donc, pour en faire le moteur d'une

expérience artificielle, ce qui est présent à toute élaboration proprement humaine, si l'on veut, à toute croissance d'humanité. Tentons d'aller plus loin dans la description de ce phénomène. L'indétermination de l'attente qui produit la déparole peut être considérée comme une violence. Elle est une effraction mettant fin aux projets et aux tâches qui occupent l'attention et effectue un suspens qui fait apparaître en tant que telles les forces primitives le plus souvent canalisées et modifiées par la pensée intentionnelle et par l'action. L'indétermination a donc pour premier effet la venue d'un chaos et d'un désordre, lesquels pourront devenir l'occasion d'une libération de ces forces et donc du renouvellement de la vie psychique. À la condition cependant que cette indétermination de l'attente se conjugue avec ce qui est visé et donc déterminé dans cette attente, à savoir la provocation de l'autre, sa provocation à l'altérité et à la distinction.

On sait que l'attente du patient est le principe de la suggestibilité, c'est-à-dire de sa dépendance à l'égard de l'analyste. Si c'était là le seul facteur en jeu, il n'y aurait place que pour l'absorption progressive du patient dans le désir, les pensées et le vouloir conscients ou inconscients de l'analyste. L'attente de l'analyste, parce qu'elle est indéterminée quant à la forme et à la manière qu'adoptera le patient, mais déterminée comme provocation au se-produire du patient, pousse au contraire ce dernier à tourner le dos à la dépendance pour se déterminer, c'est-à-dire pour poser ses limites distinctives. Dans la dépendance il y a toujours présent un rêve de toute-puissance, alors que la provocation au se-produire est l'abandon de ce rêve au profit du travail de partialisation et de relativisation, c'est-à-dire de différenciation.

L'attente de l'analyste peut encore être décrite comme l'ouverture d'un espace de possibles. Elle refuse, en effet, de considérer la situation actuelle du patient comme définitive ou inéluctable, et elle fait l'hypothèse que cela peut être modifié, qu'il y a place pour une nouvelle histoire. Évidemment elle se doit d'être précise, d'être fondée aussi. Une attente trop large qui ne s'appuierait pas sur de l'effectivement possible, sur de réelles pierres d'attente, ne serait qu'une fiction incapable de permettre une nouvelle donne. Mais à l'inverse une attente trop étroite, trop limitée dans ses ambitions ne serait pas suffisante pour susciter l'aventure de la déparole et ses éventuelles conséquences bénéfiques. En quelque sorte le psychanalyste, à l'instar du gouvernant, doit être un visionnaire. Il n'a sans doute pas, comme le politique, à proposer un grand dessein jalonné de réalisations, mais il doit déjà soupçonner et voir par avance la multiplicité des possibles réalisables par le patient. La psychanalyse est souvent interprétée comme la levée du passé enfoui (« L'hystérique souffre de réminiscences ») ; elle méconnaît alors que c'est la chance d'un avenir qui donne accès à la constitution d'un passé. Si ce n'est pas déjà demain, il n'est pas encore hier. Or c'est l'attente qui supporte demain. Si la psychanalyse, comme l'éducation et la politique, est une profession impossible, c'est précisément parce qu'elle doit, contre toute attente, tracer le chemin du possible à l'impuissance des faits insurmontables.

Ce qui peut-être caractériserait le mieux l'analyste serait, si l'on ose ce mot, la passion de l'altérité. Cette passion ne serait à confondre ni avec l'altruisme et son dévouement, ni avec l'amour qui porte en lui le projet de durer et le principe secret d'un envahissement réciproque. Elle se poserait comme la condition nécessaire pour qu'il y ait de l'autre, une pratique de la différenciation, une effectuation de la séparation et de la distinction. C'est pourquoi d'ailleurs elle ne peut être qu'un métier, jamais un mode de vie, portant en lui sa limite temporelle : elle ne s'exerce qu'à travers la discontinuité de moments ; et sa limite qualitative interne : elle ne s'exerce que dans l'artifice d'une situation qui s'abstrait de l'existence ordinaire. Cette passion serait d'un type spécial, en ce sens qu'elle serait en permanence le deuil d'elle-même, car la passion de la passion est de maintenir à tout prix son objet. Elle est donc foncièrement ambiguë, non seulement parce qu'elle est à une distance infinitésimale de ce qui est à l'origine de la fascination hypnotique, mais parce qu'elle prend racine dans son envers chez le psychanalyste : le doute impérissable de sa propre identité et différence. La passion de l'altérité se nourrit sans cesse de la menace d'effondrement de toute altérité, elle se développe à partir de la crainte d'une dissolution et d'une perte des limites. Vouloir un autre, celui-ci devrait-il devenir l'adversaire le plus redoutable, ne naîtrait pas d'un surcroît de forces qui débordent, d'une générosité surabondante, mais de la nécessité de faire accéder quelqu'un, au moins un, sur le rivage que je suis incertain de fouler.

Si le transfert est décrit comme attente confiante, remise de soi de l'analysant à l'analyste, on pourrait bien nommer contre-transfert l'attente par l'analyste de l'altérité de l'analysant. Ordinairement le mot de contre-transfert désigne les sentiments qui lient l'analyste à son patient et qui entravent la réceptivité du premier, ou les émois ressentis par l'analyste, les pensées qui s'ensuivent et qui doivent être analysées pour éviter les blocages dans la cure. Mais ne pourrait-on pas dire plus radicalement que le contre-transfert est le besoin pour l'analyste de l'altérité de l'autre, tel qu'on vient de le décrire ; il faudrait alors nommer anti-transfert la passion de l'altérité impliquant le non-besoin pour soi de l'altérité de l'autre, et par conséquent la possibilité pour l'autre de se séparer véritablement. Mais, en réalité, quelle distance y a-t-il entre ce contre-transfert et cet anti-transfert ? On peut tout aussi bien répondre qu'elle est totale ou qu'elle est nulle. Elle serait totale, si la passion de l'altérité pouvait être développée pour elle-même et se distinguer allégrement et définitivement du besoin de l'altérité de l'autre. Elle est nulle, si cette passion n'est pas à éclipse, si elle ne peut cesser temporairement, et cela à répétition, d'avoir besoin de l'autre comme autre. Il y a là un paradoxe dans lequel il faut s'enfoncer encore davantage, car s'il est au cœur de la psychanalyse, il ne peut pas ne pas être aussi une règle fondatrice de l'éducation et un principe de gouvernement.

Faire de l'autre, vouloir faire de l'autre est une expression contradictoire, parce qu'elle paraît en un premier temps ne pouvoir conduire qu'à un objet, qui par définition restera objet, et donc pas autre. Mais faire de l'autre comporte aussi la possibilité et le risque que cette naissance voulue, donc reproduction du même, soit l'occasion pour cet objet de prendre ses distances et de se mouvoir selon ses lois à lui, telle la statue de Pygmalion animée par Aphrodite. On peut supposer que chez tout sujet humain, il y a déjà depuis toujours un commencement d'indépendance. C'est sur ce préalable qu'il s'agira de jouer, au lieu de l'écraser définitivement. Une petite fille, en réponse à son père qui lui suggérait, après tant d'autres leçons, de se mettre à l'anglais s'était écriée : « J'en ai marre. Je ne suis pas une poupée à laquelle on s'amuse à apprendre des choses. Je suis vivante. Je suis vivante. » Faire de l'autre peut donc consister à produire un automate, et c'est pratiquement toujours ce que ne peut pas s'empêcher de viser un éducateur (ou un analyste) avec toutes les justifications d'usage. Pourtant il y aura toujours des moments cruciaux où l'automate se réveillera. L'enjeu décisif résidera donc dans la suite à donner à cette révolte : ou bien la colère et une coercition plus subtile qui contraindront le récalcitrant à retourner à l'état d'objet docile, ou bien l'étonnement et cet instant où le choix de l'autre sera validé par un retrait. Cette révolte lui appartient, je lui laisse se l'approprier, je lève alors en cet instant l'ambiguïté de ma démarche, je le laisse m'échapper, livré que je suis à l'étrangeté de ce passage infime, mais infini, de l'automate au vivant.

Le passage du contre-transfert à l'anti-transfert (qui seul permet la dissolution du transfert) est donc conditionné par la réaction aux premiers effets de la passion de l'altérité. En d'autres termes il s'agit de savoir si cette passion, lorsqu'elle a obtenu ce qu'elle cherchait, à savoir de l'autre, va se nier elle-même en réduisant à rien l'altérité, ou au contraire si elle va se suspendre pour achever de s'effectuer. Ainsi on ira du contre-transfert à l'anti-transfert, si la passion de l'altérité peut s'interrompre, si elle cesse soit par rapport à l'autre en lui laissant l'espace qu'il réclame, soit par rapport à elle-même en renonçant au besoin de l'autre, parce que le doute sur une différence minimale l'a quittée. Limite temporelle de cette passion par sa propre suspension, limite interne par la certitude d'une certaine identité renvoyée par l'autre, telles sont les conditions de possibilité de l'anti-transfert. Pour le psychanalyste qui poursuit son expérience, le risque de dissolution est toujours actuel, en ce sens qu'il sait de mieux en mieux sur quel fond se détache son métier d'altérateur, mais à l'inverse le besoin d'autre se fait de moins en moins sentir, parce qu'il sait que la répétition de ce métier n'est de nul remède à son mal et que l'improbable de l'effectuation de l'autre le concerne au premier chef ; et c'est donc cet improbable-là auquel il doit s'affronter et qu'il doit travailler.

Freud voyait constamment l'efficace de l'analyse dans la prise de conscience de désirs inconscients ; en d'autres termes dans la levée du refoulement, dans le passage de certains désirs de l'inconscient au conscient. Mais ces séquelles de l'idéologie de l'*Aufklärung* ont fait place ensuite de temps à autre à un retour à la nécessité de l'abréaction, selon la méthode apprise de Breuer, c'est-à-dire de la mise en acte de ce qui n'avait pu être effectué dans l'enfance. C'est dans cette seconde perspective que le travail analytique me semble devoir se situer aujourd'hui, parce que la perte d'identité ou l'absence d'identité est la maladie centrale dont souffre notre civilisation, et que, cette identité, il s'agit de la faire, de la construire sur la menace du chaos et de la dissolution. Or seule l'attente de l'analyste (ou de l'éducateur ou du gouvernant) peut la viser, la désirer, la vouloir et ainsi lui donner la force qui lui est nécessaire pour s'accomplir. Soulignons encore une fois que cette force est transmise, si, et uniquement si, elle se découpe chez l'analyste sur la faiblesse constitutive de sa propre identité. La psychanalyse fait apparaître cette question, cette maladie et la possibilité d'une solution, parce qu'elle fait agir cette force dans sa crudité, sans se cacher à travers la médiation d'une matière ou d'une technique ou d'un comportement à apprendre, ou à travers la nécessité de tâches à accomplir.

Il est utile maintenant de revenir en arrière. Pour lever le danger et la difficulté de la déparole, l'attente confiante de l'analyste à l'égard de l'analysant a été posée comme nécessaire. Mais cette déparole, où conduit-elle ? Défaisant la parole socialisée, détruisant les repères d'un langage qui s'adresse à quelqu'un, elle laisse venir au jour, dans le désordre du dire, les intérêts primitifs que la civilisation cherche à contrôler, à dériver ou à proscrire, et qui peuvent se réduire, sous les trois clefs de l'argent, du sexe et de la mort, au vol, au viol et au meurtre. Le déparleur se découvre inhumain, c'est-à-dire que loin de tendre à établir des relations stables et policées avec ses semblables, il cherche à les exploiter jusqu'à les détruire. Comment, à partir de la découverte irrépressible de cette inhumanité, va-t-il pouvoir en arriver à retourner éventuellement vers l'humain ?

Cette régression est doublement insupportable, parce qu'elle marque la perte de l'illusoire identité à laquelle on était accoutumé et parce que l'identité qui lui fait place, celle d'un voleur, d'un violeur et d'un tueur, ouvre la voie à un bouleversement dans les rapports sociaux. Le réflexe est alors de rendre l'analyste responsable, non de cette découverte, mais de cet état de fait, et de le lui faire payer d'une façon ou d'une autre, donc d'entrer en conflit avec lui. De plus cette vitalité nouvelle dont les racines plongent dans l'inhumain, ces forces dont la violence étonne et fait peur, il est temps de les exercer, et d'abord à l'égard de l'apprenti sorcier qui les a désenchaînées. L'analyse devient alors fatalement un affrontement et l'analyste un adversaire. Il est probable alors que l'analyste surpris par ces attaques qui l'atteignent avec précision là où il est le plus vulnérable réagira, avec toutes sortes de bonnes raisons, en passant peu ou prou sur le terrain de l'analysant et en devenant pour ce dernier un voleur, un violeur et un tueur. Il y aurait beaucoup à dire sur le passage nécessaire par ce conflit et sur les stratégies qui permettent d'en sortir. Mais ceci nous entraînerait trop loin. Il est seulement nécessaire de souligner que, si l'analyste ne peut pas ne pas accepter l'affrontement sans lequel les forces primitives réveillées ne pourront jamais s'élaborer, il doit revenir à l'attente pour se dégager du conflit. L'analysant submergé nie toute altérité et va donc essayer d'en atteindre le principe en faisant sortir l'analyste de la position d'où il peut ouvrir des possibles. C'est en maintenant une distance entre l'affrontement inévitable et l'attente que l'analyste permettra au patient de différer la réalisation de ses pulsions et, par là, de les civiliser à nouveau et de les humaniser. La force communiquée par l'attente confiante de l'analyste rend l'analysant capable de traverser cet espace où déferlent des forces qu'il ne peut maîtriser, mais dont il sait déjà, par l'analyste qui le reconnaît dans ce voyage, qu'elles ne l'emporteront pas.

Mais cette régression vers le vol, le viol et le meurtre, où les intérêts humains se présentent sous une forme déshumanisée avant d'être aménagés et reconduits à l'humanité, n'est possible que dans les cas les plus favorables. Pour les psychotiques, ou ceux que j'ai nommés ailleurs des frontaliers *(borderline)*, la situation est différente. Ils n'ont en quelque sorte jamais été admis à des relations humaines. De l'humain, c'est l'inhumain qu'ils ont connu, celui de l'absorption et du rejet. Ils n'ont pas pu s'identifier à leur entourage sous peine de mourir et, pour se protéger de cet inhumain qui les a formés, ils ont dû se réfugier dans l'infrahumain ou dans le pas encore humain (condition de l'humain pourtant) des animaux, des végétaux et des minéraux. Corps de pierre qui ne peuvent ni souffrir ni jouir, parce que toute souffrance est interdite à ce qui a été réduit à l'état d'objet, parce que la jouissance n'est pas l'affaire d'un individu auquel on a retiré toute intériorité. Plante incapable de locomotion, parce qu'il leur est impossible de se détacher du lieu où ils sont placés, parce qu'ils doivent rester là fixés sans pouvoir connaître l'absence qui serait pour eux mortelle. Animaux parfois dangereux, mais qui le sont dans l'inconscience et la pure spontanéité, laquelle ne connaît rien de la succession du temps et de ce qu'il peut modifier, voués à la pure répétition du même instant fastidieux.

Il leur faudra donc en analyse pouvoir repasser par ce non-humain qui les fonde. L'attente du psychanalyste les reconnaîtra déjà humains dans ces états nécessaires à leur survie, et où ils se protégeaient, dans leur folie, de relations vidées de toute humanité. S'il est facile de les entendre, c'est qu'ils sont les témoins d'une histoire oubliée que chacun, pour avoir chance d'accéder à l'humain, ne peut omettre de reprendre à son compte. Il n'y a pas dans notre histoire que des événements liés à des personnes. Et l'idée que notre enfance n'a été faite que de haine pour le père et d'amour pour la mère (ou le contraire), sans oublier la nourrice, est d'une grande pauvreté. La petite fille a eu besoin d'une poupée, mais aussi des animaux en peluche, elle a été un chat. Si les enfants, même dans les villes, aspirent autant à la présence d'animaux domestiques, c'est sans doute qu'ils en ont besoin pour apprivoiser leur propre animalité. Et ce petit garçon, menacé par ses parents, qui se réfugiait dans un bosquet d'arbres pour y reprendre courage. Sa vie eût été différente s'il n'avait disposé pour s'en cacher que d'un mur de pierres. Les règnes qui précèdent l'humain et que celui-ci suppose font donc partie de notre passé, sans avoir besoin de faire appel à la phylogenèse pour que ce soit réel et sans en appeler non plus à la symbolique pour éviter que soit mise en défaut la sacrosainte omniprésence du langage. Nous avons été, par le simple jeu des identifications, ce rocher, cet arbre et ce chien, et par cela nous avons déjà été autres, déjà différents dans notre identité.

À l'égard du frontalier l'attente du psychanalyste doit opérer plus que jamais comme ouverture d'un avenir, car le premier préfère s'en tenir au territoire du non-humain, où il ne risque plus d'être liquidé. Tout avenir est marqué pour lui du signe de l'inhumain, comme monde humain où il n'a pas ses entrées et où il est incapable de se diriger parce qu'il ignore tout des lois qui le régissent. Ouvrir pour lui un avenir ce sera d'abord parcourir longuement avec lui les fossiles, les forêts et les bêtes, jusqu'au point où le psychanalyste risquera de s'y perdre. C'est en courant ce risque que le psychanalyste pourra y apporter l'écho d'un monde humain dont il vient et où il est encore. Réapprendre ou apprendre à s'éveiller du sommeil des pierres, à marcher sans souci constant de ses racines, à parler un langage qui veuille se faire entendre réclame du psychanalyste de désapprendre la prétendue supériorité du monde des humains. L'attente de l'avenir, c'est du sien propre qu'il est question. Il doit repasser par le chemin de son propre avenir improbable, car qui sait ce qui est véritablement humain, qui sait si l'humain n'est pas ce feu fragile à réinventer tous les jours.

Si l'attente confiante est d'une part la provocation des forces primitives liées aux intérêts de l'argent, du sexe et de la mort, et d'autre part la réintégration des règnes qui ont précédé l'apparition de l'homme et que celui-ci suppose en permanence, l'efficace de la psychanalyse n'est peut-être pas tant à chercher, comme le pensait Freud, dans le déchiffrement de la vérité historique, c'est-à-dire d'événements traumatiques liés aux relations personnelles de l'enfance, mais d'une part dans le redéploiement de l'inhumain et d'autre part dans la ré-assomption du non-humain. En ce sens on peut dire que la psychanalyse constitue une histoire qui n'a pas forcément eu lieu, car jamais ces forces primitives n'avaient été auparavant éveillées et jamais auparavant le contact avec le minéral, le végétal et l'animal n'avait été historisé. La cure analytique ne serait donc pas la reconstitution d'une histoire oubliée, mais sa production à partir de ce qui n'avait jamais vu le jour ou de traits identificatoires morcelants.

Il reste à réouvrir, sans pouvoir la développer, une question que ne manqueront pas de se poser tous ceux qui, de près ou de loin, ont eu affaire à la psychanalyse : quelle place revient au langage dans la conception de la cure qui vient d'être ici ébauchée ? La première réponse est négative : le langage est à considérer comme l'obstacle. Il est tout ce que révèle l'humain-inhumain de l'ordre établi, des valeurs reçues, des relations figées, des pensées mortes, des répétitions angoissantes. La déparole de l'analyse doit rompre ce glacis protecteur, le disloquer, le forer, le trouer de telle sorte qu'une énergie nouvelle soit donnée. C'est la porte ouverte à la folie, ce mépris du langage constitué, mais la chance de sa dignité à venir. Car la valeur du langage en analyse, et c'est la seconde réponse, positive celle-là, réside dans le dire l'inhumain des violences de l'argent, du sexe et de la mort, dans le dire le non-humain des autres règnes. Au non-sens de la déparole succède le sens où l'humain se perçoit étrange à lui-même. C'est une défaite encore, mais qui conquiert des domaines enfouis et oubliés où l'on croyait n'avoir pas à se reconnaître. Il est donc bien exact que le langage est au cœur de l'analyse, mais certainement pas comme l'unique royaume dont il faudrait ne pas sortir. Il est au centre parce qu'il doit s'affronter à ce qui lui est ennemi, à ce qui menace de le dissoudre, et parce qu'il ne doit son salut qu'à devenir le serviteur de l'étranger.

Sur l'épistémologie de la psychanalyse*

> *La connaissance de l'histoire à ses origines ne consiste pas à déterrer le primitif et à rassembler des ossements. Elle n'est pas une science de la nature totalement ni même à moitié ; si elle est quelque chose, c'est une mythologie.*
>
> HEIDEGGER, *Introduction à la Métaphysique*, trad. Gallimard, 1967, p. 162.

Comment parler de l'épistémologie de la psychanalyse ? Et d'abord qu'est-ce qu'elle recouvre ? Probablement des choses très différentes selon chacun. Il est donc d'autant plus important de dire ce que nous y mettons. L'épistémologie est la science de la connaissance. Elle répond à la question : comment, dans une discipline donnée, la connaissance s'opère-t-elle ? Ou : quel est, pour un champ déterminé, la manière dont s'établit le savoir ? Ou bien : quels sont les procédés utilisés par une science ou une discipline pour constituer son ou ses objets ? Ou encore : à quel degré de certitude une discipline est-elle capable d'accéder étant donné les moyens dont elle dispose ? Quelle sorte de vérité propose-t-elle ?

C'est donc tout ensemble des questions de méthode, d'objet et de validité qui sont posées par ce mot mis en relation avec la psychanalyse. Questions tout à fait redoutables

* Paru dans *Le Moi et l'Autre*, Denoël, 1985.

pour notre discipline, tant il est vrai que nous nous sommes installés dans le savoir analytique comme dans une évidence. Nous utilisons les mots de la théorie freudienne, kleinienne, bionienne, lacanienne, sans nous poser de questions sur la légitimité de ces emplois. Nous nous gardons bien de nous interroger sur les fondements de notre savoir. Nous prenons le discours de Freud si nous sommes freudiens, celui de Melanie Klein si nous sommes kleiniens, celui de Lacan si nous sommes lacaniens, pour des discours qui disent le vrai, et que nous aurions seulement à assimiler, à reproduire et, éventuellement, à développer. En quelque sorte, nous tournons sans cesse le dos à l'épistémologie, dont la visée est de critiquer radicalement nos connaissances par la critique de nos modes de connaissances.

Je voudrais reprendre la question en ne me donnant rien d'assuré. Nous ne sommes pas dans le domaine des sciences exactes, c'est-à-dire qu'il n'y a pas en psychanalyse d'accumulation des connaissances, de telle sorte que la dernière découverte serait ce à partir de quoi il faudrait travailler, parce qu'elle serait la plus avancée, celle qui tiendrait compte de toutes les précédentes.

Reprendre la question de zéro, c'est se poser tranquillement la question : y a-t-il un savoir en psychanalyse ? Est-ce qu'on y connaît quelque chose ? Et si oui, qu'est-ce que l'on connaît ?

Je prendrai comme point de départ ce qui apparaît aux psychanalystes comme une évidence, évidence indispensable ou qu'ils croient indispensable à leur pratique, à leur technique et à leur théorie : la découverte de l'inconscient. C'est une évidence, mais vous savez que les évidences sont parfois trompeuses et qu'elles sont toujours la source d'aveuglements, parce qu'elles interdisent l'étonnement et la critique.

Donc, l'inconscient a été découvert par Freud, c'est un acquis. Et pourtant, si on lit Freud lui-même, le découvreur, on doit singulièrement nuancer cette affirmation. Dans son fameux article de 1915 sur l'inconscient, il dit et répète que l'inconscient est une hypothèse. Il affirme, après bien d'autres d'ailleurs, que l'inconscient est une hypothèse nécessaire pour rendre compte de certains faits psychiques qui échappent à la conscience : essentiellement les rêves, les symptômes, les lapsus, les mots d'esprit. Le raisonnement de Freud est très clair : si l'on veut expliquer ces faits qui apparaissent dans les absences, les lacunes, les défauts, les manques, les troubles du discours conscient, si l'on ne veut pas se contenter de voir dans ces faits de pures absurdités ou de purs mystères, on est obligé de recourir à l'hypothèse d'un psychisme inconscient. Est-ce qu'en faisant cela on a prouvé l'existence de l'inconscient ? Certainement pas. On a seulement prouvé que, si l'on veut maintenir intact le principe du déterminisme universel (rien n'arrive sans cause), on est contraint de supposer un quelque chose de psychique qui rétablisse une continuité par-delà ou en deçà de la discontinuité éprouvée par la conscience.

La plupart du temps, nous oublions (et cela arrive souvent à Freud lui-même) que l'inconscient est une hypothèse. On dit qu'il existe, on en fait l'agent effectif de tous les processus aberrants. Et ensuite, puisqu'il existe, puisque c'est un fait, on entreprend de le faire parler, de le connaître, de le décrire, comme on décrit les faits extérieurs, on établit les lois de son fonctionnement, on en donne la théorie, etc. Or, du strict point de vue de l'épistémologie, tous ces développements sont illégitimes.

Pourquoi ? Tout simplement, comme l'a très bien montré Habermas, dans *Connaissance et intérêt*, parce qu'ils se fondent sur la pratique de la tautologie. La théorie analytique, et celle de l'inconscient en particulier, ne fait que répéter sous une autre forme les faits qu'elle doit expliquer. Par exemple, dire que l'inconscient reproduit toujours les mêmes choses, qu'il ignore la contradiction et le temps, ce n'est rien d'autre que redire, en l'attribuant à l'inconscient, les traits caractéristiques des symptômes ou des rêves. Ainsi, lorsque l'on veut vérifier la théorie par les faits, cette vérification est donnée par avance, puisque la théorie n'est rien d'autre qu'une traduction des faits. Il y a tautologie, parce que l'instrument théorique est toujours par avance adéquat aux faits dont il est sorti.

Et pourtant, vous m'objecterez que la découverte de

l'inconscient a bel et bien eu lieu ; cette découverte a modifié notre approche de la maladie mentale, des processus psychiques, des mystères de l'invention et même de maints faits culturels. Certes, je n'en disconviens pas. Mais il est possible de comprendre et d'interpréter les bouleversements opérés par la psychanalyse d'une façon totalement différente de celle à laquelle nous sommes accoutumés. Vous me permettrez pour m'expliquer de faire un détour.

Dans son livre *Les Grecs et l'Irrationnel*, E. R. Dodds cherche à nous faire comprendre la manière dont les Grecs se situaient par rapport à ce qui les dépassait, les troublait, les faisait agir. Pour cela, il essaie de tout traduire discrètement en termes de psychologie. Il montre, par exemple, que l'homme homérique se savait agi par des pulsions irrationnelles, non systématisées, et qu'il les attribuait à une source étrangère à lui-même. Il décrit le rapport entretenu dans cette civilisation avec l'expérience onirique, comme visite d'un parent, d'un personnage vénéré, d'un dieu. Il cite Platon qui considère, dans les *Lois*, que l'homme est une marionnette et n'a en lui qu'une portion de réalité. Ou encore le culte dionysien libère de la culpabilité individuelle par la danse ou la bacchanale. Des remarques semblables sont faites à propos de la folie et de l'inspiration.

Que pouvons-nous tirer de ces notations tout à fait passionnantes ? Tout d'abord que les hommes du XXe siècle n'ont pas été les premiers à s'étonner des phénomènes étranges qui mettaient en échec la clarté et la maîtrise de leur conscience et de leur raison. De même, ils n'ont pas été les premiers à faire des hypothèses pour rendre compte de ces phénomènes aberrants. Au lieu de supposer un inconscient, les Grecs supposaient le retour des morts, les dieux, la nécessité et beaucoup d'autres choses encore. Est-ce là réduire à néant l'invention freudienne ? En aucun cas. Son opération géniale a été de donner un nom nouveau à ces forces supérieures ou inférieures qui font de nous des marionnettes. Mais surtout, ce qui a fait son succès, c'est qu'il leur a donné un nom susceptible d'être entendu et d'être cru comme vrai et réel par une civilisation qui se caractérise par la science et l'individualisme. D'une part, c'est en vertu de sa fidélité inébranlable au principe du déterminisme que Freud affirme la nécessité de l'inconscient, d'autre part, c'est parce que les religions se sont effondrées et que l'individu se trouve seul devant son destin qu'il en appelle à l'inconscient monadique. Lacan ne fera pas une opération différente lorsqu'il greffera l'inconscient sur le langage, puisque le langage, à travers les développements de la linguistique, de l'ethnologie et de la cybernétique, est devenu le seul trait par quoi l'homme se distingue.

De même que notre seule manière de comprendre les civilisations anciennes est de ramener à des problèmes d'ordre psychique leur tentative pour ordonner le désordre de leurs actions, de leurs rêves, de leurs inspirations ; de même, et à l'inverse, nous devons lire notre besoin de rationaliser l'irrationnel comme la répétition quelque peu modifiée, de ce qui s'est passé dans d'autres cultures. Si les dieux n'étaient au fond que des hypothèses imposées aux Anciens pour surmonter leur sentiment d'étrangeté, nous ne devons pas craindre de penser que l'hypothèse de l'inconscient, qui répond aux mêmes angoisses, est le nouveau nom, apparemment scientifique, des dieux d'autrefois. Le succès de Freud ou de certains de ses successeurs est sans doute à chercher dans le fait qu'ils ne nous ont pas fourni un seul petit dieu, mais un véritable panthéon où chacun peut venir puiser à sa guise.

Si nous posons à nouveau, maintenant, la question du savoir et de la connaissance en psychanalyse, que trouvons-nous ? Le savoir devrait porter sur la découverte principale, celle de l'inconscient. Mais parler du savoir sur l'inconscient, du savoir de l'inconscient est tout simplement une absurdité méthodologique, une sottise épistémologique, si, du moins, ce qui précède n'est pas dénué de sens. Peut-on connaître une hypothèse ? Peut-on entreprendre de constituer le savoir d'une hypothèse ? Dire que l'on va tenter de déchiffrer l'inconscient suppose que l'inconscient non seulement a acquis une existence, mais qu'il est devenu subrepticement un fait. Ce qui est proprement inadmissible.

Dans ce même article de 1915 sur l'inconscient, Freud nous met en garde : « Les processus inconscients ne nous sont connaissables que dans les conditions du rêve et des névroses, donc dans des circonstances où des processus du système supérieur, le système Pcs, ont été rabaissés (par régression) à un stade antérieur. En eux-mêmes, les processus inconscients sont inconnaissables et même incapables d'exister. » Voilà qui est clair et qui, cependant, est constamment oublié par les psychanalystes. On devrait une fois pour toutes rayer de notre vocabulaire l'expression : Freud a découvert l'inconscient. En réalité, ce qui n'est pas du tout la même chose, Freud, pour rendre compte de certains faits, a inventé l'inconscient.

Dire que l'on va étudier l'inconscient ou les processus inconscients, que l'on va établir la logique de l'inconscient ou dégager les formations de l'inconscient, est une opération semblable à celle qui voudrait décrire les dieux et les connaître. Certains ne s'en sont pas privés. En réalité, il est impossible de les décrire ou de les connaître, il est seulement possible de les imaginer. La connaissance de l'inconscient d'un point de vue épistémologique doit donc être réduite à un effort d'imagination. Puisque l'inconscient est une hypothèse, tout ce que l'on peut faire à son égard, c'est de développer cette hypothèse à partir d'elle-même, la faire proliférer en autant de petites unités que de problèmes rencontrés, et inventer le refoulement, la censure, les pulsions, l'investissement, etc. L'appareil psychique qui en résulte n'est nullement le fruit d'une description, il n'est rien d'autre qu'une fiction, un édifice imaginaire qui multiplie les hypothèses partielles en vue de donner un contenu à l'hypothèse principale. Entreprise très séduisante, géniale, si l'on veut, mais qui relève de la science-fiction et n'a rien de commun avec la constitution d'un savoir. Cette fiction est en tout semblable, d'un point de vue épistémologique, à l'invention d'une théogonie. Freud est notre Hésiode. Nous nous sommes tellement habitués à l'utilisation de ce que nous nommons faussement des concepts freudiens, que nous n'avons pas plus de recul à leur égard que les anciens Grecs à l'égard de leurs dieux. Nous leur donnons la consistance de la réalité, alors qu'ils ne sont que les produits de notre imagination.

Vous est-il arrivé de suivre le sens d'un terme freudien en vous aidant du *Vocabulaire de psychanalyse* de Laplanche et Pontalis ? L'expérience est toujours la même. Chaque terme, à travers toute une série de transformations, reçoit des sens variés qui, à la fin, font apparaître une contradiction. Autrement dit, chaque terme signifie une chose et son contraire. Vous pourriez m'objecter qu'il n'y a pas là de problème, puisque toute la théorie de l'inconscient suppose la cohabitation de termes opposés. La théorie de l'inconscient serait alors seulement fidèle à son objet, elle serait un tissu de contradictions, parce qu'elle ne connaît pas la négation. En réalité, si les termes utilisés par Freud disent une chose et son contraire, c'est tout simplement qu'il n'y a pas d'index ou de limite au travail de l'imagination. Je ne puis m'empêcher de vous signaler que l'on retrouve exactement le même phénomène lorsque l'on étudie les mythologies : leur principe fondamental est la *coincidentia oppositorum*. Et vous savez, de plus, que les théologiens du christianisme affirment la même chose au sujet de Dieu, cette autre hypothèse commode. Tous les attributs divins, estiment-ils, peuvent être et doivent être en même temps affirmés et niés. Ce qui revient à reconnaître que l'on ne peut rien en dire de sérieux et que nous sommes livrés dans ce domaine à un pur travail de projection.

C'est la nature de l'hypothèse invérifiable, parce que inventée pour rendre compte de faits irrationnels, qui conduit à la rendre porteuse de toutes les contradictions, sans que l'on puisse décider de quel côté elle est plus vraie. Elle n'est, en réalité, ni vraie ni fausse, puisqu'elle se situe en dehors des faits observables. Dans une note de son article sur *La Sexualité féminine*, à propos de l'envie du pénis, Freud constate le désaccord des femmes psychanalystes et il conclut : « L'utilisation de la psychanalyse dans les débats ne conduit manifestement pas à une décision. » Autrement dit, tout ce qui est affirmé en psychanalyse peut être tout aussi bien nié, sans qu'il soit possible de décider qui a raison. On pourrait en déduire que la psychanalyse n'est pas encore une science, mais que cela viendra. Cependant, on peut aussi penser que cette situation est incurable, parce qu'elle repose sur la nature hypothétique de l'inconscient, hypothèse imaginée pour rendre compte de faits incompréhensibles, qui ne peuvent donc à leur tour servir de preuve à l'hypothèse.

Vouloir expliquer les faits aberrants concernant l'existence humaine en forgeant des récits ou des discours, cela porte un nom dans l'histoire des civilisations. C'est exactement proposer un mythe. Freud avait conscience à certains moments de proposer ce qu'il nomme entre autres des spéculations. Dans *Totem et Tabou*, dans l'*Au-delà* avec la pulsion de mort, dans *Moïse et le monothéisme*, il sait qu'il imagine, même s'il s'obstine à vouloir prouver ses thèses avec des faits. Mais, c'est toute la théorie psychanalytique qui relève de ce genre littéraire très particulier. Les élucubrations du chapitre VII de la *Traumdeutung* et l'édification de l'appareil psychique sont considérées par Freud lui-même comme une fiction. Mais il dit cela en passant. Le reste du temps ses précautions méthodologiques disparaissent. Il croit et nous fait croire à la réalité de sa fiction. Mais si nous voulons parler correctement de l'épistémologie psychanalytique, nous devons reconnaître que notre croyance n'est d'aucune aide pour donner à la fiction un caractère scientifique.

Précisément, à propos de la *Traumdeutung*, Wittgenstein disait à l'un de ses élèves : « Freud remarque à quel point le rêve paraît logique, une fois analysé. Bien sûr, il paraît logique. Vous pourriez partir de n'importe lequel des objets qui sont sur cette table — ce n'est certainement pas l'activité déployée au cours de votre rêve qui les y a mis — et vous trouveriez qu'ils peuvent tous se relier dans une trame de même genre ; et cette trame serait logique de la même façon. » Et plus loin : « À propos de ces liaisons, Freud se réfère à divers mythes de l'Antiquité et prétend que ses recherches ont enfin permis d'expliquer comment il se fait que l'homme ait jamais pu penser ou proposer cette sorte de mythe. Ce n'est pas cela que Freud a fait en réalité, mais quelque chose de différent. Il n'a pas donné une explication scientifique du mythe antique. Il a proposé un mythe nouveau, voilà ce qu'il a fait. Par exemple, l'idée selon laquelle toute anxiété est une répétition de l'anxiété à laquelle a donné lieu le traumatisme à la naissance a un caractère attrayant qui est précisément le même que celui qu'a une mythologie. »

Mais Wittgenstein n'est pas le seul à avoir remarqué ce caractère. Jean Hyppolite, dans son commentaire de la *Verneinung*, revient sur ce thème à plusieurs reprises : « Dans la genèse ici décrite, je vois une sorte de grand mythe. » « Vous sentez quelle portée a ce mythe de la formation du dehors et du dedans. » « Il y a au début, semble dire Freud, mais au début ne veut rien dire d'autre que dans le mythe "Il était une fois". »

Cette constatation élémentaire, à savoir que la théorie analytique est une mythologie, est systématiquement ignorée dans les milieux analytiques. La situation des psychanalystes est exactement la même que celle des adeptes des cultes anciens qui croyaient ferme à l'existence de Dionysos ou d'Apollon et qui spéculaient sur leurs faits et gestes. Cela est tout spécialement frappant dans les milieux lacaniens de France et plus particulièrement de Paris. Si vous ouvrez certaines revues, vous vous trouvez devant des élucubrations toujours plus débridées qui prennent leur point de départ dans la doctrine lacanienne. Celle-ci est considérée comme vraie, comme un discours disant la vérité de l'inconscient, comme décrivant le fait inconscient. À partir de là, on se lance dans des raffinements pseudo-théoriques qui font penser aux discussions des théologiens sur le sexe des anges ou à des querelles byzantines sur des mots dont le rapport à l'objet est complètement oublié. C'est une sorte de cancer imaginaire qui se développe sans aucun index intérieur et sans aucune limite extérieure. La critique est ici à la fois impossible et inutile ; impossible parce que dans ce domaine on ne prouve rien, puisqu'il n'y a rien à prouver, inutile parce qu'on a affaire à des croyants qui utilisent le même langage vide. À toute critique, ils répondent en substance : cela prouve que vous n'êtes pas croyants. Le seul index qui aurait pu fonctionner dans le champ de l'analyse aurait été la visée de la cure, c'est-à-dire la guérison. Mais, comme on a pris soin d'en détacher la psychanalyse, elle flotte maintenant comme un bateau ivre.

Une question inévitable se pose donc à nous : par quelle opération intellectuelle Lacan a-t-il réussi à entraîner la psychanalyse dans cette voie ? Comment s'y est-il pris pour produire un discours qui donne en apparence toutes les garanties d'un travail rigoureux et qui, en même temps, ne laisse aucune prise à la critique ? Opération géniale, sans aucun doute, et qui mérite quelque examen.

Lacan se trouvait devant l'hypothèse de l'inconscient et savait fort bien que, de cette hypothèse, on ne pouvait rien tirer, que l'on ne pouvait la prendre pour fondement d'une pensée et d'une construction théorique. Il lui fallait poser l'inconscient comme fait. Pour cela, il a greffé le langage sur l'inconscient, en affirmant que le langage était la condition de l'inconscient. Cela est sans doute admissible, car si les hommes ne parlaient pas, l'inconscient ne serait pas supposable. Donc, il y a un lien intrinsèque entre l'inconscient et le langage. C'est le premier pas.

Un second pas est franchi lorsqu'est posé l'adage : *l'inconscient est structuré comme un langage*. Adage jamais prouvé évidemment, jamais éprouvé non plus dans la multitude de ses sens et leur vague aussi, car ce *comme* laisse la porte ouverte à tous les liens possibles et imaginables. Mais adage qui permet de faire un troisième pas : pour connaître l'inconscient, il suffit de connaître le langage. Plus précisément, pour connaître les processus inconscients, il suffit d'étudier les figures du discours. De là, par exemple, le fameux passage de la condensation à la métaphore et du déplacement à la métonymie.

Lacan a réussi par là un retournement génial. Parti d'une situation désespérée où il s'agissait d'instaurer le savoir d'une hypothèse, il nous a conduits à la possible connaissance d'un fait. Ceux qui n'ont pas besoin d'y regarder de plus près pensent que l'opération est réussie et que toute la doctrine lacanienne est la révélation de l'inconscient. C'est pourquoi les lacaniens pensent que Lacan a été beaucoup plus loin que Freud et qu'il a donné à la psychanalyse un fondement assuré. Mais, évidemment, l'opération que j'ai décrite est totalement illégitime. Elle suppose pour être accomplie une série de confusions. Confusion entre les processus inconscients eux-mêmes et les processus supposés du rêve ou des névroses, confusion entre ces processus supposés et les processus réels, confusion entre ces processus réels et les formes du langage. C'est au prix de toutes ces confusions que le lacanisme peut être considéré comme une théorie fondée. Le génie rejoint ici la prestidigitation intellectuelle. Il ne peut être donné qu'à un homme de grande classe de réussir à faire croire qu'il a transformé une hypothèse en un fait descriptible.

Mais arrivé à ce point, il est impossible d'éviter de constater un nouveau retournement qui n'était peut-être pas prévu par Lacan. Dans un article très fouillé et très respectueux, publié dans la *Revue philosophique de Louvain*, en 1979, Regnier Pirard montre que le traitement que Lacan fait du langage « est plus apte à mimer l'inconscient qu'à nous apprendre ce que parler veut dire. Seulement voilà : la psychanalyse consiste-t-elle à mimer l'inconscient ou à le faire parler ? Et une linguistique mimétique n'est-elle pas une redondance superflue et impuissante ? De cette redondance à l'évacuation de l'inconscient, il n'y a plus qu'un pas. Car si l'inconscient envahit le langage au point de s'y égaler, autant dire qu'il n'y a plus, qu'il n'y a jamais eu d'inconscient ». Cela signifie que l'opération lacanienne ne peut tenir. Transformer l'hypothèse de l'inconscient en fait inconscient-langage, c'est évacuer, avec l'hypothèse, l'inconscient lui-même. Il était courant, dans les années 70, d'entendre les lacaniens prononcer que le discours de Lacan était le discours de l'inconscient ; et Lacan se défendait d'avoir ce que l'on appelle une pensée. Tentative prométhéenne, prétendument réussie, de faire passer tout l'inconscient dans un langage formé à cet effet. Mais l'absurdité saute aux yeux. Comment parler pourrait échapper aux lois de la conscience ? Et par-dessus le marché, si l'inconscient est capable d'envahir à ce point la conscience, il n'existe plus comme inconscient. En d'autres termes, l'inconscient ne peut pas être à la fois une hypothèse explicative de certains faits, et un fait.

Mais, à nouveau, une question se pose : pourquoi Freud ou Lacan ont-ils eu un tel succès ? Pourquoi font-ils désormais partie intégrante de notre culture ? Il y a certainement de nombreuses réponses possibles à cette question. Mais, dans la perspective qui est la mienne aujourd'hui, je répondrai tout simplement : parce qu'ils ont su inventer des mythes correspondant aux besoins de leur époque. Comme les grands créateurs de mythes, ils ont proposé des récits et des discours qui prétendaient donner sens aux faits irrationnels. Tout mythe cherche à répondre à l'attente angoissée de l'homme qui se trouve livré à un destin dont il n'est pas maître. En inventant l'inconscient, Freud rendait compte du fait que nous ne sommes que des marionnettes aux prises avec des processus qui sont mis en place dès l'enfance et qui nous font parler, agir et souffrir. En affirmant l'inconscient structuré comme un langage, le désir fondé sur le manque, l'analyse comme ratage, Lacan invitait à faire du désillusionnement généralisé le socle d'une croyance décisive, c'est-à-dire d'une illusion inattaquable.

Quel peut donc être le rôle de ce que l'on appelle, peut-être indûment, la théorie analytique ? Tous les textes psychanalytiques ne sont pas à mettre sur le même pied. Les analyses de cas chez Freud, les écrits de Melanie Klein, les premiers séminaires de Lacan nous aident certainement à écouter nos patients. Il s'agit là de psychanalyse, parce qu'il s'agit de la pratique de la cure. Les catégories que l'on y rencontre, les hypothèses faites pour ordonner les dires des patients restent souples et complexes. On peut les utiliser, les modifier, les abandonner, en inventer d'autres. Ce sont des repères utiles, bien qu'instables, et notre pratique nous amène sans cesse à les élargir ou à les contredire pour entendre la nouveauté singulière. Il s'agit là d'un savoir pragmatique qui peut tout aussi bien nous servir que nous entraver, si nous le prenons pour un savoir constitué, indépassable. La pratique de la psychanalyse est un art qui s'appuie d'abord sur le transfert et ses obscurités, et qui ne saurait prétendre à aucune forme de scientificité.

Tel n'est pas le cas des textes à prétention théorique qu'il faut ranger décisivement dans la catégorie des mythologies.

Nous pouvons avoir un plaisir immense à découvrir les subtilités de Freud, à suivre Lacan dans le perpétuel feu d'artifice qu'il propose à nos yeux. Mais nous ne saurions être dupes de ces exploits et de ces artifices. Ils ne nous aident pas dans notre pratique, ils stérilisent la pensée si nous les prenons pour la révélation, ils font des psychanalystes les croyants d'une secte dont l'obscurantisme ne le cède en rien à ceux des religions ou des idéologies politiques. À l'égard de ces textes, nous devons nous maintenir dans une attitude extrêmement critique, c'est-à-dire que nous devons les démonter, exactement comme nous le ferions avec des mythes ou avec les mythologies individuelles des névrosés.

Je voudrais, en passant, faire une remarque. Quand on regarde la première génération des disciples de Freud, on se trouve en face de personnages de grande envergure qui ne manquent pas d'originalité : Ferenczi, Tausk, Abraham, Theodor Reik, W. Reich, Jung, Groddeck. Après eux, lorsque la doctrine dominante s'est imposée, on n'a plus affaire qu'à des suiveurs. Il en a été de même avec Lacan. Les premiers élèves ont une stature propre. Ils parlent leur propre langage et restent tous proches de la clinique. Ensuite, on se trouve devant un double phénomène de stérilité et de psittacisme. Parce que la doctrine s'est imposée comme vérité, elle a envahi tout le champ des préoccupations. Elle a tué toute originalité et toute invention. Les premiers élèves voyaient sous leurs yeux le mythe se constituer, mais, en attendant, ils usaient de leur histoire propre et de leur manière de parler. La seconde génération arrive au moment où le récit du mythe est achevé. Moitié par fascination, moitié par paresse, elle y entre sans se poser de questions, surtout parce que les hyperfidèles sont là pour terroriser ceux qui ne se conforment pas à la doctrine sans broncher. La secte fonctionne alors pleinement, et fait passer les mythes pour des évidences.

Jusqu'à présent, nous avons essayé de ne rien nous donner pour acquis et d'utiliser les règles élémentaires d'une critique de nos connaissances. Nous avons dû reconnaître, ce faisant, que la consistance du savoir analytique était la même que celle des mythes. Peut-être ai-je eu tort de procéder de cette façon ? Peut-être une autre méthode pour approcher cette question aurait donné des résultats différents ? C'est possible et il n'y a pas à rejeter *a priori* pareille objection. Je vais donc, pour un moment, abandonner toute précaution épistémologique et adopter la thèse que j'ai combattue plus haut, celle de l'existence de l'inconscient, pour en tirer les conséquences les plus manifestes. Nous verrons si le résultat de cette opération nous permet d'assurer au savoir analytique un fondement plus solide.

Donc, si l'inconscient existe, alors que se passe-t-il ? Que devient le savoir analytique ? Et d'abord, comment concevons-nous l'inconscient ? Quelle que soit la manière de l'envisager, soit comme réceptacle des pulsions, des désirs ou des fantasmes, soit comme lieu du trésor des signifiants, nous voyons en lui ce qui dirige et informe le plus spécifique et le plus caractérisé de nos paroles, de nos gestes et de nos actions. La découverte de l'inconscient a fait tourner autour de lui la conscience, comme Copernic avait fait tourner la Terre autour du Soleil. La conscience, depuis cette découverte, n'est que le théâtre des mouvements apparents dont la réalité se trouve dans l'inconscient. C'est pourquoi Freud, dans sa *Contribution à l'histoire du mouvement psychanalytique*, écrit que la conscience ressemble à un clown de cirque qui cherche à convaincre l'assistance que tous les changements qui se produisent dans le manège sont des effets de sa volonté et de ses commandements, alors que ces effets sont commandés par ailleurs dans l'inconscient. Croire que l'inconscient existe, cela revient donc à faire de lui le véritable moteur de la vie humaine.

Donc, si l'inconscient existe, tout ce que nous dira la conscience sera livré à la suspicion. Nous pourrons affirmer, par exemple, que nos actes correspondent à nos intentions, mais nous ne pourrons pas prétendre que nos intentions explicites et conscientes correspondent aux motifs réels qui nous font agir.

Autrement dit, si nous croyons à l'existence de l'inconscient, cette croyance, loin de nous donner une maîtrise quelconque, est comme un ver dans le fruit ; elle nous retire toute certitude et fait donc vaciller le savoir analytique. De ce savoir, on pourra toujours affirmer qu'il relève partiellement de la résistance, qu'il a été constitué en vue du refoulement. Pour que l'existence et la connaissance de l'inconscient se transforment en maîtrise, il faut avoir oublié la définition que l'on s'est donnée à soi-même de l'inconscient.

Justement parce que nous affirmons l'existence de l'inconscient, ce que nous appelons la théorie analytique ne pourra jamais revêtir les traits de la vérité. Nous ne devrons la considérer que comme une formation de compromis, qui aura la même structure que les compromis dont parle Freud, à propos des symptômes et des rêves. Il faudra donc l'analyser comme le contenu manifeste d'un rêve ou comme les caractéristiques d'un symptôme.

Si, donc, on croit à l'existence de l'inconscient comme à un fait, on n'est pas plus avancé pour fonder une connaissance de l'inconscient, puisque toute connaissance devient suspecte. Si l'inconscient est une hypothèse, on ne peut pas fonder sur elle une connaissance de l'inconscient. Si l'inconscient est posé comme un fait, toute connaissance est douteuse.

Mais, il y a une différence entre les deux positions, la première laisse intacte la possibilité de rechercher la rigueur, la seconde ébranle pour toujours ce que nous nommons rigueur, logique ou raison. Elle dissout tout travail de l'intelligence et ne laisse place qu'à la confusion et à l'arbitraire. Il y aurait beaucoup à dire à ce sujet, mais je voudrais terminer sur une remarque pour répondre par avance à une objection que vous ne manquerez pas de me faire.

Vous direz ou vous penserez que je me suis placé en dehors de la psychanalyse, que j'ai adopté le point de vue d'un philosophe. Si vous êtes moins courtois, vous me direz même ou vous vous direz que l'on voit bien décidément que je ne suis pas psychanalyste.

Mais, à supposer que je sois psychanalyste, pure hypothèse, est-ce qu'il serait illégitime que je me demande ce que je fais ? Que je me demande quel est le statut de la théorie analytique, ou que j'adopte pour répondre à cette question le point de vue de la raison ou du moins le point de vue de la rigueur logique ? Est-il scandaleux qu'un psychanalyste adopte un tel point de vue ?

À cette objection, je répondrai brièvement par deux arguments d'autorité. D'abord, Freud n'a jamais abandonné ce point de vue. On peut même dire que toute sa tentative a été d'arracher à l'irrationnel une part de l'existence humaine pour lui donner un sens, une raison, pour la réintroduire dans le monde du rationnel. Si Freud a ébranlé bien des certitudes et bien des croyances, ce n'est certainement pas pour que les psychanalystes, à sa suite, retournent sans se méfier à des croyances et à un obscurantisme plus épais. Or, on peut dire que c'est bien quelque chose comme cela qui se passe aujourd'hui. Les psychanalystes sont d'ailleurs encouragés dans cette voie par des soi-disant philosophes qui se contentent de bavarder à partir des textes de Freud et dont le procédé de pensée le plus courant n'est rien d'autre que l'association libre, baptisée glissement de sens, dérive ou dissémination.

Vous me direz que Lacan a tout changé. C'est évidemment faux, puisqu'il n'a cessé de vouloir dégager la logique de l'inconscient. Peu importe ici qu'il ait réussi ou échoué. Je retiens seulement qu'il n'a jamais cessé de prétendre à la recherche de la vérité et de ses critères, ne serait-ce que par sa tentative de rendre l'expérience analytique en termes mathématiques. On serait donc malvenu de vouloir s'appuyer sur Freud ou Lacan pour s'éviter les soucis et les peines de la rigueur intellectuelle.

J'ai conscience, et ce sera mon dernier mot, de n'avoir fait que commencer un travail d'éclaircissement qu'il faudra bien poursuivre avec détermination, ne serait-ce que pour donner à la pratique analytique l'espace libre dont elle a le plus urgent besoin.

Laboratoire de la cruauté*

Si l'on veut parler correctement d'une éthique de la psychanalyse, il est nécessaire de se demander ce que l'on entend par éthique et par psychanalyse. La réponse n'est évidente ni dans un cas ni dans l'autre. Pourquoi par exemple utiliser le mot éthique alors que les dictionnaires ne le distinguent pas vraiment du mot morale ? Même si le mot éthique, par quelques utilisations prestigieuses en philosophie, s'est élevé jusqu'aux principes susceptibles de fonder les règles qui président aux mœurs, même à ce niveau il n'est que la transposition grecque de ce que peut très bien accomplir une morale digne de ce nom. Il n'en reste pas moins que le mot éthique, aujourd'hui, a les faveurs de l'intelligentsia. Celle-ci veut sans doute éviter le discrédit qui pèse sur toute morale, par définition, moralisante et moralisatrice et, par conséquence, triste et rigide. Parler d'éthique nous situerait au-dessus des règles d'une morale liée aux valeurs et aux idéaux d'un groupe social particulier pour nous faire atteindre à l'universel qui commande toute relation humaine et qui détermine en quoi est humaine une relation entre les hommes. L'éthique serait alors une morale de la relation ou bien elle aurait à définir les règles relationnelles de toute coexistence humaine. Mais toutes les morales nouvelles ou anciennes n'ont-elles pas la

---

* Conférence donnée aux Journées d'étude de l'ANREP en novembre 1985. Parue dans les *Cahiers de l'ANREP*, 3/4, Association nationale pour la recherche de l'étude en psychologie.

même intention de révéler enfin les lois de fonctionnement relatives à l'essence humaine ? Il semble donc que la distinction entre éthique et morale ne s'impose pas. Car, non seulement elle est intenable du point de vue de la tradition philosophique, mais, lorsqu'on aura défini une éthique par le respect de la vie, le souci de la vérité, la reconnaissance de l'autre, etc., on aura forcément fait appel aux valeurs qu'un groupe donné, en un lieu et en un temps, considère comme moralement bonnes. Pour éviter toute confusion et toute prétention inconsidérée, il est donc préférable de poser la question de l'éthique de la psychanalyse sous cette forme : y a-t-il une morale de la psychanalyse ?

La question se dédouble alors de la façon suivante : premièrement est-ce que des règles normatives dirigent la pratique de la psychanalyse et secondement est-ce que la psychanalyse peut devenir le fondement d'une nouvelle morale ? Ces deux questions se distinguent radicalement l'une de l'autre. Dans le premier cas il s'agit de situer la psychanalyse dans son rapport à une morale qui existe indépendamment d'elle ; ce qui revient à se demander si l'on pourrait formuler une déontologie de la psychanalyse, c'est-à-dire une morale, un ensemble de devoirs, auxquels ses praticiens devraient obéir. Dans le second cas où il est demandé si une morale peut être fondée sur la psychanalyse, il s'agit d'un projet ambitieux qui devrait aboutir à l'établissement de relations spécifiques entre des humains grâce à cette pratique particulière.

Pour savoir si une morale doit ou peut s'imposer à la psychanalyse, il faut se demander ce que l'on entend par psychanalyse. Mais il est nécessaire de rappeler d'abord que toute morale, en édictant les règles qui doivent régir les mœurs et en distinguant les bonnes des mauvaises, s'occupe des droits et des devoirs qui doivent présider à l'établissement et au bon fonctionnement des relations entre les individus ou les groupes d'une société.

En d'autres termes la morale, pour maintenir la cohésion d'une société, précise les normes relationnelles minimales nécessaires à la cohabitation effective.

Maintenant, que propose la psychanalyse ? Quelle que

soit la définition que l'on peut en donner, on sera obligé de placer en son centre le fait du transfert. Or le transfert est ce que Freud a nommé très tôt un faux rapport, puisque l'analysant ne s'adresse pas dans la cure à une personne réelle, mais à l'autre de ses rêves, de ses fantasmes, de ses imaginations. L'analyste n'est évidemment pas quelqu'un qui serait à respecter, à considérer ou à reconnaître en ce qu'il est. Ou bien il est démesurément grandi, prenant les traits d'une puissance redoutable ou salvatrice, ou bien il est manipulé sans égards, ayant à porter tous les masques qu'il plaît à l'analysant de lui donner. Dans ce cas on ne voit pas comment les règles normatives, c'est-à-dire une quelconque morale, pourraient être édictées concernant des actes de parole qui ne relèvent en rien de la réalité sociale. Ce qui se passe en analyse appartient au privé le plus privé sur lequel nulle instance sociale ne peut avoir prise.

La cure psychanalytique est même très souvent le lieu de la mise en question ou du rejet des valeurs établies. Il y devient clair dans certains cas que la rigidité des codes moraux, relayée par les figures parentales, est l'une des raisons de la névrose. Sous la poussée des désirs de vie et de vérité, ces échafaudages protecteurs s'affaissent. Car la morale révèle alors un de ses aspects : elle est un ensemble de lois pour protéger les individus contre eux-mêmes, c'est-à-dire contre la violence et l'agressivité qui provoqueraient celles des autres et engendreraient le cycle infernal de la vengeance et des représailles. Le but de la morale est bien de rendre possible la cohabitation entre les hommes grâce à la mise à la raison, qui peut aller jusqu'à l'étouffement, de l'animalité, de l'instinctuel, du pulsionnel et donc de la vie, ou grâce au travestissement des affects agressifs en sentiments altruistes. Or ce que doit produire la déparole analytique, c'est la levée de cet étouffement et de ce travestissement. En elle-même elle ouvre donc sur la jungle et sur nulle autre valeur que celle de la sauvagerie.

Il y a plus redoutable et plus mystérieux encore pour nous éloigner des rivages de la morale. Le phénomène du transfert ne produit pas seulement, au profit d'une altérité imaginaire, une absence d'altérité proprement dite, c'est-à-dire dans la réalité, il devient l'occasion de la destruction de toute altérité sous la forme d'une complaisance dans la souffrance morbide. Le psychanalyste croit naïvement que l'analysant qui vient le voir pour lui dire sa souffrance fera tout le possible pour en être délivré. Ce n'est fondamentalement pas du tout ce qui se passe. À la faveur de la dépendance à l'égard de l'analyste que lui permet le transfert, l'analysant s'installe dans un jeu primitif d'absorption et de rejet, de fusion et de séparation, où il est détruit comme sujet individué, mais où il est exalté comme souffrance et passion sans limite. L'analyste n'est alors, sans qu'il en sache d'abord quelque chose, que l'instrument d'un destin figé et répété. Les symptômes apparaissent dans ce contexte comme l'épiphénomène de ce goût invétéré du malheur que le transfert, avec la connivence inconsciente du psychanalyste, reproduit et entretient. Bien plus encore les symptômes qui vont varier à l'infini doivent être compris comme les protecteurs de cette peine voluptueuse à laquelle l'analysant n'entend pas toucher et que, pour cela, il ne veut en rien soupçonner. C'est ce que d'autres ont appelé la jouissance.

Ce n'est pas la psychanalyse qui a découvert l'horreur comme fond et peut-être aussi comme sol de l'existence humaine. D'Eschyle à Kurosawa en passant par Shakespeare, les plus grands l'ont dit, et sans doute seuls les plus grands le pouvaient-ils. Ce mélange d'implacable destin et de cruauté n'a pas cessé de fasciner ; et c'est cette fascination continue qui a seule pu élever ces œuvres au statut de littérature universelle. Tous les hommes s'y reconnaissent ; la beauté déployée leur permet de tempérer et même d'oublier leur émotion pour qu'elle garde sa force sans qu'ils la sachent. L'originalité de la psychanalyse ne réside pas dans le fait de désigner ce fond de souffrance insondable ; bien d'autres l'ont déjà fait mieux qu'elle. Son originalité inouïe est d'avoir inventé un laboratoire où ce fond pouvait être reproduit ou produit afin de pouvoir être reconnu et traité.

Ce qui apparaît donc d'abord dans ce laboratoire, c'est tout l'opposé des éléments d'une éthique. Pour reprendre les termes déjà mentionnés, ce que l'on y fait apparaître ou ce qui sous-tend, parfois secrètement, le non-rapport du transfert, c'est l'horreur, la souffrance voluptueuse, la complaisance dans l'autodestruction, la désubjectivation, en un mot tout le contraire de la responsabilité, de l'autonomie, de la liberté, de l'altruité auxquelles toute morale prétend nous amener. Et si l'on évoque les règles nécessaires à l'apparition de cette expérience, on est reconduit à la même difficulté, car elles sont constitutives et non pas normatives.

Soit la règle fondamentale, celle du tout dire sans restriction, sans égard aux conséquences, sans retenue, sans respect pour soi-même ou quiconque, sans intention et sans projet. Elle s'oppose radicalement à l'usage ordinaire du langage dans les relations humaines. Si les paroles prononcées par l'analysant s'adressaient à la personne de l'analyste, elles seraient insupportables et aboutiraient très vite à la rupture, à supposer du moins, ce qui est l'hypothèse, qu'elles cessent de lui être adressées pour le séduire, le provoquer ou le protéger. Par cette déparole, la relation humaine est rompue, relation qui est visée au principe d'une éthique.

Toutes les règles que s'impose l'analyste ou qui sont imposées au patient, celles du rythme, du temps, du paiement, n'ont elles aussi d'autre but que de rendre possible l'expérience ; elles en sont la condition. En particulier la règle d'abstinence, celle qui culmine dans l'interdit des relations sexuelles. On devrait voir en elle une règle morale, un aspect de la déontologie de la profession. Mais il n'en est rien. Si la même interdiction est formulée à l'égard de l'enseignant ou du médecin, elle n'est pas susceptible de la même valeur, car dans ce dernier cas elle est extrinsèque à la pratique en question, alors que c'est le contraire qui a lieu en analyse. Même si le non-respect de l'interdit peut compliquer l'enseignement ou les soins, ceux-ci ne sont pas modifiés intrinsèquement, alors que le transfert, pour être maintenu, suppose que la visée sexuelle n'aboutisse pas. Car il y va de l'existence même de la relation analytique, qui ne doit jamais se situer dans la réalité extérieure, mais au niveau de la réalité psychique, c'est-à-dire des rêves, des fantasmes, des images. Ce que protège cet interdit en analyse, c'est l'irréalité du transfert. Il s'agit donc non pas du respect d'une règle morale, mais de la mise en place d'un élément nécessaire à l'expérience.

Le lien de la psychanalyse à la morale ne peut pas être trouvé si l'on en reste à ce qui la spécifie intrinsèquement, c'est-à-dire dans le rôle qu'on est en droit de lui demander de jouer par rapport au monde extérieur, au premier chef par rapport à la vie du patient en dehors de l'analyse. En d'autres termes, la morale intervient dans la seule mesure où l'on se pose la question des buts de l'analyse. Question si souvent éludée par les psychanalystes, lesquels ont été et sont peut-être encore nombreux à ne pas vouloir prendre position à l'égard de la guérison. Sans doute l'élimination des symptômes ne peut-elle pas être la visée directe et immédiate de l'analyse. La méthode va à l'encontre de cette recherche. Mais cela ne veut pas dire que la psychanalyse puisse ne pas se soucier du bien du patient, c'est-à-dire de son mieux vivre, comme il l'entend ou comme il l'entendra après l'expérience. Il est à craindre que nous soyons si secrètement attirés par la jouissance et par l'horreur que nous nous contentions de les voir se reproduire indéfiniment.

Toutefois la question nécessairement posée n'est pas facile à résoudre. Comment déterminer le mieux vivre ? Comment décider que le résultat de l'analyse est bon ou mauvais ? Il y faudrait une morale assurée de la détermination du bien et du mal. Mais où la trouver dans une société dans laquelle cohabitent des groupes dont les valeurs s'opposent souvent les unes aux autres ? Le psychanalyste ne saurait faire autre chose que laisser l'analysant choisir ce qui lui convient ou ce qu'il ne peut éviter compte tenu de son passé, de ses possibilités ou de ses limites. Et encore réduire la morale de la psychanalyse au respect des choix du patient ne semble pas pouvoir se changer en règle absolue et universelle. Le psychanalyste ne pourra pas s'empêcher de porter un jugement pour ou contre les orientations qui sont prises à bon escient ou par erreur. Jamais personne ne pourra fournir un critère assuré de la validité de ses prises de position. Le psychanalyste sait qu'il peut se tromper lourdement et que, par exemple, il avait estimé déplorable ou même catastrophique ce qui à long terme, si le hasard des rencontres lui permet d'avoir une confirmation, s'avère avoir pris un cours heureux qu'il n'avait pu imaginer.

Si les critères de guérison font totalement défaut, en ce sens qu'ils ne peuvent jamais être qu'individuels et subjectifs, il n'en reste pas moins que la guérison, c'est-à-dire, sans la définir davantage, le bienfait retiré de l'analyse, ne peut pas ne pas être voulue. Ce bienfait peut au moins recevoir un caractère propre ; il n'existe que par rapport au dehors de l'analyse, c'est-à-dire que par rapport à son terme. S'il y a une éthique de l'analyse, ce ne peut être que par l'acceptation pour l'analyse de n'être pas tout, de ne jamais se refermer sur elle-même comme porteuse de sa suffisance. Ainsi la seule fin de l'analyse, comme but reconnu par une morale, ne peut être que sa fin comme terme d'une durée et comme limite d'un espace. La morale de l'analyse, son éthique la plus impérative, c'est d'en sortir, d'en finir avec elle. Si l'on élude la question posée par la guérison, c'est que l'on veut, de manière plus ou moins détournée, clore sur eux-mêmes l'analyse et avec elle le monde analytique. Même si par définition nous ne pouvons pas rendre des comptes, parce que notre pratique se meut en dehors de toute objectivité, nous n'en avons pas moins à accepter de devoir rendre des comptes impossibles ; sans quoi notre action serait irrémédiablement vouée au n'importe quoi.

Dans cette perspective il ne suffit pas de respecter les règles constitutives de l'expérience, il faut se soumettre, comme à un impératif catégorique, à la règle de la fin de l'analyse comme sa fin. La fin, la terminaison de l'analyse, son achèvement et même son oubli doivent être présents et agissants dès le principe et tout au long de l'analyse. Mais sous quelle forme, car la situation est paradoxale. Si l'on peut se fier aux explications données plus haut, le transfert produirait sous les formes les plus diverses, bien plus qu'une névrose de transfert, un état où l'horreur, l'auto-destruction, la cruauté, la désubjectivation et toutes sortes de choses du même genre, seraient entretenues avec complaisance. Cependant — et c'est pourquoi il y tiendrait —, chacun trouverait là les fondements mêmes de son identité, tant il est vrai que la singularité la plus inaliénable gît dans la manière propre de souffrir. Sans doute est-ce à travers cette identité maintenue envers et contre tout que la souffrance extrême deviendrait un plaisir. Nous serions alors au centre de la morale, parce que nous serions au cœur de la relation où l'homme atteint à sa déshumanisation, c'est-à-dire au lieu de la naissance de son « humanité ».

N'est-ce pas à l'instant où l'humain se défait dans la cruauté que son humanité se fait jour. Les droits de l'homme ne peuvent être affirmés que dans les lieux et les temps où ils sont bafoués. Nous ne pourrions pas supporter le cortège de famines, de tremblements de terre, de guerres et de prises d'otage, avec quoi les médias nous laissent fascinés tous les jours, s'il ne marquait en nous l'éveil de l'humain qui s'évanouit. Et les cultures, comme l'intelligence et la beauté, ne paraissent jamais plus éclatantes que le jour de leur ruine. En tout cela l'humain trouve son commencement.

La psychanalyse reprend la question à cet endroit. Si elle n'avait pas d'extérieur à elle-même, c'est-à-dire si elle ne reconnaissait pas que l'extérieur du temps et de l'espace des séances s'impose à elle, elle ne serait plus que l'effectuation de la souffrance voluptueuse, de cet exercice d'autodestruction où chacun a la certitude de vivre, victime ou héros d'une cause sans contenu. Mais quelle difficulté de rendre présent cet extérieur, clef de l'humain, à une expérience tout entière tournée vers son contraire. Le psychanalyste fait ce pari insensé de tout faire, car sa pratique l'exige, pour dénouer les liens qui font tenir l'analysant en dehors du sordide et de l'horreur de sa jouissance, afin de renouveler par là son humanité, son rapport aux autres et au monde.

Comment va s'exprimer concrètement cet impératif, cette nécessité qui vient du monde extérieur, là où les animaux humains sont doués de raison et s'en servent tant bien que mal pour survivre ensemble ? Le degré zéro de cet impératif se traduira par l'horreur de l'horreur, le dégoût du dégoût, la honte de la complaisance à la cruauté, celle que l'on s'inflige à soi-même et aux autres. Tant qu'il n'y aura pas ce mouvement premier par lequel on se détourne de la boue dans laquelle on s'était roulé, il n'y aura pas de commencement de la morale, pas de naissance de l'humain, pas de début de la fin de l'analyse. Et comment s'opère le se-détourner de la douleur-plaisir ? Uniquement par son excès. Tant que les symptômes voilent le fond d'abjection, celui-ci reste à l'œuvre, les entretenant en silence. Mais lorsqu'il est découvert dans sa nudité et son extrémité, il devient insupportable. « La vie, ça ne me branche pas », disait une analysante. Pour ajouter : « Si seulement j'en avais honte. » Mais elle disait encore : « Vous n'êtes intéressé que si ça va mal. Vous êtes un magicien du malheur. »

Même si l'on frémit en entendant des mots pareils, il serait ridicule de les rejeter comme de pures projections. La méthode analytique conduit en cet endroit, mais le psychanalyste s'y trouve également. Il n'aurait pas accepté cette fonction s'il était assuré de sa propre humanité, s'il n'était pas fasciné à sa manière par la ruine de l'humain. Ce sera donc au psychanalyste le premier à entrer dans l'horreur de l'horreur pour ce cas précis et pour la part qu'il y prend sous cette forme particulière. Mais l'opération ne sera ni commode, car le non-savoir recouvre la jouissance, ni définitif, car il est toujours possible d'abolir la distance qui a été prise. Ainsi le psychanalyste qui reconnaîtrait en général l'impératif moral de la limitation de la psychanalyse, ce qui est le moins que l'on puisse lui demander, ne serait pas garanti d'y être soumis. Il lui faudra, dans chaque cas particulier et sous un éclairage chaque fois à découvrir, renouveler le refus de l'horreur.

C'est ce refus qui exerce et fonde la liberté en quoi la morale trouve son commencement. Acte solitaire que nulle suggestion ne peut produire. C'est à partir de lui que se constituera un sujet qui apprendra à jouer avec la force qui risque toujours de le ramener soit à la dépression soit à la mégalomanie. Une analyse qui ne s'achèverait pas par la reconstruction — et peu importe le nom qu'on lui donne — d'un moi, d'une conscience, d'une instance lucide appartenant au monde de la représentation, instance susceptible d'inventer une stratégie qui permette à la fois d'entendre l'inhumain et de gérer une existence dans le monde des humains, une analyse incapable d'une pareille reconstruction, ne serait pas seulement immorale, elle devrait être considérée comme un échec.

Si l'on veut moraliser la psychanalyse, il faut redonner une place à la conscience et au moi. La question ne se posait pas du temps de Freud : des analyses courtes n'avaient pas le loisir de dévaloriser ou de détruire ces instances par quoi l'animal que nous demeurons devient raisonnable et donc susceptible de morale. Il ne pouvait pas venir à l'idée des patients de prendre la psychanalyse pour une doctrine englobante. La question pouvait aussi difficilement se poser à une époque plus récente où il s'agissait de réagir contre et de polémiquer avec une inclination à faire de la psychanalyse une thérapie orthopédique, exclusivement centrée sur la constitution du moi. Mais nous n'en sommes plus là aujourd'hui et le risque est plutôt de voir passer, dans ce qui est nommé l'inconscient, toutes les valeurs, toutes les lois, y compris celles du langage. La hâte à surmonter une dualité dont l'homme ne peut sortir conduit aujourd'hui la psychanalyse à des impasses dont elle ne peut prétendre être sortie qu'en les ignorant. Il nous faudra repenser pour notre pratique les relations de la conscience et de l'inconscient. Cela entraînera d'autres soucis et des modifications de notre méthode, du moins à certains moments de la cure. En tout cas nulle morale ne saurait être fondée grâce à la psychanalyse. On peut rêver de la naissance de l'*homo psychanalyticus*, mais ce n'est qu'un rêve dont il est temps de s'éveiller.

Ce qui ne veut pas dire qu'un passage par la psychanalyse n'ait aucun effet sur notre conception de la morale. Lorsqu'on a expérimenté un long temps combien facilement nous sommes capables de justifier, avec de bonnes raisons ou avec la raison tout court, ce qui est de l'ordre du désir et de la pulsion, on peut supposer avec Nietzsche que les règles de la morale sont la transposition symbolique de ce qui nous convient pour survivre, c'est-à-dire de ce dont nous avons besoin pour nous protéger des autres et pour les obliger à respecter notre domaine et nos possessions. Le respect des autres que prône notre éthique serait soit ce que la révolte des faibles aurait pu arracher aux plus forts, soit la concession verbale des forts pour mieux asseoir leur domination. Ou, ce qui revient à peu près au même, les règles de la morale seraient le moyen d'éviter le pire après cette constatation. Ne pas céder sur son désir ou son instinct ne peut conduire nulle part si ce n'est à l'entre-dévoration.

En cette dernière la psychanalyse nous apprend tous les jours que nous ne serions pas si mécontents de nous installer, si du moins nous étions assurés de pouvoir survivre à tous. Mais comme alors il n'y aurait plus personne à détruire et plus personne pour nous regarder faire, il faut apprendre à jouer avec les autres cette entre-dévoration réciproque et universelle. La morale, autre nom des règles de ce jeu, serait donc nécessaire pour instaurer une distance minimum à l'égard de la cruauté généralisée. Ce qui nous passionne, c'est que cette morale puisse à tout moment être pulvérisée, que « le jeu, comme l'a écrit Winnicott, soit toujours à même de se muer en quelque chose d'effrayant ». Nous sommes contraints d'accepter que cette horreur soit voilée par les simulacres de relations policées.

La fin de la psychanalyse se marque par l'initiation à une stratégie qui doit nous permettre de reconnaître les prodromes de la dépression ou de la mégalomanie dont le retour signe l'abolition de la distance. Les reconnaître pour en détourner le cours, comme on le fait avec un enfant rageur ou désespéré en lui racontant une histoire. En psychanalyse, ce sera parfois la nôtre que nous n'en finissons pas d'inventer. C'est alors que le tragique et la fatalité cessent de nous coller à la peau et que nous devenons capables d'entrer dans la réalité habitée par les autres. Transformer une pure relation de forces en stratégie de cohabitation, c'est ce que peut apprendre la psychanalyse et ce par quoi elle peut être porteuse d'une morale. Le laboratoire de la cruauté en vient à prendre alors les dimensions d'une aire de jeu.

Les composantes du style de Freud*

Au début du chapitre VIII de *Inhibition, symptôme et angoisse*, Freud écrit : « Il est temps de reprendre nos esprits et de réfléchir. De toute évidence nous cherchons une perspective qui nous donne accès à l'essence de l'angoisse, grâce à un ou bien-ou bien, qui sépare à propos d'elle la vérité de l'erreur. Mais cela est difficile à avoir ; l'angoisse n'est pas facile à saisir. Nous n'avons abouti jusqu'à présent qu'à des contradictions, entre lesquelles, sans préjugé, aucun choix n'était possible. Je propose maintenant de procéder autrement. Nous allons sans parti pris rassembler tout ce que l'on peut dire sur l'angoisse, en renonçant à l'espoir d'une nouvelle synthèse. »

Ce texte est écrit en 1926. Ainsi donc Freud, pour accéder à l'essence de l'angoisse, sujet qui le hante depuis trente ans, voudrait pouvoir se fier à la règle qui est au cœur de la logique la plus élémentaire et la plus universelle, celle qui réclame de distinguer ce qui n'est pas identique. C'est-à-dire tout simplement une autre formulation du principe de non-contradiction.

Alors Freud serait-il philosophe ? Justement pas, puisqu'il reconnaît que l'objet dont il traite ici, l'angoisse, est bien difficile à soumettre à la règle de l'ou bien-ou bien. Et sans doute penserait-il de même pour la psychanalyse en général.

---

* Conférence donnée à Besançon lors d'un congrès de philosophie en décembre 1986. Parue dans *Nervure, Journal de psychiatrie*, février 1990.

Mais s'il fait cette mention au début de ce chapitre, ce n'est nullement pour soustraire son travail à la juridiction de cette règle. Dès le paragraphe suivant, en effet, il l'applique en se demandant si l'angoisse est suffisamment définie par le déplaisir. Et il répond négativement par la preuve suivante en une forme transposée du ou bien-ou bien : « Il y a d'autres sensations qui ont un caractère de déplaisir et l'angoisse doit comporter d'autres particularités en dehors de cette qualité de déplaisir. » C'est-à-dire que angoisse et déplaisir ont quelque chose en commun, une zone d'intersection, mais qu'elles ont chacune en propre une autre zone. Les deux notions ne se recouvrent pas.

Donc pour que puisse être donnée une définition correcte de l'angoisse, il faudra dégager le caractère spécifique de déplaisir qui est propre à l'angoisse et qui n'appartient qu'à elle. Telle est, pourrait-on dire, le but principal de ce chapitre et il sera donc atteint par l'application de la même règle fondamentale indiquée plus haut. En effet, si on poursuit la lecture, on constate qu'une série de traits pouvant caractériser le déplaisir va être proposée et qu'il sera vérifié chaque fois si tel trait s'applique à l'angoisse et dans quelle mesure il s'applique à elle seule à l'exclusion de tout autre affect.

Mais Freud dans son exposé ne procédera pas comme le ferait un philosophe, c'est-à-dire par déduction. Si vous lisez la *Logique* de Hegel, vous vous apercevez que toute proposition sort de la précédente par la nécessité du raisonnement. Chaque proposition, dont la détermination porte en elle la négation, comme sa conséquence inéluctable, permet d'établir la proposition suivante. Ainsi s'opère la construction progressive d'un concept qui se gonfle de tout le discours antérieur. La construction freudienne se fait, elle, non par déduction, mais par des additions successives, car le but est d'abord de décrire un phénomène le plus complètement possible. Chaque paragraphe aura pour tâche d'introduire un trait nouveau et de l'ajouter au précédent soit par un appel à l'expérience, soit par un rappel des conceptions générales exposées ailleurs. L'insuffisance d'un trait oblige à en faire rentrer un autre dans la description.

Mais ce n'est pas là à proprement parler une déduction, car les propositions concernant un trait de la série ne contraignent pas à en faire sortir le suivant. Celui-ci est importé d'ailleurs, de la clinique ou de la théorie prétendue antérieurement fondée, comme une hypothèse qui demande à être testée et qui pourra donc être rejetée.

Freud ne se soumet pas non plus à la manière de prouver enseignée dans les écoles. Prenez un texte de Lachelier. Dès le début vous savez la thèse qu'il va défendre. Et chaque paragraphe pose dans la première phrase la sous-thèse qui doit permettre de démontrer la thèse principale ; cette sous-thèse reçoit ensuite les preuves qui seront résumées dans la dernière phrase du paragraphe. Freud au contraire nous fait participer à sa recherche ; il commence donc par indiquer la tâche à accomplir, mais il ne nous dit pas où il va nous conduire et ce à quoi il va pouvoir aboutir, comme si lui-même ne le savait pas encore avant de l'avoir écrit. Il avance à partir de ce projet à la manière des vagues lors de la marée montante. Dans la première partie de chaque paragraphe, il reflue vers ce qui est derrière lui pour y prendre appui, ensuite il gagne du terrain en formulant une nouvelle hypothèse qui se fond à la précédente par la reprise de certains mots qui acquièrent souvent grâce à la progression un nouveau sens. Mais il ne livre pas la raison de son mouvement. Celle-ci n'apparaîtra que plus tard quand le sol des solutions proposées aura été parcouru avant de disparaître et que les différents niveaux d'objections auront été submergés.

Il faudrait des heures pour vous montrer en détail la manière propre du style de Freud. Pour ceux que la chose intéresserait, je me permets de les renvoyer à une analyse de *Die Verneinung* parue dans le n° 3 de la revue *Philosophie*. Vous êtes obligés aujourd'hui de me croire sur affirmations, ce qui est bien fâcheux dans un débat auquel participent des philosophes.

Tout ce que je puis laisser entendre, c'est que, avec cette forme d'écriture très particulière, le statut de la preuve se trouve déplacé. Sans doute le modèle du ou bien-ou bien n'est jamais oublié. Freud ne cesse pas d'opérer des distinctions et de se faire à lui-même des objections pour rejeter des conclusions hâtives qui en disent trop, c'est-à-dire jamais assez. Mais cette méthode, par laquelle est recherchée la différence spécifique, celle qui permettrait ici de tenir enfin une définition adéquate de l'angoisse par caractérisation du déplaisir, cette méthode, que l'on peut désigner par le terme d'*analytique*, est inlassablement réintroduite dans un mouvement qui relève de la *rhétorique*. En nous laissant porter par les vagues successives de cette marée montante, nous nous mettons à penser avec l'auteur, et d'une certaine façon comme l'auteur. Nous sommes absorbés par la continuité des flots, c'est-à-dire que nous nous rendons aux arguments, tous si finement critiqués et débattus, et nous acceptons les conclusions auxquelles le texte nous amène, au point d'oublier les doutes et les hésitations répétés. Doutes et hésitations qui mesurent la valeur des conclusions au regard de l'exigence de la preuve.

Sommes-nous alors à une distance considérable de la philosophie ? Certes et sans conteste possible. Mais l'objet de la psychanalyse ne rendait-il pas inéluctable cet éloignement ? Quand Freud pose l'inconscient comme ignorant la contradiction, l'extraposition dans l'espace et la succession temporelle, à quoi il aurait pu ajouter la différenciation sexuelle ou individuelle, c'est qu'il a écouté le discours de la folie, de l'angoisse et des rêves, et qu'il a eu l'audace de vouloir en rendre compte dans l'ère de la science et de la technique. Quand on étudie l'écriture de Freud, on constate que cet objet insensé a pesé de tout son poids et qu'il a provoqué d'étranges modifications par rapport à l'usage normal de la langue allemande. Pour faire passer dans son discours des événements psychiques qui sont impropres au discours et, comme dirait Michel Henry, qui ne relèvent pas du régime de la représentation, Freud a utilisé, le sachant ou ne le sachant pas, je ne sais, des processus d'exposition qui font régresser sa syntaxe vers les langues primitives dominées par la parataxe. Il suffit de se reporter à certains passages du chapitre VII de *La Science des rêves* (mais on pourrait faire la même démonstration à partir d'autres œuvres), pour montrer que les répétitions de mots, à l'intérieur d'un paragraphe ou d'une série de paragraphes, se faisaient selon un certain nombre de règles strictes qui sont à l'œuvre dans les langues anciennes, entre autres le grec ou l'hébreu. Exemple de ces règles ou de ces procédés de style : la concaténation (répétition au début d'un paragraphe de mots situés à la fin du précédent), le chiasme (répétition d'une série de mots dans l'ordre inverse de leur première apparition), le péricentre (répétition au centre d'un paragraphe d'un ou plusieurs mots qui se trouvaient à la périphérie d'un paragraphe précédent), etc. Par ces divers procédés, Freud rompt le mouvement propre à la phrase allemande, pour donner toute l'importance possible au rythme. Sans qu'il s'en aperçoive, parce que la syntaxe fond ce rythme dans un dessein continu, le lecteur est atteint par le martelage des mots dont les rapports complexes à la fois retiennent le sens et l'ouvrent vers une multiplicité qui peut inclure le double sens.

Par cet aspect de son style, Freud rejoint la forme du langage des primitifs, des enfants et des fous, de ceux qui sont encore assez proches de la vie et qui perçoivent encore qu'elle est un rythme qu'aucune expression verbale ne saurait véritablement traduire. Cette troisième dimension du style de Freud que l'on pourrait qualifier de *poétique*, parce qu'elle reproduit la régression de sens vers le rythme, si caractéristique de toute grande poésie cherchant à transmettre l'intransmissible de l'autoaffirmation de la subjectivité, cette troisième dimension est sans doute la plus cachée du style de Freud, mais également la plus originale. Comme si le fondateur de la psychanalyse, contraint de parler l'indicible s'était laissé aller à inventer ou à redécouvrir quelque chose qui caractérise la langue à l'heure de sa naissance. Ce qui à la fois pousse la langue à exister pour sortir de la répétition et de la souffrance de la vie, et ce qui la nie, parce qu'elle ne peut pas s'en éloigner et chercher même à l'oublier.

Plus je lis Freud, plus je m'étonne que son écriture soit si exactement conforme à son objet et à sa visée. Car, bien sûr, les trois dimensions que j'ai tenté d'isoler (analytique, rhétorique, poétique) ne se nuisent en rien, mais bien plutôt contribuent à l'unité de son style. Sans l'analytique, il se serait exclu du domaine de la science qui réclame pour le moins que l'on opère les distinctions les plus poussées, que l'on n'omette pas de lever les équivoques, que l'on reprenne sans cesse son discours pour le critiquer, que l'on n'affirme pas une chose un jour et plus tard son contraire sans souligner la modification et sans en donner les raisons. Par ce biais Freud rejoint l'effort de la philosophie. Cependant, loin de marquer, comme l'a fait Kant, les limites que ne pouvait franchir la raison, il a voulu arracher à son mystère, et de façon raisonnée, l'angoisse de la condition humaine, afin, si possible, d'en comprendre quelque chose pour pouvoir la calmer. Pour atteindre ce but il a dû sortir des limites de la stricte raison et forger des hypothèses et des fictions. Ensuite pour faire passer chez ses lecteurs cette doxa consolatrice, il a repris les procédés de la rhétorique et de l'art de persuader. Par ce moyen il faisait entrer progressivement dans ses vues, disposant des ressources englobantes de la langue allemande dont le génie a poussé à l'extrême les possibilités circulaires de la syntaxe. Mais il a voulu aller plus loin encore, guidé par les poètes qu'il reconnaît avoir dit déjà par avance et mieux que lui tout ce qu'il avait pu avancer. Il a ainsi fait résonner les mots comme les tambourins qui appellent à la danse initiatique et qui préparent à s'imprégner du récit des légendes.

Car il nous faut l'admettre, nous autres psychanalystes, il faudrait si possible l'admettre une fois pour toutes et que l'on n'ait plus à y revenir, le discours psychanalytique relève de la mythologie. Je ne vois d'ailleurs pas pourquoi nous nous défendons contre pareille proposition, comme si elle était infamante. Après tout est-ce que l'esprit humain peut produire quelque chose de plus extraordinaire que des mythes, c'est-à-dire des essais d'explication de la vie et des grands malheurs qui la jalonnent et qui l'achèvent ? Quand on sait par ailleurs que notre civilisation tend à développer une mentalité qui devrait être allergique aux mythologies et que, malgré cela, la psychanalyse y tient une place non négligeable, nous devrions être fiers comme des petits soldats d'une cause perdue que nous réussissons toutefois à sauver.

Sans aucune condescendance, Michel Henry, dans son livre *Généalogie de la psychanalyse*, que nul psychanalyste ne devrait ignorer, écrivait : « La mythologie freudienne a le sérieux de toutes les mythologies, pour autant qu'elle s'élève de ce même Fond essentiel et secret que nous sommes, qui est la vie. Et c'est pourquoi on y croit sans trop de peine, parce qu'on s'y reconnaît aisément. » Mais nous ne saurions tenir le rôle de gardien de la dernière mythologie si nous nous réfugiions dans quelque forme de prétention et si nous ne soupçonnions pas que la tâche qui nous incombe est d'une infinie complexité.

Si nous reprenons ce thème de la mythologie pour le confronter aux trois dimensions du style de Freud, nous pouvons d'abord en tirer un certain nombre de conséquences. Cela nous permettra de caractériser le style de mythologie auquel nous avons affaire en psychanalyse. Le récit rhétorique s'élève de la vie, c'est-à-dire du mystère de l'affectivité et du souffrir de soi de la destinée. Mais ce récit est sans cesse appelé à la critique par la proximité de l'analytique auquel il est noué. Si l'on peut définir partiellement la psychanalyse par la critique des illusions et par le faire apparaître pour soi des fantasmes et des rêves, cette critique doit se retourner sur elle-même, c'est-à-dire qu'elle doit impérativement être appliquée à la construction théorique, à l'illusion nécessaire qu'elle engendre grâce aux nouvelles élaborations proposées à la solution des énigmes de la névrose, des angoisses et de la mort. Autrement dit, et c'est là un trait qui sépare notre mythologie de celles des siècles précédents, il faut que cette mythologie se reconnaisse comme mythologie. Au fur et à mesure qu'elle se tisse, elle se doit de se défaire comme l'ouvrage de Pénélope ; elle doit se montrer à elle-même ses contradictions, ses sauts, ses limites et ses insuffisances. Sinon elle retomberait dans la croyance immédiate et deviendrait la proie des obscurantismes ; elle ferait le lit de la tyrannie de la pensée et de l'action ; elle reconduirait sous une autre forme les états hypnotiques qu'elle dénonce. C'est pourquoi il nous est nécessaire de livrer notre discours au débat et si possible de laisser des philosophes l'interroger. Nous pourrons en tirer le bénéfice de mieux percevoir les illusions dans lesquelles nous retombons en prétendant défaire toutes les illusions.

Il est bien difficile de fonder son travail sur la critique permanente et donc sur un fond toujours visible d'incertitude. Beaucoup, pour y échapper, s'enferment dans la prétention et l'aveuglement systématique. Pourtant, c'est par ce biais de la critique que la psychanalyse reste en contact avec la science. Non pas la science qui comprend et effectue des exploits techniques, mais la science en train de se faire, celle des créateurs. Richard Feynman, un prix Nobel de physique, disait un jour : « Ce qui caractérise les vrais savants, c'est que, peu importe ce qu'ils font, ils ne sont pas sûrs d'eux-mêmes comme la plupart des autres hommes. Ils réussissent à vivre avec le doute. Ils sont capables de penser "peut-être". Ils agissent en sachant fort bien que c'est seulement "peut-être". » C'est dans la seule mesure où la psychanalyse ne craindra pas de douter de sa propre connaissance qu'elle pourra oser se dire scientifique, qu'elle pourra continuer à se penser comme seule mythologie du temps de la science.

Mais l'usage de la raison, le souci de la rigueur, l'exigence de la clarté et le refus de l'équivoque n'ont pas seulement pour office de nous rappeler sans cesse que nous ne pouvons rien construire sur le fondement de notre mythologie, qu'il n'est pas possible de déduire de nos hypothèses des conclusions valables, que les échafaudages ne sont jamais des édifices. Ils ont aussi pour fonction de nous renvoyer à l'expérience, afin de tenter une nouvelle élaboration, de reprendre le chemin de la régression où le sens des mots s'évanouit pour laisser place au seul rythme de la vie. C'est en se perdant à nouveau dans l'ignorance ou dans l'étrange familier de l'angoisse que nous aurons chance de trouver la parole susceptible de dire avec justesse quelque chose de la particularité de celle-ci.

Si notre mythologie doit être sans cesse l'ennemi d'elle-même par l'analytique, elle n'en restera pas moins fascinante par le poétique qu'elle charie. L'analytique débarrasse le poétique de ce qu'il a de délirant. Mais le poétique à son tour introduit dans le rhétorique une force que de lui-même il ne pourrait même pas imaginer.

J'ai parlé jusqu'à présent de la psychanalyse en me référant uniquement à la forme qu'elle revêt dans des textes lisibles. Pourtant elle n'est pas d'abord cela ; elle est une pratique. Ce que j'ai suggéré du style de Freud est-il susceptible d'éclairer cette pratique ? En d'autres termes est-il possible d'appliquer à la pratique les distinctions faites à propos des écrits psychanalytiques ? Je me propose, pour terminer, de vous donner un bref aperçu de la réponse qui pourrait être faite à cette question.

Je définis la pratique psychanalytique comme une thérapie qui prend appui sur le transfert en vue d'opérer une régression.

La psychanalyse se spécifie par l'initiation au monde du rêve, du fantasme et du désir, par la régression non pas d'abord et principalement temporaire, mais topique. Il s'agit de faire apparaître ce que Freud appelait l'autre scène, celle qui détermine nos dires, nos comportements et nos actions, et à laquelle ordinairement nous n'avons pas accès. Cette scène est celle de la subjectivité inaliénable, c'est-à-dire celle où la vie apparaît comme souffrance ; souffrance qui définit la singularité, parce que la manière de souffrir est ce qui est incommunicable, ce à quoi nous tenons le plus, parce que c'est l'essence même de notre propre. Ici nous rejoignons le *poétique* qui régresse du sens au rythme, plus encore le poétique à sa naissance. N'est-ce pas la souffrance des poètes, leur souffrance propre qui leur fait écrire des tragédies, qui leur fait produire des chants où ils diront ce qui ne peut se dire ?

Quant au transfert, il a pour effet de couper en deux le patient. À force d'attention portée au psychanalyste et d'inattention au monde extérieur, il arrive exactement ce qui se produit dans l'hypnose : une focalisation sur des faits et phénomènes jusqu'alors inaperçus, à l'exclusion de ce qui tombe ordinairement sous le sens. État de suggestion où l'on se laisse porter par une déparole qui nous conduit où nous ne pensions pas aller. Ceci correspond assez exactement au mouvement *rhétorique* du style de Freud, où il mène le lecteur par le développement interne de son sujet, non par des arguments extérieurs, mais par des interventions inattendues dans le cours même de sa pensée.

Reste la guérison difficilement définissable en psychanalyse, parce qu'elle ne s'intéresse pas d'abord à la sédation des symptômes. Mais la visée de la guérison comme indépendance du patient, comme augmentation du plaisir et de l'action, comme facilitation de la communication est indispensable. Sans cette visée la régression produite par le transfert en reste à l'état de souffrance mise à nu. Il n'y a aucune possibilité de sortir de la névrose de transfert, c'est-à-dire de la reproduction de la névrose, par le fait même de la relation analytique. Car nous nous trouvons en psychanalyse devant un paradoxe : la régression qui devrait délivrer avive la souffrance où chacun se reconnaît comme sujet, et donc le refus de la guérison qui délivrerait de cette souffrance. Il faudra que la guérison tienne compte du fait que le moyen de l'analyse se retourne contre elle. Car elle ne peut pas ne pas avoir pour visée un rejet de cette souffrance, ou du moins un éloignement, une mise à distance, à la rigueur une utilisation de l'angoisse qui lui est intrinsèquement liée.

Si la nécessité de tendre à la guérison fait quitter les rivages dangereux de l'initiation, elle doit aussi s'imposer au transfert, qui sans elle retournerait à l'hypnose. Car le transfert n'a de sens que s'il est limité à la fois temporairement et topiquement ; temporairement s'il vient à cesser pour laisser place à l'autonomie, topiquement s'il peut cesser d'être envahissant, parce qu'il aura été critiqué. Changer l'analyste en maître et plus encore en maître à penser, c'est se condamner à ne jamais sortir de l'hypnose.

Cette guérison, vous le voyez, n'est rien d'autre que la transposition dans la cure de l'aspect *analytique* du style de Freud. Le langage utilisé en analyse ne doit plus être simplement une déparole qui se définit comme un délire contrôlé, il doit devenir un langage qui s'oriente vers le monde extérieur, c'est-à-dire vers la communication et l'intelligibilité. La vie n'est plus seulement souffrance, elle se cherche du côté de l'action et de la création.

C'est d'un même geste que la psychanalyse actuelle, dans

certains secteurs, a négligé de réfléchir sur la guérison et de se soumettre à l'exigence de rigueur rationnelle. Elle ne peut pas répondre de ce qu'elle fait devant des personnes qui ne font pas partie de sa sphère en un langage qui leur soit compréhensible, et pas davantage elle ne peut expliquer si et comment elle peut guérir, c'est-à-dire, pour le moins, si et comment elle peut permettre de mieux vivre. Les deux questions se trouvent fondamentalement liées et l'on voit pourquoi aujourd'hui le discours des psychanalystes est si peu entendu ; ils se sont enfermés dans leur mythologie et ils ne cherchent pas plus à se faire comprendre dans leurs écrits que dans leur action.

La guérison, le transfert, l'initiation, trilogie qui me semble définir correctement les constituants de la pratique, sont donc ainsi l'équivalent de l'analytique, du rhétorique et du poétique, caractéristiques du style de Freud et plus largement du discours de la psychanalyse. L'analytique est en psychanalyse sans cesse conditionné par le poétique, c'est-à-dire l'initiatique, mais encore faut-il que l'initiatique respecte les lois propres de l'analytique, sans chercher à le rendre semblable à lui. On ne fait pas de la poésie quand on théorise. Finalement c'est en jouant à la fois sur ces trois registres, dans la pratique et dans le travail d'élaboration de l'expérience, que la psychanalyse, à mon avis, pourra tenir sa place, une place qui est encore nécessaire à notre culture.

À propos de la névrose de transfert*

La question que je voudrais poser peut se formuler de la façon suivante : peut-on guérir de la névrose de transfert par la névrose de transfert ? Si le transfert est une caractéristique fondamentale de l'analyse et si la description de ce phénomène nous conduit à y voir le lieu de reproduction de la névrose, nous allons nous trouver dans l'embarras. Pour venir à bout de cette névrose provoquée, il faudra que le transfert soit supprimé, mais alors c'est l'analyse elle-même qui devra prendre fin. Freud n'est jamais vraiment sorti de cette difficulté. Il avance, en effet, à propos du transfert des formulations qui paraissent bien contradictoires. Tantôt le transfert est considéré comme un moyen puissant qui permet d'agir pour le bien du patient, tantôt le même transfert est dit faire le jeu de la résistance ; tantôt le transfert est présenté comme un artefact qui devrait avoir un usage temporaire, tantôt sa résolution ou sa disparition apparaissent d'une difficulté qui confine à l'impossible. Tout se passe comme si la psychanalyse avait découvert un remède merveilleux dont elle était ensuite incapable de se passer. À une maladie on a substitué une autre maladie que l'on ne saurait aisément guérir. Ma première question devrait donc se changer en une autre : comment est-il possible de guérir de la névrose de transfert ?

Avant d'essayer de répondre à cette seconde question, je

* Conférence à des psychiatres à Paris, le 31 mai 1987.

voudrais m'attarder sur l'expression « névrose de transfert ». En quoi consiste-t-elle ? À travers le transfert, cette intense relation affective, dont parle Freud, nous reproduisons le ou les types de relation que nous entretenons avec les autres ; types de relation qui ne sont pas directement ou facilement lisibles dans nos comportements parce qu'ils sont gouvernés par des expériences très anciennement oubliées, passives et actives, qui se sont transformées en fantasmes prégnants. Dans l'artefact du transfert, et comme dans un laboratoire, nous répétons à l'état pur notre mode de fonctionnement à l'égard des autres. À l'état pur parce que nous sommes dégagés d'une part des réactions des autres qui nous obligent à cacher ou à contrefaire nos propres actions et réactions spontanées, et d'autre part de la responsabilité de nos actes ou de nos paroles.

Mais la description faite à l'instant ne fournit qu'un seul côté du transfert. S'il était seul en présence, la révélation de notre mode de fonctionnement serait foudroyante et nous pourrions, comme cela arrive, en devenir fou ; nous pourrions aussi, sous l'effet de cette vision, le modifier, au besoin radicalement.

Il y a un autre côté du transfert qui en fait une névrose. Nous sommes attachés à notre mode de fonctionnement relationnel et nous ne voulons rien en changer. Je pense qu'il est nécessaire de s'attarder sur ce point et, pour le saisir, de revenir à une expérience élémentaire que nous faisons assez généralement lors des premiers entretiens avec un patient : celui-ci nous explique qu'il souffre d'un certain nombre de symptômes et nous demande de l'en débarrasser, en un mot de l'en guérir, mais nous nous apercevons bientôt qu'il nous demande en même temps de ne pas l'en guérir. Si, en effet, les symptômes sont là, c'est pour de bonnes raisons ; mauvaises raisons sans doute, mais bonnes tout de même, car les symptômes sont utiles, voire nécessaires ; ils ont été forgés savamment pour préserver un quelque chose auquel le patient est attaché, accroché, collé, et qu'il ne veut pas lâcher. Tout se passe comme si la souffrance liée aux symptômes était son bien le plus précieux, comme si en la perdant il devait renoncer à son identité, comme si finalement sa souffrance, sa façon propre de souffrir, était sa forme d'existence singulière, sa seule richesse.

Cette souffrance maintenue, qui est un des aspects de la névrose, serait totalement inintelligible si on ne la rapportait pas à un mode de relation aux autres. Préserver cette souffrance est la seule manière à notre disposition pour ne pas nous séparer de ceux qui nous ont reconnus dans la méconnaissance, de ceux que nous avons imaginés comme nos interlocuteurs indispensables pour soutenir notre propre image, de ceux encore que nous avons laissés entrer en nous et qui nous détruisaient en nous faisant. Cette souffrance qui est notre vie propre porte en elle l'ambiguïté de toute relation, celle d'un amour qui est la haine, celle d'un rejet par absorption, celle d'une pénétration à force d'exclusion. Il y a névrose parce que nous sommes incapables de nous passer de cette souffrance, en d'autres termes parce que nous sommes incapables de nous séparer de cet autre qui nous persécute, car il est en même temps celui qui nous pose dans l'existence. Pour le dire encore en d'autres termes, tout un chacun oscille entre le désir d'indépendance, de maîtrise, de responsabilité, et le besoin infantile de se retrouver dans un état de dépendance, d'irresponsabilité et ainsi d'innocence.

C'est cette souffrance de et par la relation à un autre humain qui va se répéter dans le transfert. Elle va donc apparaître en clair et par là elle pourra être traitée, mais, parce qu'elle constitue l'être propre, elle ne pourra être abandonnée ; bien au contraire si le transfert lui propose de se répéter, si le transfert lui fait croire que c'est son bien de se répéter, elle y mettra toute sa complaisance et l'analyse ne sera rien d'autre que l'occasion de s'enfoncer un peu plus avant dans la névrose, avec plus de lucidité peut-être, mais non sans désespoir d'en sortir. Car rien d'autre que l'analyse n'est capable, dans notre civilisation, de mélanger à l'illusion d'un désir qui enfin deviendra grand les âcres douleurs de l'infantilité adulte.

Si la névrose de transfert est telle que je viens de dire, de quels moyens disposons-nous pour en sortir ? La première réponse donnée par Freud est la suivante : si les symptômes névrotiques persistent, c'est parce qu'ils demeurent inconscients ; en les faisant devenir conscients, ils perdront leur force et disparaîtront. Freud ne nous a pas attendus pour découvrir les limites de cette position. Si la remémoration peut avoir dans certains cas des effets positifs sur le cours de l'analyse, il arrive bien souvent qu'elle laisse la place à la répétition et, très précisément à la répétition dans le transfert. Le devenir-conscient passe par la décharge de l'affect. Mais en ce cas on ne saurait plus affirmer que c'est la prise de conscience qui a pu opérer une transformation et libérer du symptôme, c'est la décharge qui a été décisive, donc la reproduction d'une émotion dans un registre émotionnel. Par cette modification radicale de la méthode curative, c'est l'idéologie des lumières et sa croyance en l'efficacité du savoir qui passent au second plan. Mais le problème posé par la névrose de transfert n'est pas résolu pour autant, car la répétition dans le transfert peut demeurer une expression de cette névrose et ce n'est pas fatalement parce qu'une décharge a eu lieu que le patient ne se prépare pas à la reproduire d'autres fois.

Pour que la fin de la névrose de transfert puisse avoir lieu, il faut que l'analyste perde sa place, ne tienne plus sa place, c'est-à-dire qu'il ne soit plus le support de la relation type reproduite dans l'analyse par l'analysant. Comment est-il possible qu'un événement de ce genre puisse arriver ?

Pour tenter de donner une certaine réponse à ces questions, il est nécessaire de faire d'abord un détour. Vous savez qu'une grande partie de l'œuvre de Freud est fondée sur la distinction entre l'affect et la représentation. (Distinction entre parenthèses qui est un lieu commun de la littérature et de la philosophie allemandes, en particulier chez Fichte et chez Schelling, qui se demandent comment il est possible de représenter l'irreprésentable.) Pour en revenir à Freud, la névrose de transfert, par exemple, est expliquée par le fait que la représentation liée à un affect ne lui correspond pas originellement ; la tâche de l'analyse sera de retrouver la représentation adéquate à cet affect. Il est de même rendu compte de la phobie par la supposition d'un lien entre un affect et une représentation quelconque, tellement quelconque que l'analyse est incapable de trouver une représentation susceptible de rendre compte de cette phobie. La névrose d'angoisse est pensée selon un schéma semblable, et c'est pourquoi, aux dires de Freud, elle ne peut être « attaquée par la psychothérapie ». De même le transfert, soit qu'il s'agisse des transferts au pluriel, chaque affect étant rapporté à un trait représenté par l'analyste, soit qu'il s'agisse du transfert au singulier, et c'est alors toute l'affectivité du patient qui veut se représenter grâce à la personne de l'analyste.

Pourquoi ce détour par la distinction de l'affect et de la représentation ? (J'utilise ici à ma manière la distinction faite par Michel Henry dans son livre intitulé *Généalogie de la psychanalyse*.) Parce qu'il me semble que l'on pourrait penser la fin de l'analyse, et donc la fin de la névrose de transfert, comme l'effet de la séparation de l'affect et de la représentation. Dans la mythologie freudienne ou dans celle du romantisme allemand, l'affect est à la recherche de la représentation : ce qui de soi est indicible tend à se dire. Et c'est bien sur ce modèle que la cure analytique se développe : grâce à l'association libre, c'est-à-dire grâce à la parole non intentionnelle et non voulue, l'affect qui échappe par définition à l'intentionnalité et au vouloir va pouvoir se dire en mots, ne serait-ce qu'à travers le récit des rêves, les lapsus ou les mots d'esprit.

Par cette trouvaille de l'association libre, qui reprend certains procédés connus de la création littéraire, l'affect passe dans le monde de la représentation. Tant que dure l'analyse, il en est ainsi ou du moins il peut en être ainsi. D'où la croyance que si l'on poursuit l'analyse encore et encore, on réussira à tout dire de l'affect. Mais c'est là évidemment une totale illusion. L'affect par définition reste indicible, car il est d'un autre ordre que celui de la représentation ; il ne se représente pas, même s'il fait parler et pousse à la représentation. Les poètes le savent bien qui, après le temps de l'inspiration et le travail qu'ils lui font subir, reconnaissent qu'ils n'ont encore rien dit.

Si je propose de penser dans ces termes la fin de la névrose de transfert, c'est que j'ai été mis sur la voie par quelques indices. Par exemple j'ai souvent constaté qu'une fin d'analyse se signalait par le fait que l'analysant n'éprouvait plus le besoin de parler de soi, de se dire à un autre, d'attendre encore un écho de ses propres pensées, désirs ou projets. Tout se passe comme si un univers intérieur s'était constitué à force de concentration, comme si un centre était donné pour lester tout l'être, de telle sorte que n'était plus nécessaire l'appel à l'intrusion de l'autre ou dans l'autre, et que son rejet réactionnel ne s'imposait pas davantage. Sans doute en ce cas l'affect, comme expression de la vie, revient à lui-même et se redouble, s'affecte lui-même sans avoir plus besoin de se représenter.

Peut-être un exemple pourra-t-il éclairer ce que je veux essayer de suggérer. Une jeune femme fait une crise d'angoisse incompréhensible. Quand elle tente de se souvenir du moment où son angoisse a commencé, elle remonte jusqu'à une rencontre de quelques instants avec un homme ; à partir de quoi elle s'était mise à rêver d'une aventure avec lui et elle était encore dans cette rêverie le jour où elle était venue me voir. Lorsqu'elle eut réussi à se sortir de ces pensées, l'angoisse s'arrêta. Je sais bien qu'un exemple est toujours une mine de malentendus, car on peut l'interpréter de multiples manières. Je ne veux retenir qu'un seul aspect : l'angoisse est née d'une représentation qui l'avait comme sortie d'elle-même ; cette angoisse a cessé lorsque la représentation correspondante en a été détachée. Cette femme ne souffrait pas de réminiscence, comme le dit Freud de l'hystérique, elle souffrait de représentation.

Autre exemple rencontré maintes fois en analyse. Lorsqu'un analysant qui a, pendant une longue période, rendu ses parents responsables de ce qui lui arrivait, réussit à les congédier pour ne plus se référer qu'à lui-même et prendre sur lui la charge qui lui pèse, un bouleversement complet a lieu. Ses symptômes disparaissent parce qu'ils ne se rapportent plus à des représentants hors de lui, parce que les affects qui s'étaient changés en symptômes rentrent en quelque sorte en lui. Il n'a même plus à s'en sentir responsable, il est ces affects.

J'en tirerai la règle suivante : les affects deviennent

pathologiques, c'est-à-dire se changent en angoisse ou en symptômes, dans la mesure où ils cherchent à se représenter, dans la mesure où, au lieu de s'affecter eux-mêmes dans la concentration et la non-intentionnalité, ils s'aliènent dans la représentation. D'où l'on pourrait dire que la souffrance évoquée au début comme l'équivalent du refus de guérir n'est qu'un affect sorti de lui-même. On ne guérit pas du refus de guérir, pas plus que l'on ne peut faire abandonner à quelqu'un ce qui est sa façon de souffrir et qui est son propre. Ce que l'on peut modifier, c'est le rapport de cette souffrance au monde de la représentation. Elle n'est souffrance que parce qu'elle tente de se représenter à elle-même et donc aux autres ; si elle se détourne du miroir, la souffrance se change en force. Elle ne se perd pas elle-même, elle ne renonce pas à elle-même, elle ne se sacrifie pas ; elle abandonne le moi et la conscience où elle cherchait à se regarder et à se reproduire, c'est-à-dire dans un champ qui n'était pas fait pour elle.

Le refus de guérir, autre nom de la névrose de transfert, est donc tourné lorsque la souffrance propre, qui définit le propre de la personne, devient la force propre. Il n'est nullement question ici de narcissisme, fût-il primaire (ou bien le mot est mal choisi). Car Narcisse qui se contemple est toujours déjà par avance projeté hors de lui-même dans l'attente de la reconnaissance des autres, il veut que tous les autres soient ce regard qu'il porte sur lui-même. Pour en finir avec la névrose de transfert, il s'agit de n'avoir plus besoin de reconnaissance, même pas d'une reconnaissance de soi, parce que l'on n'est plus dans le domaine de la représentation, on est dans celui de l'affect qui s'affecte lui-même ou tout simplement dans celui de la vie qui n'a pas à chercher de preuve d'elle-même, parce qu'elle est à elle-même sa preuve. La souffrance névrotique provient de ce que l'affect est sans cesse dans son insuffisance et qu'il cherche en conséquence à se lier à la représentation. L'affect dans son auto-affection n'a plus besoin de la représentation, parce qu'il n'a plus besoin d'être en représentation ni pour lui-même ni pour les autres. Il est sorti du théâtre où il se complaisait. Il n'y a plus alors ni d'attente anxieuse comme dans l'angoisse, ni d'attente croyante ou confiante comme dans le transfert. C'est quelque chose comme une auto-hypnose qui s'instaure, parce que l'affect rentré dans le sommeil qui est en son lieu ne cherche plus à se soutenir de l'éveil de la représentation. Parce qu'il est délié de celle-ci, il retrouve la force qui lui est propre.

Pour faire comprendre ce que je veux dire, je me permets d'utiliser une comparaison triviale : à la fin d'une analyse, on ne devrait plus être un apprenti, mais un artisan. L'apprenti est sans cesse obligé pour rectifier ses gestes de penser à chacun d'eux ; il pense successivement à placer correctement ses bras, ses jambes, son corps. Cette nécessité de penser constamment, de se voir agir, de réfléchir sur les moyens d'améliorer sa technique auront sans doute plus tard des effets heureux ; mais pour l'heure sa propre pensée l'encombre et le sort constamment et paradoxalement de ce corps qui fonctionne alors comme une machine commandée d'ailleurs. Au contraire pour l'artisan qualifié tous ces gestes sont devenus naturels ; y penser viendrait perturber la perfection de leur accomplissement. Il a intégré son art au point d'avoir libéré ses forces, qui se trouvent comme en état d'hypnose, délivrées de toute attention consciente et pourtant attentives aux conditions imposées par le travail et occupées uniquement par la réalisation de l'œuvre.

Ou encore, à la fin de l'analyse, l'analysant pourrait être pour lui-même non pas un démagogue, mais un politique. Le premier n'a de souci que pour ses électeurs passés et futurs, et cherche sans cesse, mais toujours maladroitement et intempestivement, à se conformer à leur attente. Le politique vise un but ; il sait que sa décision viendra toujours d'un autre lieu secret et immaîtrisable, et qu'elle ne sera jamais le résultat de la somme des analyses et des renseignements ; comme s'il sentait et percevait des paramètres beaucoup plus nombreux qu'il n'est susceptible d'en analyser. Si on lui demande d'expliquer ses décisions, il ne pourra donner que des réponses de ce genre : j'ai agi par instinct. L'artiste ne dira pas autre chose pour rendre compte de son œuvre.

Plus d'un parmi vous auront certainement associé ce que je viens de dire avec la pratique du zen. Vous avez peut-être lu un petit livre aussi modeste que lumineux écrit par un Allemand, professeur de philosophie, Herigel. Il avait été invité à enseigner quelques années au Japon et s'était mis en tête de se faire initier au zen. On lui avait suggéré que la voie la plus rapide, et la plus accessible à un étranger, était celle de l'apprentissage du tir à l'arc. Il devient clair en le lisant que le comble de cet art réside dans la déconnection totale de la conscience et de toute possibilité de se voir en train de tirer. Le maître est celui qui peut atteindre une cible en plein centre dans le noir et les yeux fermés. Le corps s'est alors détourné de tout effort d'intelligence sur lui-même pour retrouver la perfection de l'instinct. Notre civilisation est aux antipodes de telles pratiques et l'intellectualisation démente de la psychanalyse tout spécialement. Et cependant la psychanalyse aurait tout, me semble-t-il, pour en devenir la plus proche. C'est même probablement cela qui en fait, dans notre culture, la plus grande séduction.

Une conception courante de l'analyse voudrait que plus elle dure, plus nous avons de chance de résoudre tous nos problèmes, de tout comprendre, d'accéder à la transparence. Analysants, encore un effort. Nous savons bien que cela n'arrive jamais en pratique, mais nous pensons tout de même que, en principe, il n'y a pas de limite à la possibilité de l'analyse et que, plus cette limite sera reculée, plus le bénéfice en sera grand. Pourtant cela est déjà faux en théorie, dans la mouvance freudienne la plus stricte, car on aura beau, comme on dit, faire parler l'inconscient, il ne pourra jamais se dissoudre, puisque sans lui il n'y a pas non plus de conscience et de quelconque humanité. Cela devrait nous avertir que la croyance en un « plus ça dure, mieux ça vaut » contient en elle quelque chose d'erroné.

Notre erreur, je pense, est de n'avoir pas suffisamment réfléchi à la différence radicale de régime entre l'affect (ou si l'on veut la pulsion qui caractérise l'inconscient dynamique) et la représentation. Peut-être Freud, obnubilé qu'il était par sa tentative de fonder une science, a-t-il toujours espéré, même s'il a reconnu son échec, faire passer tout l'irreprésentable de l'affect dans le champ de la représentation. De là son idée, par exemple, de supposer des représentations dans l'inconscient ; de là également toutes les ambiguïtés du terme inconscient et la contradiction interne à tous les concepts analytiques.

Il me semble que l'on pourrait adopter une autre perspective. Le travail de l'analyse s'épuiserait dans cet effort de représenter l'affect. En d'autres termes, toutes les représentations acquises dans l'analyse en vue de traduire et d'interpréter l'inconscient s'avéreraient relever de l'illusion, et le travail s'achèverait dans le renoncement à comprendre quoi que ce soit de l'affect en tant que tel et par la fermeture sur soi de ce champ de l'affect. Renoncer à la représentation, acte qui ne peut avoir lieu qu'après un long parcours, serait identique à renoncer à être en représentation devant les autres et devant soi-même, c'est-à-dire à renoncer à courir après la reconnaissance et toute forme de narcissisme.

On éviterait par là un certain nombre de faux problèmes, comme celui, par exemple, des restes non analysés ou du non-analysable. Le reste est tout simplement l'affect qui ne cessera jamais d'échapper à l'analyse. Il ne sera plus un reste, mais sera reconduit à son essence, dans la mesure où, coupé de la représentation, il reviendra à lui-même et se transformera en force par son redoublement. Si l'on veut qu'il n'y ait plus de reste, c'est-à-dire si l'on veut que cesse la névrose de transfert, il n'y a qu'un seul moyen : sortir de l'analyse. Il faut que la fin de l'analyse soit sa fin, autrement dit que son but soit sa cessation. C'est en mettant un terme à la recherche vaine de la transformation de l'affect en représentation, c'est en cessant de dire et d'avoir besoin de dire et de se dire, que la névrose de transfert viendra mourir d'inanition. L'analyse apparaîtra alors en fin de parcours, non pas (ce qu'elle a été à juste titre et pour un temps) comme une démarche d'intelligence et de lucidité, mais comme l'oubli de l'affect qui est revenu au corps vivant et qui y circule librement pour donner la force.

L'idéologie analytique ne veut pas entendre parler des techniques corporelles qui envahissent aujourd'hui notre culture. Cela est compréhensible puisque notre technique en arrive à ne plus considérer que le langage isolé du sens et bien plus encore de l'affect. Mais, si l'on voulait bien revenir à la définition traditionnelle de la psyché comme ce qui anime le corps vivant, il n'y aurait plus de difficulté à penser la technique psychanalytique comme pouvant tirer parti, à certains moments de la cure et dans certains cas, de techniques qui visent à faire porter l'attention sur le corps. Certains psychanalystes usent parfois de la relaxation, mais ils se gardent de beaucoup en parler et de poser à partir de là certaines questions à la psychanalyse, comme s'il s'agissait là de quelque pratique honteuse, et en tout cas totalement indigne de la pureté de l'analyse.

Faire revenir les affects à eux-mêmes et les faire circuler dans le corps vivant n'est pas synonyme de se couper du monde extérieur. C'est exactement l'inverse qui s'opère. Car le Narcisse qui se contemple dans son propre miroir et dans le miroir des autres est si préoccupé de soi qu'il n'entend rien ni des autres ni de la multitude des événements et des phénomènes qui l'entourent. Au contraire celui qui oublie de se comprendre met toutes ses forces à la disposition de son action et devient attentif à tout ce qui peut arriver dans son environnement.

Faire revenir les affects à eux-mêmes n'a rien à voir non plus avec le refoulement. Ce sont les représentations moïques ou surmoïques qui enchaînaient les affects, les séparaient les uns des autres et les rigidifiaient. Quand on parle de refoulement, on s'attarde uniquement au fait qu'une pulsion, une impression, un conflit est retiré à la conscience et au monde de la représentation, parce que l'on ne veut rien en savoir. Mais le refoulement est aussi un travail d'isolation. Telle sensation, tel sentiment, telle affection est coupé du reste du psychisme et ne participe plus à la totalité de sa vie ; lui porter attention et le réintroduire dans cette totalité est également une manière de lever le refoulement.

Tout ce que j'ai dit ce soir pourrait se résumer de la façon suivante. Si la névrose de transfert est nécessaire pour que se développe l'analyse, pour que ce qui a été oublié ou refoulé puisse faire surface sans le dire, cette névrose ne peut prendre fin que par un retour de l'affect sur lui-même. Ainsi l'analyse serait à comprendre selon un double mouvement : d'une part celui qui va de l'affect à la représentation et d'autre part celui qui va de la représentation que l'on abandonne à l'affect qui nous reconduit à l'intériorité de la vie. Notre civilisation scientifique et intellectualiste ne nous prépare guère à accepter et encore moins à penser ce second mouvement. Dans l'ère de l'informatique il est peut-être encore plus difficile qu'auparavant de nous souvenir que nous sommes aussi des animaux, que nos relations sont d'abord constituées par des impressions immédiates, que l'instinct nous guide souvent dans notre action bien plus sûrement que les déductions savantes, que nous passons à côté de notre temps et de nos semblables parce que nous ne savons plus percevoir et reconnaître les signes de leur présence autrement qu'à travers des idées et des formules. Et pourtant la psychanalyse pourrait être, me semble-t-il, le lieu privilégié où cette autre dimension de l'homme se trouverait prise en compte, respectée et développée.

Pédagogue ou mystagogue*

Il semble tout d'abord que le problème soit définitivement réglé : la psychanalyse n'a rien à voir avec la pédagogie, puisque le psychanalyste ne prétend pas conduire l'analysant d'un point à un autre en suivant des étapes connues par avance et il n'impose pas un parcours, à tous les individus d'un groupe, qui disposent de connaissances et de dispositions semblables.

Toutefois la pédagogie, qui veut faire atteindre à tous le même niveau de capacité, se heurte, dans la réalisation de son programme, à des résistances collectives et individuelles dont il lui faut tenir compte. Comment va-t-elle s'y prendre pour en venir à bout ? À quel moyen va-t-elle recourir pour éviter que tel individu ou tel groupe soit renvoyé aux marges de la société avant d'avoir pu choisir cette place ? Que va-t-elle faire pour surmonter le dégoût d'apprendre et même de vivre ? Comment pourra-t-elle guérir du désintérêt ? Comment suscite-t-elle l'envie de grandir et de progresser ? Elle va devoir faire appel à des jeux de forces que les livres ne peuvent répertorier.

De son côté la psychanalyse n'a-t-elle pas un but et ne prétend-elle pas y faire accéder par des voies spécifiques qui ne sont plus à découvrir ? Freud n'a-t-il pas clairement défini à quels éléments théoriques il était indispensable de croire pour être reconnu comme adepte du champ qu'il

* Conférence au Cercle freudien de Genève, le 7 novembre 1987.

avait constitué ? La psychanalyse n'était-elle pas naguère, et peut-être aujourd'hui encore, le chemin qui devait ouvrir la porte de l'œuvre du maître, c'est dire qu'elle était, et qu'elle est peut-être aujourd'hui encore, l'esclave qui conduit les enfants à l'École.

Il est également clair que la médecine n'a rien à voir avec la psychanalyse. Si le médecin cherche à guérir des symptômes, le psychanalyste ne s'en préoccupe pas. Si la médecine cherche une restauration de l'intégrité antérieure, un retour à l'état qui précédait ou aurait dû précéder la maladie, ce n'est nullement l'affaire du psychanalyste, lequel attend quelque chose de nouveau, ce qui jamais n'a été vu et entendu par l'analysant, et jamais effectué par lui, car jamais il n'avait pu l'imaginer. Il s'agit donc non pas de restauration, mais de découverte et, on a même été jusqu'à le dire, de révolution. Si par hasard en psychanalyse, on revient en arrière, c'est toujours pour devancer le prévisible.

Cependant les différents buts proposés par l'analyse (possibilité de l'action ou du plaisir, épanouissement génital ou oblatif, rééducation des émois, entrée dans une aire de jeu, affirmation du désir, accès à la vérité du sujet, traversée du fantasme, etc.), tous ces buts peuvent bien être pris comme des définitions de la transformation et donc de la guérison spéciale que vise la psychanalyse. (Entre parenthèses, on pourrait s'interroger sur cette variété de buts donnés à la psychanalyse ; et si l'on ne conclut pas trop vite que la position que l'on défend est la seule possible, la seule vraie, à l'exclusion des autres, donc si l'on abandonne une attitude dogmatique, on est amené à suggérer que la psychanalyse est intrinsèquement liée à l'idiosyncrasie des divers psychanalystes ou à l'époque où ils ont présenté leur solution. Il sera bien difficile alors de ramener la psychanalyse à une seule figure et de la garder aisément de toute proximité avec la pédagogie ou la guérison.) Je ferme la parenthèse pour laisser entendre, mais c'est peut-être déjà une position personnelle contestable, que la psychanalyse ne peut se désintéresser totalement ni d'une visée de transformation ni de la définition du chemin pour y accéder. Je conclus provisoirement ceci : quelle que soit la définition que l'on donne de la psychanalyse, il est probable qu'elle ne saurait se détacher totalement et de la pédagogie et de la médecine.

Ne serait-il pas possible cependant d'opérer ce détachement en faisant de la psychanalyse une initiation aux mystères de la vie inconsciente, c'est-à-dire au monde du rêve, du désir, du fantasme et des pulsions ? Le psychanalyste deviendrait alors une sorte de mystagogue, dont tout l'intérêt serait tourné vers l'expérience et la connaissance de réalités qu'ignorent la science objective et les humains en général. Il s'agirait de réouvrir, dans notre culture, une voie que la mort de la religion a fermée. C'est peut-être, après tout, ce dont Freud avait l'ambition lorsqu'il citait Virgile en exergue de son plus grand chef-d'œuvre : *Flectere si nequeo Superos, Acheronta movebo*. Il est vrai que la même phrase est à nouveau citée vers la fin du chapitre VII et qu'elle est explicitement référée à la voie royale du rêve qui permet la connaissance de l'inconscient et que l'on peut ainsi en réduire la portée. À moins que la connaissance de l'inconscient, sous la plume de Freud, reprenne le geste le plus ancien de l'humanité qui veut arracher à la nuit le grand secret. Vous m'accorderez de toute façon que Freud n'est pas un petit penseur érudit qui connaît ses classiques, mais un géant qui a l'audace d'affronter les puissances.

Mais peut-être faut-il aussi, pour souligner la complexité du problème qui nous est posé, revenir à l'époque où naquit la psychanalyse. Otto Marquard, dans ses *Schwierigkeiten mit der Geschichtsphilosophie*, a montré que la philosophie de l'histoire était venue remplacer la théodicée, mais que la raison, maîtresse de l'histoire, s'est reconnue, livrée à elle-même face à la nature, dans un état de faiblesse. Freud se trouverait dans la plus grande proximité avec la philosophie de Schelling par la place centrale qu'ils ont tous les deux donnée à la nature et par la solution qu'ils ont proposée pour surmonter la faiblesse de la raison et plus précisément de la conscience ; pour Schelling la solution serait l'esthétique et pour Freud la thérapeutique. Le vocabulaire de Freud, celui des deux systèmes conscient et inconscient, celui de l'inconscient comme indéterminé, sans forme, celui de l'inhibition et du refoulement, etc., est déjà présent chez

Schelling, et pour la même raison, car l'art et la médecine sont envisagés comme solution à l'impuissance de la raison et de la conscience. « Esthétique et thérapeutique et leur conjoncture, comme organe, c'est-à-dire comme symptôme d'un seul et même processus fondamental, collaborent ensemble à la valorisation philosophique du pouvoir de la nature. » Après avoir pensé que « toute force salvatrice était uniquement dans la nature », le romantisme allemand, dont Freud est l'un des aboutissements, n'a pas manqué de s'apercevoir que la nature comportait une menace. L'art du génie et l'art du soin eurent alors pour rôle de tenter de sauver de ce sauveur. Mais l'échec de l'esthétique à transformer la réalité pour venir à bout de la dangerosité de la nature a conduit les philosophes à s'intéresser à la médecine et les médecins à philosopher. Tout au long du XIXe siècle l'échange entre médecine et esthétique s'est poursuivi. D'une part la littérature est envahie par la figure du médecin et du malade, d'autre part on s'intéresse de plus en plus au rapport du génie et de la folie. La production esthétique devient un succédané de la thérapie.

Freud se retrouve avec Schelling pour affirmer comme central, le premier pour la thérapie, le second pour l'esthétique, le processus d'anamnèse. Tous deux se rencontrent encore pour produire une théorie de la sublimation à partir des pulsions inhibées de la nature.

Le même contexte culturel avait lié ensemble la pédagogie et l'esthétique. Il suffit de se souvenir du livre de Schiller, si typique de cette époque, *Ueber die aesthetische Erziehung des Menschen*. Ou encore le *Wilhelm Meister* de Goethe, ou même avant lui et qui lui a sans doute servi de modèle, le roman à succès de Moritz dont le titre est évocateur : *Anton Reiser, ein psychologischer Roman*. Tout ceci pour montrer les passages constants qui se sont établis à cette époque entre littérature, formation et psychologie.

Quel peut être pour nous l'intérêt de ces rapprochements ? S'il est vrai que la psychanalyse est née dans ce contexte culturel, elle en reste peut-être marquée et peut-être les mêmes échanges et interactions entre les diverses disciplines continuent à s'effectuer aujourd'hui. Il n'est peut-être pas si facile de marquer entre elles des frontières décisives.

Sans doute la proximité de l'esthétique ne nous gêne pas ; elle ennoblit notre domaine et nous ne voulons rien faire pour l'éloigner. Nous nous souvenons volontiers que Freud n'a jamais renié sa lecture de Goethe, que les poètes lui sont familiers, que, selon lui, ils savaient tout ce qu'il a pu avancer et qu'ils sont même allés plus loin que lui. Il a comparé les récits de cas à des nouvelles et, sous sa plume, ils en prennent l'allure.

Par contre nous sommes prêts à nous écarter de la médecine, non pas seulement à cause de son souci direct de la guérison, mais parce qu'elle ressemble de plus en plus aux sciences exactes. Pourtant, si Freud a voulu éviter que les médecins accaparent la psychanalyse, il ne les a tout de même pas exclus de sa découverte. C'est une réduction de la psychanalyse à une branche de la médecine qu'il a voulu éviter.

Il serait pourtant possible encore une fois d'adopter une position de radicale exclusion de la psychanalyse à l'égard de la pédagogie et de la médecine. Harold Bloom, le plus grand critique littéraire américain, écrivait il y a quelque temps dans le *New York Times* : « Il est possible que l'importance de Freud pour notre culture continue à grandir presque en proportion directe du déclin de la psychanalyse comme thérapie. Ses conceptions sont si somptueuses dans leur indétermination qu'elles commencent à se confondre avec notre culture et qu'elles constituent maintenant en vérité la seule mythologie occidentale que les intellectuels contemporains aient en commun. Comme cela se passe avec toute vraie mythologie, une version diffuse de la psychanalyse devient la possession commune de la plupart des gens dans la middle-class de la société occidentale, de gens qui peuvent ne pas être notoirement intellectuels, et qui sans doute ne sont pas toujours conscients du fait que la psychanalyse a été le pourvoyeur de la psychologie en laquelle ils peuvent croire sans réflexion continuelle et sans effort conscient. »

Mais, s'il en est ainsi, pourquoi les psychanalystes ne

seraient-ils pas alors les meilleurs mystagogues, c'est-à-dire les mieux placés pour introduire à cette mythologie. Une question cruciale se poserait alors : sommes-nous, comme psychanalystes, ceux qui conduisent des patients à l'adoption des mythes freudiens ou de ceux qui leur ont fait suite, les mythes kleiniens, winnicottiens, bioniens, lacaniens ; ou bien sommes-nous nous-mêmes des *myth makers*, bien plus encore sommes-nous là pour permettre à nos analysants de découvrir ou de créer leurs propres mythes, ceux qui vont donner sinon un sens, du moins une assise à leur existence ? Si le mot thérapeute vient du grec *thérapeutès*, qui signifie celui qui prend soin, mais aussi serviteur d'un dieu, il y a un autre mot très proche quant au sens : *thérapôn*, qui veut dire aussi celui qui prend soin et serviteur ; mais dans les hymnes homériques il est le serviteur des Muses et dans Pindare le serviteur des dieux. Si nous ne voulons pas nous considérer comme des thérapeutes, peut-être accepterons-nous d'être nommés *thérapônes*, ceux qui écoutent ce qui leur vient de plus loin ou de plus haut ?

Il doit y avoir un lien entre le thérapeute et le thérapant. Entendre les muses ou les dieux, au cours d'une analyse, n'est-ce pas se préparer à ce qui pourrait être considéré comme l'envers de l'invention d'un mythe : rien de moins que la création ou la recréation d'une existence humaine. Le psychanalyste ne serait plus seulement un mystagogue, mais un démiurge, à moins qu'il ne doive rejoindre à sa manière la cohorte de ceux dont il a été dit qu'ils font un métier impossible. Mais ce serait probablement encore exactement la même chose.

L'adage cité par Freud comportait d'abord trois termes : gouverner, éduquer, guérir. Le dernier fut remplacé plus tard par « psychanalyser ». Nous sommes donc ici au cœur de la question posée par ce colloque. Je l'évoquerais de la façon suivante : qu'y a-t-il de commun entre ces trois ou quatre termes ? En quoi psychanalyser a-t-il à voir avec gouverner, éduquer ou guérir ? De quel point de vue est-il possible de les rapprocher ? Quel peut bien être la justification ultime de leur projet ?

À une extrémité de Brasilia, on peut lire cette phrase de

Kubitscheck sur le monument dédié à sa mémoire : « Tout se transforme en aurore dans cette cité qui s'ouvre pour demain. » L'aurore qui s'ouvre pour demain s'enlève de la nuit, c'est-à-dire du sort jeté, de la condamnation péremptoire, du discrédit mérité, des résultats chiffrables, du diagnostic certain. Gouverner, mais également éduquer et guérir, implique de ne pas être obnubilé par le plus patent, le manifestement visible, l'inévitable, mais de pouvoir soupçonner et imaginer un possible qui, jusque-là et pour d'autres, quelquefois pour tous, n'avait que le visage de l'impossible. Un regard qui n'en reste pas aux constats tant de fois établis et vérifiés concernant un peuple, un enfant, un patient, mais qui perçoit, à côté ou en dessous, d'autres traits presque totalement effacés, d'autres éléments enfouis, une autre histoire, d'autres forces jugulées. C'est à partir de ces points d'ancrage que le travail d'imagination va pouvoir s'accomplir, qu'un remodelage de la vision d'ensemble sera opéré et que, ainsi, l'inimaginable et l'impossible, imperturbablement déduits des évidences, feront place à l'imaginable et au possible, parce que quelque chose de neuf aura été imaginé comme pouvant devenir réel.

« L'imagination au pouvoir », a-t-on lancé. C'est bien de cela, en effet, qu'il s'agit. Mais le politique, l'éducateur, l'analyste qui changent la nécessité en histoire n'ont rien de commun avec le démagogue qui veut faire croire que tout est possible et que tout le monde peut tout faire. Le démagogue est celui qui jette sur la réalité un voile d'illusion pour éviter qu'elle soit regardée dans sa crudité et sa complexité. Ou bien c'est un prétentieux qui, dans sa fonction, s'identifie à la toute-puissance infantile. De cet évitement rien d'autre ne peut sortir qu'une répétition plus lourde et plus meurtrière. Séduire un auditoire par l'évocation de La Psychanalyse comme moyen de présider un jour à la transformation du lien social ou se confier sans discernement au tout dire, pour tous et à n'importe qui, comme clef universelle de la névrose, cela endort dans l'attente fumeuse d'un avenir qui n'est pas effectué. On ne saurait confondre le travail d'imagination toujours précis, limité, hasardé, avec la mise en place d'un rêve vague ou d'un programme erroné, qui peuvent enthousiasmer un jour, mais qui à la fin débilitent au lieu de susciter.

De même, l'imaginable et le possible ne peuvent jamais sortir ni d'une idéologie politique, ni d'une pédagogie préétablie, ni des livres de psychanalyse. De tout cela jamais un ensemble de règles ne pourra être tiré en vue d'une invention. Il s'agit d'un secret pour celui-là même qui en est le théâtre. Les corpus de doctrines ont le même effet que la démagogie, lorsqu'on veut les utiliser et les mettre en pratique : au lieu de produire la possibilité d'un futur, elles engendrent les régressions corporatistes ou partisanes, la marginalisation définitive par rapport à l'école, les délires ou les suicides des analysants. La raison en est simple : au lieu de dégager de sa gangue la singularité de ce peuple, de cet élève, de ce patient, ce qui serait le but de l'opération, soit on les fait baigner dans une généralité de bons sentiments et de bonnes intentions, soit on les contraint à se soumettre à des schémas tout faits qui n'épousent pas la réalité.

Il ne s'agit pas de rêver ou de promettre n'importe quoi, pas davantage de faire une vague confiance généreuse à l'autre ou de se laisser emporter par la première inspiration venue. Il s'agit de s'enfoncer en un long débat avec le peuple, l'élève, le patient, de parcourir les souterrains obscurs, d'affronter les violences, de se laisser pénétrer par les poids et les peines, sans pouvoir être sûr d'aboutir, c'est-à-dire de voir jaillir une construction nouvelle, une imagination imprévue, un chemin viable.

Si l'imagination est identiquement force de l'imagination *(Einbildungskraft)*, c'est qu'elle naît du cheminement parmi les forces méconnues, de l'abandon parmi elles et à leur contact de toute supériorité facile ou encore de la perte d'un savoir énervé, contraint de descendre dans ses fondations. L'imagination et sa force sortent des parcours de la nuit, de la communication devenue impossible au sein de la plus extrême proximité, des voies empruntées par le rêve pour apprivoiser la violence du sexe et de la mort. C'est sous la terre des évidences qu'elle vient puiser ses énergies, dans l'effondrement quotidien des preuves et des assurances passées. Jacqueline Picasso raconte que chaque matin le peintre, son mari d'alors, se réveillait dans la conviction que jamais plus il ne peindrait, puis, ayant parcouru son désespoir durant des heures, il était repris chaque soir de la frénésie de peindre. Une dernière fois. Comment savoir si le possible reviendra ? Lorsque la force vient à l'imagination, c'est par surprise, alors qu'on ne l'attendait plus. Et si cette force peut être transmise, si elle peut être pour l'autre l'origine d'une image inouïe et d'un nouvel ordre, c'est tout simplement qu'elle revient d'où elle avait été puisée, dans la relation avec cet autre où l'on s'était perdu, le çà, la foule, l'enfant ou le patient.

Souligner que l'invention est au cœur de la tâche du pédagogue et du guérisseur, comme elle l'est de l'analyste, parce qu'ils sont les serviteurs des Muses et des dieux, cela ne veut pas dire que ces fonctions soient identiques. La différence est d'abord que l'on peut pratiquer de façon convenable l'éducation (parce que la part d'enseignement y est considérable) ou la médecine (parce que l'application des connaissances y est décisive), mais que, sans l'invention, on ne peut pas être psychanalyste. On peut tenir ce rôle sans doute, mais rien de ce qui fait la psychanalyse ne s'y passera. De ces différents métiers, c'est donc la psychanalyse qui permet et qui oblige à dégager et à isoler le facteur déterminant. Un éducateur peut passionner et éveiller, sans avoir jamais à se poser la question du ressort de son action. Il transmet alors tout simplement, sans le dire et sans le savoir, la passion et l'éveil dont il est habité. On peut être également un médecin qui transmet les moyens et la force de lutter contre la maladie, sans avoir nullement besoin de s'interroger sur cette force. Une telle ignorance du facteur déterminant est impossible en psychanalyse, parce que tout le travail analytique repose sur lui, consiste en lui, parce qu'il n'y a pas de matière visible sur laquelle prendre appui, parce que la lumière de la conscience s'est éteinte, parce que l'opération a lieu dans la nuit de la non-intentionnalité et de la non-volonté.

Où réside la différence entre pédagogie et psychanalyse ? Il n'est pas nécessaire de la voir dans les fins visées. Évidemment on peut restreindre le but de la pédagogie à l'acquisition de connaissances ou à la formation d'un individu conformément aux standards moyens acceptés par une société déterminée. Il est alors possible d'opposer à cette définition, celle d'une psychanalyse soucieuse de faire accéder le patient à son désir, sa vérité, sa libération. Mais il n'est pas sûr qu'il soit nécessaire de réduire la portée d'une tâche voisine pour rehausser la sienne propre. Supposons plutôt que le pédagogue avisé puisse rendre à ses élèves les mêmes services qu'un thérapeute. Il est certain que des professeurs ont évité à des adolescents, par leur manière d'enseigner, de tomber dans les mains des psychologues. Et sans doute si la fonction d'enseignant était moins dévaluée dans notre société, on aurait moins besoin de recourir aux thérapeutes dans les institutions scolaires.

Supposons donc que le pédagogue vise la même invention que le psychanalyste. C'est sur les moyens utilisés qu'ils se sépareraient. Le psychanalyste va tenter d'y atteindre par la levée des refoulements, par la mise à l'écart des résistances, par l'émergence des fantasmes ou des pulsions, c'est-à-dire finalement par la mise à disposition de l'individu des forces qui vont lui permettre de vivre plus intensément. Si le pédagogue, dans le meilleur des cas, a les mêmes visées, contrairement au psychanalyste, il ne va pas s'attarder aux sentiments ou pensées de l'individu dont il a la charge, il agira par l'intermédiaire d'un travail manifeste qui devra être effectué, à savoir l'apprentissage d'une discipline précise. Il ne fera pas porter l'attention de l'élève sur ses résistances ou ses fantasmes, il agira sur eux ou les mettra à l'épreuve, mais sans nullement s'en préoccuper.

Et cependant, les choses sont peut-être encore plus compliquées. D'une certaine façon le psychanalyste lui aussi agit indirectement. Ce qui compte pour lui, c'est de réussir à rendre la parole à la liberté la plus grande. Il n'a pas souvent intérêt à attirer l'attention du patient sur ses résistances, ses refoulements, ses fantasmes ou ses pulsions. L'effet, c'est bien connu, serait contraire au but visé. La parole serait par là inhibée et non facilitée. Ce n'est pas seulement à l'égard des psychotiques que l'utilisation d'un médium s'impose. On sait par exemple que Winnicott a utilisé le dessin, tout autant que la parole, pour mener à bien ses cures. N'était-il pas alors dans la plus grande proximité avec ce que peut réussir de mieux la pédagogie ?

Peut-être que ce qui, par rapport à la pédagogie, différencie la psychanalyse, c'est que par cette dernière, on n'apprend rien. Lorsque Lacan définissait l'interprétation comme énigme et répétition, n'était-il pas en train de suggérer que, si une interprétation peut avoir un effet, c'est qu'elle provoque chez l'analysant non pas du tout une connaissance et une clarification, mais bien plutôt un état de confusion duquel il va sortir en mettant en œuvre des forces qu'il ignorait et qu'il devait ignorer, pour que ce soit encore des forces efficientes ? S'il est de règle en psychanalyse que l'intelligence vient ou croit venir après coup, c'est qu'elle ne pouvait ni précéder ni même accompagner l'action.

La question que je voudrais poser pour terminer est la suivante : ne sommes-nous pas obligés de distinguer soigneusement en psychanalyse le versant connaissance et le versant efficacité ? En d'autres termes, ces versants de la psychanalyse sont-ils compatibles et n'entrent-ils pas fatalement en conflit ? Quand, à la fin d'une psychanalyse, un patient s'interroge sur les découvertes qu'il a pu faire, il est possible qu'il ait beaucoup de choses à dire. Mais, s'il s'interroge sur les modifications qui se sont opérées dans son existence, il se pourrait qu'il soit beaucoup moins disert. Il n'est pas rare qu'il ne puisse finalement rien dire de ce qui est arrivé et comment ou pourquoi des changements ont eu lieu. Je pense même que l'on pourrait dire en général que toute transformation véritable s'effectue à l'insu du patient, sinon ce n'est pas une modification sérieuse. Cela signifie que l'efficacité en psychanalyse est indépendante de la connaissance. L'efficacité ne peut avoir lieu que si l'on a réussi à proposer un détour qui mobilise les forces susceptibles de conduire l'analysant vers un plus d'agir, de plaisir et d'invention.

La connaissance qui s'ensuit n'est probablement pas de l'ordre de l'intelligence rationnelle. J'ai suggéré plus tôt que le renouvellement d'une existence était l'autre face du mythe. C'est dans ce registre sans doute qu'il faudrait inscrire le discours analytique. Quand on cherche à soumettre les écrits des plus grands psychanalystes, et ceux de Freud d'abord, à l'épreuve d'une critique rationnelle, ils apparaissent au mieux remplis de contradictions insurmontables. Mais ceci n'est pas gênant si l'on attend d'eux, plutôt qu'une explication, l'évocation ou la figuration des puissances qui gouvernent nos existences, et si ces évocations ou figurations réussissent quelque peu à mettre en mouvement les enfers.

J'ai essayé de brouiller autant que j'ai pu les cartes qui m'avaient été données. Ce n'était qu'un jeu sans doute. Mais pensez-vous qu'il soit possible de faire autre chose que jouer ? La politique est un jeu, sans doute parfois dérisoire, la pédagogie est un jeu, que les enseignants ne trouvent pas toujours drôle, la guérison n'est que l'accès à la possibilité de jouer son existence, pour que le destin un moment soit ébranlé dans sa nécessité. Pourquoi la psychanalyse ne serait-elle pas un jeu qui nous garderait de tomber dans l'ennui ? Nous pourrions inventer pour chacun des tours et des détours qui le déconcertent et le déconcentrent de ses symptômes et si, par chance, il nous arrivait d'être habité par quelque musique, le *thérapône* en nous serait autorisé à rejoindre les rhapsodes et à raconter quelque belle histoire.

Transmettre l'angoisse*

Parler de transmission au sujet de la psychanalyse oblige à poser une série de questions élémentaires, ce qui signifie des questions redoutables et probablement sans véritable solution. On devra se demander entre autres : qu'est-ce qui est à transmettre, comment le transmettre, et ensuite : est-ce qu'il est possible de le transmettre et même : est-il légitime de le transmettre ?

Par exemple, si l'on cherche à répondre à la première question : « qu'est-ce que transmet la psychanalyse ? », on pourra imaginer des réponses très variées. Si l'on voit dans la psychanalyse d'abord une expérience, on devra essayer de décrire la spécificité de cette expérience et l'on s'efforcera par exemple de caractériser cette expérience comme étant celle de l'inconscient. Il faudra dire alors ce que l'on entend par ce mot.

Mais il pourra être légitime, à l'autre extrême, de penser que la psychanalyse est une science. Un certain nombre de psychanalystes aujourd'hui en France ne redoutent pas une telle affirmation. Il sera nécessaire de préciser alors ce que l'on entend par science dans ce cas précis. Très vite probablement on sera amené à décrire cette science comme celle de l'inconscient et on insistera sur les mécanismes que l'on suppose être ceux de cet inconscient. Que l'on prenne l'analyse d'abord comme une expérience ou d'abord comme

---

* Conférence donnée au Collège de Psychanalystes en juin 1987. Paru dans *Psychanalystes*, n° 25, octobre 1987.

une science, on sera donc conduit, me semble-t-il, à se poser la question suivante : qu'est-ce donc que cet inconscient dont on veut transmettre soit l'expérience soit la connaissance ?

Essayons donc de répondre une fois de plus à cette question.

Si l'on se réfère au corpus freudien, on voit se dessiner deux sens très différents du terme inconscient. Il se définit d'abord, comme on l'a fait bien avant la psychanalyse et depuis, à partir de la mémoire. Ce que nous avons en mémoire n'est pas actuellement conscient, cela est donc en ce sens inconscient. Certes on ne peut passer sous silence la distinction faite par Freud entre des souvenirs qui sont comme déjà à la disposition de la conscience et qui forment le préconscient, et des souvenirs qui échappent totalement à la conscience dans les conditions ordinaires de la remémoration et qui forment l'inconscient proprement dit. C'est de cet inconscient-là dont je parle dans son rapport à la mémoire. Mais, en second lieu, l'inconscient se définit aussi chez Freud de façon dynamique, dans son rapport aux pulsions et aux affects.

Freud aurait bien voulu que l'expérience analytique se borne à la prise de conscience sous la forme de la remémoration. Mais il a été de plus en plus contraint de constater que le patient en analyse avait bien souvent tendance non pas à se remémorer, mais à répéter. Le devenir-conscient prenait alors la forme inévitable de la décharge d'un quantum pulsionnel expérimenté dans un affect. Ainsi donc la cure analytique pourrait être dite se dérouler uniquement sur le mode de la remémoration à une condition, à savoir que l'inconscient ne se définisse que sous la forme de la mémoire, fût-ce la mémoire des traces perceptives les plus anciennes ; c'est-à-dire à la condition que l'inconscient ne soit formé que de l'oubli ou du refoulement de perceptions qui ont été autrefois conscientes ou préconscientes.

Si la cure ne peut se borner à la remémoration, c'est que l'inconscient au second sens, dynamique, d'un refoulé primaire pulsionnel, qui n'a jamais été refoulé, parce qu'il n'a jamais été conscient, parce que la pulsion est par définition inaccessible à un quelconque savoir, parce qu'elle ne peut être perçue que sous la forme de l'affect, c'est-à-dire du sentir.

Une confusion, me semble-t-il, parcourt nos dires sur l'expérience analytique, faute de cette distinction élémentaire. Lorsque par exemple nous parlons d'un savoir qui ne se sait pas, nous faisons comme si les deux définitions de l'inconscient n'en faisaient qu'une seule. En réalité sous cette expression se glissent deux sens véritablement opposés l'un à l'autre. Dire que l'inconscient-mémoire est un savoir qui ne se sait pas, cela signifie que, dans des conditions favorables, spontanées ou provoquées, ce savoir qui ne se sait pas pourrait se savoir. Mais dire que l'inconscient-pulsion est un savoir qui ne se sait pas, cela devrait signifier que ce savoir n'aura jamais lieu, c'est-à-dire que ce savoir n'existe pas et que le terme de savoir crée en l'occurrence une illusion ; à moins que l'on veuille maintenir, de manière plus que métaphorique, que le sentir de la décharge de l'affect engendre une connaissance. Car il faudrait alors attribuer aux animaux un savoir.

En maintenant l'ambiguïté du terme d'inconscient, en ne la faisant pas apparaître, on laisse ouverte la porte à la constitution de la psychanalyse comme science, et on introduit par là une possibilité de sa transmission. Mais en réalité on aura simplement engendré une confusion qui aura des conséquences fatales tant au niveau de la théorie qu'à celui de la pratique.

Si l'inconscient se réduisait à l'inconscient-mémoire, d'une part, Freud n'aurait rien apporté de neuf dans le champ de la culture et, d'autre part, le problème de la transmission ne se poserait pas.

Par contre, l'inconscient-pulsion fait problème à la transmission, parce qu'il n'est nullement de l'ordre de la conscience et que le terme d'inconscient ne lui convient pas. En effet, il ne se définit pas, contrairement à ce qui a lieu pour la mémoire, par le rapport à la conscience. Cet inconscient, si l'on veut garder le mot, se transmet comme on transmet la vie, ce qui pose de tout autres problèmes.

Peut-on faire un pas de plus dans cette direction ? La

pulsion, comme l'écrivait Maurice Dayan dans un article récent paru dans *Études freudiennes*, est liée au corps vivant. Elle relève du psychique, entendu au sens aristotélicien, repris par les penseurs médiévaux et par les philosophes allemands, c'est-à-dire entendu comme l'âme qui anime le corps vivant. Si l'on suit cette tradition, le psychique n'a pas à se définir par rapport à la conscience, il est de l'ordre du vivant et c'est dans cet ordre qu'il faudrait penser le plus difficile de la transmission de la psychanalyse. Freud, qui suivait avec les savants de son temps la tradition cartésienne, pour qui toute pensée est consciente ou n'est pas, s'était vu contraint d'affirmer pour rendre compte de son objet : le psychisme n'est pas seulement conscient, mais inconscient. En réalité les philosophes de l'autre tradition n'avaient jamais rien dit de tel. Pour eux le problème est inverse. Ce qui leur ferait problème, ce serait plutôt de devoir penser un psychisme conscient, car la psyché qui anime le corps vivant ne saurait de nulle façon être de l'ordre de la conscience. Si l'on suit cette voie, on pourrait donc ne plus parler d'une opposition entre conscient et inconscient, mais entre le psychique qui anime le corps vivant et la conscience qui inclut par définition l'inconscient. Si vous le permettez, c'est dans ce sens que j'utiliserai désormais les mots psychique et conscience.

À quoi peut bien servir cette modification de vocabulaire ? Elle nous rendrait d'une certaine façon la tâche difficile, parce qu'elle nous interdirait de passer subrepticement d'un sens à l'autre du mot inconscient et de croire que nous avons résolu tel problème crucial de la psychanalyse, alors que nous n'avons fait que jouer sur les mots. Cette modification nous permettrait par ailleurs, me semble-t-il, de décrire de façon différente le phénomène du transfert et de redécouvrir, en deçà de l'intellectualisation toujours si prégnante en psychanalyse, ce qui, dans nos relations, relève de l'animalité, c'est-à-dire de tout ce qui se rapporte à l'immédiateté à l'intérieur du corps vivant et entre les corps vivants.

Par exemple il deviendrait clair que la transmission de la psychanalyse doit se faire selon deux modes tout différents : celui qui concerne le psychique et celui qui concerne la conscience. Je ne veux pas décrire ces deux modes comme séparés, ce qui nous entraînerait à fournir de beaucoup trop longues explications préalables ; je vais plutôt essayer de m'attarder à ce qui constitue la charnière entre ces deux domaines, à savoir l'angoisse.

Vous savez que Freud a beaucoup écrit sur l'angoisse et la conception qu'il en a eue a subi avec le temps des transformations considérables. Dès 1895, il sépare « de la neurasthénie un certain complexe symptomatique sous le nom de névrose d'angoisse ». L'angoisse est alors pour lui l'expression d'un excès de libido qui ne peut être dérivé, c'est-à-dire qui ne peut pas être transformé par un passage à travers des représentations. Elle est donc l'expression ressentie du pur psychique. Freud oscille entre deux positions. D'une part il explique que l'affect d'angoisse « n'est pas réductible plus avant, de même qu'il n'est pas non plus attaqué par la psychothérapie », c'est-à-dire que l'on ne peut pas en guérir, parce qu'il résiste à toute substitution dans le monde de la représentation ; d'autre part il admet que les phobies et la névrose obsessionnelle sont des réactions de protection à la névrose d'angoisse.

Dans son *Introduction à la psychanalyse*, il s'en tient à peu près à la même conception. L'état d'angoisse est un état primaire, qui relève d'un excès de libido n'ayant pu être transformé. Mais l'angoisse ne se manifeste pas comme telle lorsqu'elle est remplacée par des symptômes. « L'angoisse constitue la monnaie courante contre laquelle sont échangées ou peuvent être échangées toutes les excitations affectives, lorsque leur contenu a été éliminé de la représentation et a subi un refoulement. »

L'angoisse est donc l'expression du psychique à l'état pur dans sa relation à la conscience. Parce que la conscience veut maîtriser la psyché qui anime le corps vivant, cette psyché ne peut plus fonctionner pour elle-même, elle est appelée à entrer dans un domaine qui n'est plus le sien et elle se fait sentir sous la forme pure d'un dynamisme incontrôlé ou de forces désenchaînées sans but et sans direction. Forces de vie, donc en particulier forces sexuelles, qui ont perdu leur raison, qui sont comme folles lorsqu'elles accèdent dans le champ de la conscience. Elles viennent donc perturber le fonctionnement de cette dernière et produisent ainsi des dysfonctionnements qui sont autant de symptômes. Mais ces forces ne sont pas à confondre avec les symptômes ; dans leur essence elles sont inassimilables, inconnaissables par la conscience, elles ne sauraient donc être soumises à un traitement qui a son point de départ dans la conscience.

On peut certes entreprendre une psychothérapie des symptômes. Mais il est facile de comprendre que cette psychothérapie ne pourra aboutir que si l'on reconduit ces symptômes à leur origine, c'est-à-dire à l'angoisse dont ils sont sortis. Les symptômes ne sont que des restes solidifiés du passage du psychique dans la conscience sous la forme de l'angoisse. La conscience a retiré à l'angoisse une part de sa force, mais par là elle l'a coupée de sa source. Le symptôme devient alors dans le champ de la conscience un résidu partiel et sans vie. En le rapportant à l'angoisse, la psychothérapie lui fait perdre son isolement, lui redonne la vie, mais le perd pour son usage direct ; elle en perd la maîtrise et ses profits. C'est la vie qui reprend ses droits et ses exigences.

Transmettre l'angoisse, cela signifie donc en un premier sens transmettre la vie que les symptômes ont détruite en la fractionnant. L'angoisse est ainsi le passage nécessaire pour retourner à la psyché qui anime le corps vivant. Mais peut-on, à proprement parler, transmettre l'angoisse ?

Pour cela il faut se demander comment s'opère chez l'analysant la réapparition de l'angoisse qui avait été évitée auparavant par la production des symptômes et ce que cela suppose du côté de l'analyste. Ce qui importe ce n'est pas tellement que le symptôme parle et que l'on puisse, connaissant son dialecte, interpréter ce qu'il dit ; c'est bien plutôt d'apprendre les tours et détours qui permettront au symptôme de revenir à la totalité de la psyché, c'est-à-dire de le replacer dans la circulation générale de la vie du psychique, de le sortir du cadre étroit où il s'est enkysté dans la conscience pour le remettre à la disposition du psychique. Mais cette opération ne peut avoir lieu si le psychanalyste n'y participe pas, s'il ne connaît pas l'angoisse où ses propres certitudes et ses connaissances s'obscurcissent pour laisser place à la circulation de tous les possibles. C'est sans doute à une expérience élémentaire de ce genre à laquelle Freud se référait lorsqu'il conseillait de tout oublier pour pouvoir entendre un patient ; ou encore lorsqu'il expliquait que l'inconscient du patient devait communiquer avec l'inconscient du psychanalyste pour que ce dernier puisse formuler de quoi il était question. Ces différents passages ne se font jamais sans angoisse ; c'est elle qui est le creuset de la communication analytique et donc de la transmission et de l'élaboration de l'expérience. Le renouvellement de l'expérience passe par l'angoisse, parce que celle-ci est le défilé obligé du retour à la totalité vivante du psychique. « L'angoisse est toujours présente, écrit Kierkegaard, comme possibilité de l'état nouveau. »

Transmettre l'angoisse s'ouvre donc sur un second sens. En suivant le même auteur, l'angoisse est la possibilité de la liberté, elle est la liberté en tant que possible. Qu'est-ce que l'évocation de la liberté peut bien venir faire dans le champ analytique ? C'est une question qui ne peut pas manquer de se poser dès l'abord, puisque le seul énoncé de ce mot comme préoccupation ne manquera pas de faire sourire les plus doctes d'entre vous. Selon eux la pratique de l'analyse se contente et doit se contenter, par le jeu de la libre association, de faire revenir à la conscience les événements du passé afin de les livrer à l'interprétation. Il n'est pas question de s'interroger sur les conséquences ; elles seront toujours bonnes, puisque la psychanalyse prolongée avance toujours vers le désir et la vérité. Laissons-les à leurs croyances et demandons-nous si par hasard le laisser-faire du rêve, des fantasmes et de la parole ne pouvait pas aboutir dans certains cas à une sorte de dissolution de la pensée et de l'existence. Comment ne serait-il pas possible qu'à se tourner indéfiniment et exclusivement vers le psychique, tel que je l'ai défini, la conscience, c'est-à-dire finalement l'esprit de l'homme, soit réduite en charpie ?

Ce que produit la psychanalyse et ce qui la rend précieuse, c'est le retour de la psyché à l'état du rêve. « Dans cet état, écrit Hegel, l'âme humaine (c'est-à-dire la psyché) n'est pas remplie simplement d'affections séparées, mais, plus que ce n'est le cas ordinairement dans les éparpillements de l'âme éveillée, elle atteint à un sentiment profond et puissant de sa nature individuelle totale, du cercle complet de son passé, présent et futur, et ce devenir éprouvé de la totalité individuelle de l'âme est le fondement par lequel le rêve peut venir à la parole dans la réflexion de l'âme se sentant elle-même. » C'est de cet état que surgit l'angoisse parce que cette expérience ouvre sur une possibilité sans aucune détermination. Si l'homme n'était qu'un animal, dans cet état la psyché ferait son office d'animation du corps vivant et mettrait en action les instincts. Mais, puisque la conscience reste présente et active dans cet état, elle se trouve sans objet ou, pour reprendre une expression de Kierkegaard, devant un objet qui est le rien, c'est-à-dire la pure possibilité. Et cette pure possibilité sans objet n'est rien d'autre que l'angoisse ; elle est la liberté en tant que possible. « La possibilité de la liberté ne consiste pas à pouvoir choisir le bien ou le mal. La possibilité consiste à pouvoir. » Elle est puissance.

Alors que le symptôme devait être ramené à la psyché par l'intermédiaire de l'angoisse, la liberté est pour la psyché la possibilité de sortir de son rêve et de son innocence pour entrer dans le monde des objets et des tâches. L'angoisse marque le moment où le psychique qui détermine l'individu se pose comme individu et donc comme séparé. De soi le psychique — ce que Freud disait de l'inconscient — ignore la contradiction, la temporalité et la spatialité, et donc la distinction entre intérieur et extérieur. Il est en relation immédiate avec tout et, bien qu'il soit particulier, il ne pose rien d'individuel ni de distinct. C'est lorsque, sous la pression de la conscience, le psychique est obligé de se définir que l'angoisse apparaît. Elle n'est rien d'autre alors que l'angoisse de la séparation, angoisse de l'individu qui n'est plus porté par l'instinct, ni par la mère qui le porte, ni par le génie qui l'inspire comme dans un rêve.

Cette séparation du psychique se posant comme extérieur à lui-même se change dans l'instant en culpabilité. Dans l'angoisse où l'individu s'expérimente comme possibilité de la liberté gît la culpabilité irrémédiable d'avoir manqué à la vie, d'avoir quitté, ne fût-ce qu'en sa frontière, le domaine psychique de la communication immédiate, de l'absence d'extraposition et de succession, d'une clairvoyance aussi dénuée de limite qu'elle demeure innocente.

La psychanalyse rencontre la culpabilité à tous les carrefours de sa pratique ; mais elle ne pourra rien y comprendre et rien en faire tant qu'elle ne l'aura pas mis en rapport avec l'angoisse comme possibilité de la liberté, c'est-à-dire tant qu'elle ne l'aura pas tournée du passé où elle s'enlise vers la possibilité absolue d'un futur, ressenti dans l'angoisse de la séparation, comme pure possibilité.

Transmettre l'angoisse signifie donc, en un second sens, transmettre la possibilité de la liberté. Cela implique comme condition que le psychanalyste d'une part ne soit pas pris dans l'immédiateté de la relation et d'autre part ne se limite pas à susciter l'évocation du passé. La technique psychanalytique explicite n'a le plus souvent d'autre souci que la remémoration et l'interprétation de celle-ci ; un tel souci est supposé produire automatiquement un certain nombre de transformations et de restructurations. Mais il ne saurait y avoir, du côté du patient, de transformations et de restructurations, si, du côté de l'analyste, l'angoisse n'est pas portée vers le futur et si cette angoisse n'est pas le lieu où s'inventent les moyens d'un appel et d'une provocation à sortir le psychique du repos de son rêve. N'est-il pas possible de penser que, s'il arrive que nous ne sachions pas quoi faire de l'angoisse du patient ou de notre propre angoisse, c'est que l'idéologie analytique dominante ne nous fournit aucune indication pour imaginer, penser et réaliser un futur ? On peut même dire qu'elle nous pousse exactement en sens contraire.

Si l'angoisse crée une séparation ou si elle est le résultat de la séparation qui forme l'individu, elle peut être aussi à nouveau l'occasion pour la psyché de se concentrer sur elle-même. L'angoisse montre à la conscience que la psyché recèle un fonctionnement autonome et assuré. Elle est comme une enveloppe qui ferme la psyché sur elle-même, qui la sépare de la conscience et surtout de toute autre conscience qui la placerait hors d'elle-même. En chacun de nous demeure un fonds de psychose le maintenant dans une relation à l'autre qui l'aliène et qui est capable d'entrer et de sortir de lui pour le manipuler à sa guise. C'est à cela que l'angoisse peut mettre fin, angoisse de la séparation, mais ressentie sur le versant de la liberté, c'est-à-dire de la pure possibilité, du pur pouvoir, de la puissance.

Un transfert qui ne prend pas fin, qui du transfert à l'analyste se change en transfert au contrôleur, puis en transfert sur l'institution analytique ou sur une figure de maître incontesté, ce transfert qui ne prend pas fin reflète notre difficulté à nous délivrer de cet arrière-plan de psychose, par quoi nous nous interdisons d'accéder au commencement de la liberté, fuyant ainsi l'horreur de la séparation qui signerait notre solitude. Tant que demeure le transfert nous sommes tendus vers l'autre tout-puissant auquel nous demandons la reconnaissance. Mais, avec l'angoisse qui est puissance, une fermeture est opérée. Ni l'analysant n'a encore besoin de parler, de se dire, de se confier, de se faire soutenir, ni l'analyste n'a besoin de se guérir de son incertitude d'exister en poursuivant l'analyse. L'angoisse de la solitude va devenir possibilité de communication.

Elle est, en effet, ce lieu de passage obligé, passage toujours à refaire, qui ferme la psyché sur elle-même et lui évite la mégalomanie. Elle protège la psyché des intrusions aliénantes parce qu'elle est la frontière qui maintient la différence et donc l'altérité. Elle écarte l'expansion narcissique infinie parce qu'elle est, pour reprendre un mot de Freud, attente anxieuse, c'est-à-dire qu'elle est tournée vers la présence des objets et des autres. À partir du sentir de son pouvoir une angoisse douce est venue concentrer le psychisme sur lui-même et l'ouvrir au monde extérieur grâce à la conscience qui peut alors reprendre ses droits limités, mais nécessaires.

Transmettre l'angoisse dans son troisième sens, c'est donc transmettre la fin du transfert et la fin de l'analyse. Si l'analyse se poursuit, c'est bien pour éviter et l'angoisse comme possibilité de la liberté qui se projette vers le futur et l'angoisse de la solitude, celle où les certitudes sont toujours caduques ; si l'analyse se poursuit, c'est pour se donner l'illusion qu'une recherche indéfinie donnera enfin la solution, qu'elle pourra combiner les nécessités de l'existence avec l'irresponsabilité du fœtus dans le sein de la mère. Probablement toute l'idéologie analytique est suspendue à ce sans-fin. Le corollaire, du côté de l'analyste, de cette transmission de l'angoisse en son troisième sens sera la possibilité de mettre fin à son travail d'analyste. La condition *sine qua non* de la transmission de l'analyse, si elle est transmission de cette dernière angoisse, c'est la possibilité de cesser de la transmettre. Car avoir besoin d'être analyste suppose toujours que l'on a besoin de l'autre pour se guérir de la solitude, c'est-à-dire de la crainte de ne pas être encore suffisamment différencié pour exister comme individu distinct, ou à l'inverse de la peur de devoir affronter cette différenciation irrémédiable. Finalement transmettre la psychanalyse, c'est n'avoir ni besoin ni souci de la transmettre.

De la fin de l'analyse et de l'auto-hypnose comme guérison*

> *Je veux que mon activité soit cette inertie qui marche... L'être n'est rien de ce qui se pense être ou se conçoit. C'est la conception qui a tout perdu.*
>
> A. ARTAUD, *Œuvres*, tome XXII, p. 49.

Jung, lors d'un voyage avec Freud, lui fait le récit de son rêve de la nuit dernière, dont ils tentent de trouver ensemble la signification. Après quoi il demande à Freud de se prêter à la même expérience. Celui-ci se dérobe, prétextant que, depuis sa rupture avec Fliess, c'est-à-dire depuis la fin de ce qui a été son analyse à lui, il n'éprouve plus le besoin de se raconter. Comme Jung est en rivalité avec Freud et qu'il essaie de le placer dans une situation d'égal, il ressent ce refus avec une certaine amertume et il estime que Freud veut à tout prix s'enfermer dans le secret pour ne pas risquer de déchoir de sa place de maître. Mais n'est-il pas possible d'entendre les choses de façon fort différente ? L'attitude de Freud ne serait-elle pas capable de nous donner une indication précieuse sur la nature de la fin de l'analyse ?

Lorsque nous avons tant de fois, au cours de longues années, essayé de comprendre les tenants et aboutissants de notre histoire, ou lorsque, à travers nos rêves ou nos divers comportements symptomatiques, nous avons échafaudé

* Paru partiellement dans *Études freudiennes*, n° 30, octobre 1987.

des interprétations multiples, il nous vient la certitude que nous ne pourrons pas aller plus loin et qu'il est temps de refermer la boîte de Pandore. Comme si la psychanalyse était faite pour fatiguer le sens pour qu'à la fin il rentre se reposer dans la chose, c'est-à-dire dans le vivant que nous sommes. Mais, pour comprendre comment cette sorte de fin est possible, il nous faut revenir au commencement.

Des psychanalystes aujourd'hui répètent, sans doute en partie avec raison : il ne faut pas répondre à la demande du patient. Mais de quelle demande s'agit-il, de la demande concernant l'effacement des symptômes ou de celle concernant leur raison d'être ? S'il est évident que la psychanalyse ne traite pas directement des symptômes, comme peut et doit le faire un médecin pour des symptômes somatiques, il est non moins évident qu'elle doit tenir compte de la demande qui concerne la raison d'être de ces symptômes. Il est vrai que la première demande est explicite alors que la seconde demeure le plus souvent implicite. Ou du moins elle est souvent implicite pour le patient, qui ne sait pas bien, n'ayant pas fait d'analyse, les raisons pour lesquelles il tient à sa souffrance. Cependant dès le premier entretien un psychanalyste quelque peu averti peut aisément entendre cette demande qui ne se formule qu'entre les lignes.

Nous aurions donc bien tort de ne pas tenir compte de la demande et même de la première demande explicite, car c'est elle, si elle est quelque peu développée, qui va nous permettre de soupçonner la demande contraire qui s'exprime ainsi : ne touchez pas à ma souffrance, parce qu'elle est mon seul plaisir, mon plaisir fondamental ; je suis ce que je souffre et je ne saurais donc abandonner cette souffrance, sans cesser d'exister comme je connais que j'existe, et je n'ai à ma disposition aucun autre mode d'existence ; de cela il n'est évidemment pas question que je guérisse.

Freud a fait cette découverte élémentaire, mais décisive, dès 1892, en traitant par l'hypnose une femme qui voulait et ne pouvait allaiter son enfant. Il s'est aperçu qu'il y avait en elle ce qu'il nomme une contre-volonté et qu'elle était victime, conformément à la tendance de l'hystérie décrite par Charcot, d'une dissociation de la conscience. Il serait facile de montrer que c'est à partir de ce genre d'expérience que Freud a pu élaborer sa théorie de l'inconscient, du refoulement, du transfert, etc. En d'autres termes, c'est parce que Freud a voulu guérir qu'il a pu imaginer la fiction de l'appareil psychique, c'est parce qu'il a rencontré des difficultés dans ses tentatives de guérir qu'il a dû inventer d'autres procédures que celles proposées de son temps par les hypnotiseurs. Mais il a continué à s'avancer dans la même direction.

Comment, en effet, pouvons-nous encore aujourd'hui comme psychanalystes guérir du refus de guérir, ou pour reprendre les expressions que j'utilisais tout à l'heure, comment détacher quelqu'un de son mode propre de souffrir, de son mode de souffrir qui est son propre, car c'est bien à cela, en effet, que nous avons affaire ? La réponse à cette question est simple et n'a pas varié, je ne dis pas depuis les premiers commencements du travail de Freud, mais probablement depuis Mesmer et depuis des siècles avant lui : on guérit du refus de guérir, par l'hypnose.

Je comprends de moins en moins pourquoi les psychanalystes poussent des cris d'orfraie lorsque ce mot est prononcé, pourquoi ils se bardent de défenses dérisoires et répètent tous en chœur les mêmes formules de conjuration lorsqu'il s'agit tout simplement de comprendre un peu mieux ce que nous faisons et, pour cela, de le rattacher à une tradition très ancienne. Car l'hypnose est quelque chose d'élémentaire et de quotidien qui peut se définir tout simplement comme un alliage de distraction et d'attention.

Il y a bien sûr, à un extrême, l'hypnose spectaculaire où quelqu'un, par exemple, est endormi pendant qu'il est soumis sans souffrir à une opération chirurgicale ; à l'autre extrême il y a l'hypnose collective grâce à laquelle un chef ou un sauveur peut tout obtenir de la foule. Mais entre les deux il existe des phénomènes d'attention intense qui nous distraient de tout l'environnement ou, à l'inverse, des phénomènes de distraction nous permettant de sentir et de percevoir des faits de toute nature qui échappent à la plus parfaite concentration d'esprit, c'est-à-dire nous permettant d'y être attentifs. Distraction et attention sont donc deux phénomènes qui s'échangent l'un l'autre en permanence. Nous pouvons dire que nous sommes sous hypnose, parce que nous sommes hyper-attentifs à une seule chose, mais tout aussi bien que nous sommes sous hypnose, parce que nous tenons en sommeil une partie de nous-mêmes qui entre alors dans un système de communication qui ne relève pas de l'intelligence rationnelle.

C'est ce phénomène élémentaire que nous utilisons en psychanalyse en vue de guérir du refus de guérir. Mais ce dernier aspect est encore lointain. Il s'agit pour commencer de distraire le patient de ce qu'il est venu explicitement demander, et de faire porter son attention sur ce qu'il est venu implicitement demander et qu'il fait tout pour ne pas considérer. Soit un patient qui vient pour la première fois chez un analyste. Le patient s'assied, le psychanalyste s'assied également et attend. Cette attente (Freud utilise ce mot pour définir l'hypnose, puis l'angoisse, puis le transfert), cette attente, indéterminée quant à sa durée et à son objet, crée chez le patient une panique, un état de confusion, une angoisse qu'il ne sait comment combler. Toute son attention se porte sur l'analyste, mais cette attention ne lui est d'aucun secours, puisque l'analyste de son côté attend tout et n'importe quoi. Le patient est alors, par cette attention, distrait de tous ses repères coutumiers ; il les met en sommeil, sa parole qui visait à une communication se dérègle, car il n'est plus capable de lui donner un cours intentionnel, il déparle. Et c'est alors son angoisse qui devient le guide de sa parole, son angoisse qui est justement cette souffrance à laquelle il tient et qui est son propre.

Cette description n'a aucune prétention à l'universalité, car les choses ne se passent pas toujours ainsi. Il y a les obsessionnels qui ont préparé leur discours, il y a les hystériques qui font étalage de leur souffrance ou qui montrent qu'elle est tout à fait tolérable, il y a les pervers qui savent délirer sans perdre pied, et ainsi de suite. Mais la description précédente suggère à mon avis quelque chose que tout psychanalyste souhaite voir apparaître le plus tôt possible en analyse : une parole qui ne soit plus sous le contrôle de l'activité consciente et qui soit alors au plus près des affects constitutifs de la vie propre de l'analysant. L'hypnose a montré alors son double effet de fixation et de déliaison. Parce que l'attention de l'analysant est fixée sur l'analyste dont l'attente est indéterminée, le besoin de combler le vide de cette attente engendre la déliaison d'une parole qui cherche partout et nulle part un objet où pourrait se reposer l'angoisse.

Est-ce que l'on a obtenu par là quelque chose de la guérison du refus de guérir ? C'est plutôt le contraire qui a lieu : le refus de guérir s'étale tout entier, sous la forme de la névrose de transfert. De même que la panique de la foule ne cesse que dans la soumission au sauveur, de même l'angoisse déliée de l'analysant s'apaise dans l'attente confiante ou croyante (autre expression de Freud pour désigner l'hypnose et le transfert) de l'analyste. Qu'est-ce que cela veut dire ? Cela veut dire que l'analysant peut maintenant donner libre cours à ce refus de guérir qui est à la fois sa souffrance et son mode d'existence, plus précisément ici son mode de relation aux autres, sa manière propre de vivre la relation d'altérité.

La névrose de transfert reproduit la névrose en tant que celle-ci peut être réduite à une manière particulière, toujours la même de se situer par rapport aux autres. Par exemple telle femme n'a pu subsister devant une mère négatrice et considérée comme menaçante que dans un retrait masochique où elle se complaît dans le vide, en se vidant ou en faisant le vide. Le silence de l'analyste est alors utilisé pour retrouver cette position. Si l'analyste se montre inébranlable ou exaspéré, c'est une raison de plus pour l'analysante de se retirer dans son vide ; mais si l'analyste semble comprendre, cela est entendu comme une menace plus extrême encore, une manière de forcer le lieu vide qui est le refuge d'une existence minimale. Dans les deux cas la névrose de transfert est renforcée, l'hypnose ne joue plus son rôle contradictoire de fixation et de déliaison, ou plutôt les deux termes sont indissolublement soudés l'un à l'autre : la déliaison du vide et de l'autodestruction est sans cesse nourrie et réanimée par la fixation sur l'autre menaçant. Nous savons bien que des situations comme celles-là ne sont pas chimériques et que des analyses nombreuses s'y enlisent.

Il arrive que le caractère mortellement figé d'une telle situation soit levé par le recours à un autre analyste. Pourquoi ? Sans doute parce que, grâce au travail qui a été fait précédemment, il arrive que cet autre analyste perçoive immédiatement ce qui s'est passé et qu'il réussisse à ne pas se laisser enfermer dans le dilemme : si tu te tais, tu es un tortionnaire, si tu entends, tu es pire encore parce que tu me tortures jusque dans mon intériorité. Évidemment le recours à un autre analyste ne devrait pas être nécessaire ; il devrait être possible à tout analyste de modifier sa position de telle sorte que l'hypnose première des premiers entretiens soit rompue et que le patient soit contraint de fixer son attention sur un autre point afin que sa machine névrotique soit déréglée à nouveau. (Passage d'une hypnose à une autre.)

Par exemple, il suffit dans certains cas que le psychanalyste, parce qu'il le pense, avoue être incapable de poursuivre l'analyse, pour que tout l'édifice hypnotique s'effondre, c'est-à-dire pour que l'analysant cesse de poursuivre plus avant son attente croyante. Ou encore, autre exemple, il suffit que l'analyste se rende compte après des mois ou des années de la place exacte, très précise, très particulière où il a été mis par l'analysant, et qu'il se refuse par-devers lui à tenir cette place, pour que la névrose de transfert ne soit plus possible, c'est-à-dire pour que les deux faces soudées de l'hypnose se détachent. L'analysant est alors brutalement renvoyé à lui-même, c'est-à-dire qu'il perçoit que c'est lui, aidé de l'analyste, qui a confectionné cette scène pour pouvoir reproduire ce qui lui tient le plus à cœur, à savoir sa manière de souffrir grâce aux autres, de souffrir en permanence à l'aide d'une relation aux autres fantasmée.

Ces exemples ne font que nous indiquer quelque chose de beaucoup plus radical : la fin de la névrose de transfert ne peut avoir lieu que si l'analyste perd sa place, ne tient plus sa place, n'est plus le support de la relation type reproduite dans l'analyse par le patient. Que s'est-il passé ? Comment est-il possible que cela arrive ?

Si le psychanalyste, par son déplacement, n'est plus le support de la relation névrotique reproduite dans le transfert, l'analysant ne manquera pas d'en être angoissé. Mais, au sein de cette angoisse, il sait que le psychanalyste est encore là, qu'il est d'une certaine façon beaucoup plus présent que tout à l'heure. Il est présent, en effet, comme quelqu'un qui fait confiance, qui a reconnu en la personne de l'analysant une possibilité de se déplacer lui-même et de se défaire des liens de sa névrose. Le psychanalyste est alors dans la position d'un père ou d'une mère qui sait ne plus rien pouvoir pour son enfant, certain dans sa proximité attentive de n'avoir en aucun cas à se substituer à lui dans la prise en compte de sa destinée. Il est là présent dans le respect qui pousse l'autre à s'avancer à ses risques et périls, respect qui provoque en effet chez l'analysant la nécessité de se respecter lui-même en cessant de se sentir incapable de se mouvoir ou de se nourrir lui-même, de marcher dans sa vie et de se mettre à l'inventer. De cette vie personnelle, il est la seule origine et nul ne peut faire qu'il se prenne en charge, qu'il devienne à sa charge. La tentation de se plaindre vient d'être retirée à l'analysant, celle d'attribuer ses malheurs à ses géniteurs, à sa nourrice, à sa grand-mère ou à son petit frère. Il est désormais seul au monde face à la vie.

S'il surmonte cette épreuve, son angoisse, au lieu de le submerger, s'apaise. Car l'angoisse est toujours l'index d'une décision qui n'a pas été prise à temps et à laquelle il faut recourir maintenant. L'angoisse, ce tumulte intérieur qui naît de l'absence de repères, cette tempête des choses et des êtres qui s'entrechoquent à la vaine recherche de leur place, cet affolement devant la trop grande complexité du réel qu'il s'agit malgré tout d'affronter, cette angoisse s'évanouit comme les nuages sous la poussée du vent. La décision de porter son existence et de n'en laisser à nul autre le soin a pour effet de redistribuer les cartes dont l'analysant disposait, mais dont il refusait jusqu'alors de se servir.

Mais sur quoi peut prendre appui pour s'accomplir cette décision salvatrice ? Il faut bien qu'il y ait là une force ignorée au préalable et à laquelle maintenant il est possible de donner sa chance. C'est que l'hypnose bien comprise est entrée en jeu. Le transfert reproduisait dans la souffrance un certain type de relation et il était interdit d'abandonner cette souffrance parce qu'elle était intrinsèquement connectée avec des relations auxquelles l'analysant était habitué, bien plus des relations qui le constituaient dans la seule singularité douloureuse connue de lui. Comment peut-il changer, c'est-à-dire passer d'un type de relation à un autre où sa souffrance ne lui serait plus indispensable ? Tout simplement par le changement opéré par l'analyste qui a cessé de jouer au jeu de la relation névrotique et qui en a instauré une autre. Le psychanalyste ne s'est pas absenté, il n'a pas laissé à l'abandon son interlocuteur. Il lui a montré, après un long travail d'approche, qu'il est possible de se tenir dans la solitude et que la solitude implique d'être relié à d'autres qui se tiennent eux aussi dans leur solitude.

Mais que vient faire l'hypnose en ce jardin ? En d'autres termes, de quoi est faite cette solitude ? Et encore, où se cache cette force nouvelle et comment peut-elle venir au jour ? La concentration, qui n'est peut-être qu'un autre nom de l'hypnose, est cette descente à la source. Elle débarrasse de toutes les préoccupations, de tous le soucis et même de toutes les pensées et sentiments, elle exclut les formes particulières d'objets qui sont le lot de notre attention quotidienne, elle ne s'arrête à rien de déterminé pour effectuer une attente tous azimuts. En un mot, elle nous donne accès à la vie en tant que telle. D'un désespéré, il arrive que l'on puisse dire qu'il a tout aimé de la vie et dans la vie, mais qu'il n'aimait pas la vie. Il pouvait se divertir dans tout ce qu'offre à une jeunesse avide l'éclat des choses découvertes et s'enivrer de la vitesse de son parcours, mais il ne pouvait marquer un temps d'arrêt pour risquer de s'entendre. Aimer la vie, avant qu'elle foisonne ou en deçà de son foisonnement, nécessite un dépouillement et, en quelque sorte, une abstraction à l'égard de la totalité des figures qu'elle peut revêtir. Aimer la vie, c'est désensabler le puits de notre existence que les tourmentes du désert ont obstrué, afin que l'eau nécessaire soit de nouveau à même de couler.

L'analyste qui entre dans sa solitude pour provoquer celle de l'analysant en est venu à ce point. Il attend, c'est-à-dire qu'il est dans un état d'attention extrême, tous sens aiguisés, sans pourtant rien vouloir et rien désirer, dans un suspens prêt à quoi que ce soit qui pourrait advenir. Il est, par le fait même, au comble de la force en présence, de la force qui se présente et qui ne peut pas ne pas transmettre à l'analysant l'attraction, la séduction, l'attrait pour la même force en lui. Alors il n'y a plus de place pour un discours à la recherche d'un sens qui s'échappe par son insuffisance, qui file entre les doigts parce que, de la réalité, il ne saisit jamais que l'écume. Le besoin de se raconter s'exténue.

À la fin d'une analyse, il n'y a plus qu'un mot pour dire tout et rien, pour exprimer l'achèvement de ce qui commence, pour traduire, non pas la plénitude d'une frondaison, mais la vigueur irrépressible d'un germe : « Je suis vivant. » Car cette évidence contient en elle la possibilité de tous les renouvellements, la capacité de recevoir de la même main tout ce que les événements apporteront ensuite, le courage d'affronter les obstacles ou les adversités. Pouvoir en vérité prononcer ce simple mot suppose d'être sorti de la dispersion que suscite la diversité de nos actes quotidiens et, à l'inverse, d'avoir laissé s'accumuler au moins un instant une énergie première ; nous ne lui avons plus donné l'occasion de se dépenser. L'exercice de concentration qui a déblayé le terrain de nos soucis a produit la concentration de la force. Dans les essais d'explication, d'interprétation, de signification, nous n'avons plus le goût de consumer cette force.

Il ne s'agit plus de discourir pour tenter de donner un sens aux symptômes dévoilés par la névrose de transfert et par là de les recueillir dans le filet du rationnel. Ne plus chercher à savoir « pourquoi votre fille est muette », mais trouver comment lui donner l'audition. Pour cela, refaire l'expérience fondamentale de l'être vivant, celle qui peut le conduire, quand il est un être humain, au cœur même du principe organisateur de son existence dans le monde. Un animal, surtout s'il n'a jamais eu quelque contact avec l'homme, est toujours spontanément en accord avec son organisme et son environnement ; il est toujours immergé dans son corps et dans son milieu, toujours adapté en fonction de ses possibilités propres. Notre privilège est de nous mettre à distance de notre propre fonctionnement et donc, pour le meilleur et pour le pire, de perturber l'immédiateté de cette immersion. Nous sommes au monde à notre manière parce que nous pouvons ne pas y être. Pour guérir, il faut et il suffit de s'y enfoncer à nouveau. Que mettre fin à la névrose de transfert suppose de mettre fin à l'analyse, cela signifie que mettre fin à la névrose de transfert implique la découverte expérimentée du sens organisateur de la vie, telle que l'autorise la concentration. Ou encore, mettre fin à la névrose de transfert, c'est se retourner, c'est se détourner de l'effort de se représenter pour se tourner vers la vie en deçà de sa complexification manifeste.

L'idéal serait-il de devenir des animaux ? En aucun cas. La biologie nous apprend déjà que l'être humain, et c'est son privilège incontesté parmi les êtres doués de cerveau, ne cesse de se recomposer, car son développement se continue jusqu'à la mort. L'éthologie souligne elle aussi que les animaux sont incapables avec le temps de surmonter les handicaps et les traumatismes de leur naissance ou de leurs premiers jours. L'être humain n'est donc pas invité à revenir à une animalité bienheureuse. Il est capable de faire l'analyse de ses déficiences et de ses malformations. Disons ici qu'il est susceptible, grâce à la névrose de transfert, de se mettre sous les yeux tout ce qui ne va pas. Mais ensuite il ne doit pas poursuivre ce travail, au-delà de ce qui est nécessaire. Il lui faut prendre la direction inverse, aller, justement par la concentration, au lieu où ce pouvoir unique de redéploiement va jouer à plein son rôle et révéler ses effets.

Un homme qui a fait cette expérience disait vouloir crier à tous combien c'est simple. Pendant des mois il a exprimé l'incoercible besoin d'une angoisse hypocondriaque. Chaque fois qu'il tentait de se concentrer, cette angoisse lui suggérait des phrases assassines qui le retenaient de changer : « Cause toujours, tu sais bien que tu ne te passeras pas de moi. » Après une crise qui l'avait fait particulièrement souffrir et qui lui avait fait douter de la confiance qu'il avait mise en l'analyste, il avait décidé de se faire confiance, de passer outre ses peurs et de risquer d'affronter cette angoisse. Il lui était venu que sa vie pouvait se réduire à celle d'une plante ; il était devenu pour un moment une herbe vigoureuse, bien accrochée au sol, tout près de la fraîcheur d'un ruisseau connu de son enfance. Il avait pu alors s'approcher sans crainte de l'horreur ignorée du corps de sa mère. Ainsi, depuis ce jour où, dans la concentration, il s'était identifié à la vie la plus élémentaire, il avait abandonné son besoin d'angoisse. Étonnement que ce soit si simple, mais avec une paix et une certitude suffisantes pour n'être pas enclin à s'occuper de justifications supplémentaires.

Comment s'est-on détaché du besoin de la souffrance et qu'est-elle devenue ? On souffre, a-t-il été dit plus haut, pour préserver un mode de relation névrotique. Mais on souffre également pour se donner la sensation d'exister. Lorsque son système sensoriel, perceptif, affectif, intellectuel ne lui donne aucun souci de fonctionnement, le vivant que nous sommes est ainsi fait qu'il oublie de s'étonner d'exister et de percevoir qu'il existe. Il va demander à ses voisins de le faire souffrir ou il va se faire souffrir à leur contact afin d'esquiver la solitude qui serait l'autre moyen, mais celui-là bien plus risqué, de savoir qu'il est vivant. Mais comme cette solitude reste à l'horizon, il nous faudra repasser par la souffrance comme par une étape nécessaire. La souffrance est comme les feuilles mortes qui tombent des arbres et qui pourrissent pour se changer en terreau fertile, cette terre meuble et riche où viendront pousser les futurs. « Celui qui n'a pas souffert, que sait-il ? » Mais celui qui ne tient pas à sa souffrance fait l'expérience raffinée de la variété des modes d'existence, il accède à l'hypersensibilité de toutes les formes du vivant.

Si l'hypnose est la concentration de la vie et sur la vie, elle n'a plus rien à voir avec la fascination à laquelle on s'arrête pour la décrire. Elle est déjà, au-dedans, développement de la vie au-dehors. Elle se prolonge dans l'auto-hypnose, tant celle de l'analysant que celle de l'analyste, dont les solitudes appellent la multitude des rencontres. Fin de la névrose de transfert, parce que fin de l'analyse ; fin de l'analyse, parce que la vie est portée au rouge.

Je crois que bien souvent nous tournons en rond dans un piège. Par exemple si nous disons que la psychanalyse doit se poursuivre sans fin, nous pensons dire une évidence. Mais cette évidence va entraîner toute une série de conséquences théoriques et pratiques. Si elle doit se poursuivre sans cesse, c'est en vertu de ce postulat que nous pouvons avec de la persévérance faire passer de l'inconscient du côté du conscient, c'est-à-dire que l'inconscient pourra toujours être un peu plus parlé. *Wo es war, soll ich werden.* Mais alors il faudra en tirer un autre postulat, dont il est clair que c'est une étourderie, postulat qui s'exprime ainsi : « L'inconscient est structuré comme un langage. » C'est une étourderie car c'est tout simplement oublier la vie et le caractère dynamique de l'inconscient, c'est-à-dire la moitié de la vie psychique.

Il faudra aller encore un peu plus loin : puisque la poursuite de l'analyse est un impératif, le mieux pour y arriver est de devenir analyste. Du côté de l'analyste même visée, car il est passé déjà du côté de la représentation qui est sa grande affaire, il va donc chercher à se représenter dans et par des disciples et le mieux (je vais vite parce que tout cela est connu), le mieux sera qu'ils se rassemblent dans une même institution. On n'a d'ailleurs pas besoin de les y pousser, puisque la névrose de transfert continue à faire de l'effet. Et au cas où le transfert risquerait de s'étioler, on inventera le transfert de travail.

Je pourrais évidemment continuer longtemps dans ce sens. Il serait facile de montrer que tout cela a sa cohérence propre et découle des prémisses qui ont été posées. Si l'analyse n'a pas de limite dans le temps et dans l'espace, c'est la névrose de transfert qui tendra à tout envahir ; l'analyse ne durera pas seulement autant que la vie, elle absorbera toute la vie. Et le monde extérieur disparaîtra. On rêvera même de créer grâce à la psychanalyse un nouveau type de lien social.

Pour finir, je voudrais mentionner un article très finement rédigé dont l'interrogation centrale porte sur la raison de la place privilégiée donnée à Freud par les analystes. L'auteur de cet article pense que cela est dû au fait que l'analyste de l'analyste a transmis un reste non analysé. Ce reste se changerait en sentiment de culpabilité et, pour s'en libérer, il n'y aurait pas d'autre moyen que de s'identifier au grand maître. L'auteur nous affirme que lui-même est sorti de ce dilemme. Mais nous pouvons en douter, puisque, après avoir affirmé que l'analyse n'est pas interminable, il veut que sa terminaison soit asymptotique, c'est-à-dire qu'elle se termine à l'infini ; et il ajoute que s'il y a un reste nous devons en faire l'offrande au prophète. Allusion à une phrase de Freud qui, tout en l'interdisant, propose comme solution au sentiment inconscient de culpabilité de mettre l'analyste à la place de l'idéal du moi. Ce qui est exactement la définition de l'hypnose. Belle réussite de la psychanalyse pour les psychanalystes, puisque, en fin de parcours ils sont reconduits à l'hypnose, non pas celle avec laquelle on peut jouer, mais celle des foules qui s'aliènent au chef. Un tel aboutissement peut peut-être nous encourager à chercher une autre voie.

Dans certains cas*

Il est sans doute téméraire de ma part de prétendre parler devant vous du transfert dans la psychose. Car il est clair que votre pratique quotidienne vous amène à en savoir sur ce sujet beaucoup plus que moi. Tout ce que je puis espérer, c'est réussir à poser quelques questions à partir desquelles nous pourrons discuter.

Et tout d'abord est-il légitime de parler du traitement éventuel des psychoses, sans préciser plus avant de quoi on parle ? Vous savez déjà la difficulté de faire des diagnostics et combien dans certains cas la maladie est protéiforme. Bien plus encore vous voyez arriver dans les hôpitaux ou dans votre cabinet des gens que l'on peut éventuellement classer sous la même rubrique psychiatrique et qui sont pourtant très différents. Même s'ils présentent tous les deux, par exemple, des traits caractéristiques de la psychose, quelle distance dans le pronostic entre un garçon ou une fille de dix-sept ans et une personne chronicisée, entre un enfant gravement perturbé et un autiste.

Mais cela ne suffit pas encore pour montrer la complexité des problèmes thérapeutiques devant lesquels nous nous trouvons. Par exemple, ce n'est pas le degré moindre de gravité d'une psychose qui peut nous entraîner à formuler un pronostic favorable. Dans certains cas légers, l'impossibilité d'établir une relation interdit toute perspective de

---

* Conférence donnée au personnel soignant de l'hôpital de Maison-Blanche en octobre 1986. Paru dans *Études freudiennes*, octobre 1987.

guérison ; alors qu'à l'inverse, dans certains cas très graves l'espoir est permis parce que le médecin a pu établir avec tel malade une relation. Autre exemple, il arrive que des schizophrènes, parce qu'ils sont internés, ne se défendent pas d'entreprendre une thérapie, voire une psychanalyse ; alors que, à l'inverse, certains schizophrènes, encore socialisés, s'enferment dans une indifférence affective totale ; la raison en est qu'une thérapie effective ou éventuellement efficace risquerait de faire voler en éclats les défenses qui les maintiennent encore dans leur lieu de travail. C'est parce qu'ils restent insensibles ou, comme vous dites, indifférents, qu'ils sont susceptibles d'entretenir le minimum de rapport aux autres qui est exigé par la société. Vous voyez donc que nous sommes devant une variété infinie et que seules des analyses détaillées de nombreux cas pourraient nous apprendre quelque chose sur les critères d'une thérapie possible des psychotiques.

J'ai utilisé l'expression « dans certains cas ». Ce sont ces mots que je voudrais donner comme titre à cette conférence. Pour cette première raison que je rencontre un certain nombre de psychiatres qui sont découragés, dans le fond, parce qu'ils voudraient être capables d'améliorer l'état de tous ceux qu'ils côtoient. Pour cette seconde raison qu'à vouloir mettre toutes les psychoses dans le même sac, à vouloir les ramener toutes à la même cause sous une seule formule théorique, on finit par ne plus rien comprendre.

Commençons par parler un peu du transfert. Vous savez que le mot a d'abord été utilisé par Freud pour expliquer, dans le cas de la névrose, comment un affect qui aurait dû être lié à une représentation était séparé de celle-ci pour être transféré à une autre représentation qui n'avait pas de lien intrinsèque avec cet affect et en laquelle il ne pouvait donc plus s'exprimer. Le but de la thérapie était alors de rétablir la liaison de l'affect avec la représentation convenable.

Cette première définition du transfert a son importance. Car, lorsque Freud a découvert le transfert dans la cure analytique, il a longtemps utilisé le mot au pluriel. Il s'agissait pour lui de déceler les transferts, c'est-à-dire les traits de l'analyste utilisés par les patients pour représenter tel trait symptomatique. Freud pensait qu'il pourrait ainsi venir à bout de la névrose en la défaisant, transfert après transfert. Si j'insiste sur ce point, c'est qu'il me paraît décisif en analyse de passer du singulier au pluriel. J'y reviendrai tout à l'heure.

Plus tard, Freud a parlé du transfert au singulier pour désigner le puissant lien affectif par lequel un patient est rattaché à l'analyste. Il a dit et répété que ce lien était le moteur de la cure et que ce moteur était de même nature que celui qu'il avait vu à l'œuvre dans l'hypnose. Mais il a constaté de plus que ce lien reproduisait la névrose et qu'il était bien difficile alors de le rompre.

C'est dans ce contexte, me semble-t-il, que l'on peut comprendre son affirmation sur l'incapacité des psychotiques à transférer. Il y a sans aucun doute plusieurs explications possibles de cette prise de position théorique. Je n'en retiendrai qu'une seule : les psychotiques sont incapables de transfert, parce que le transfert qu'ils font sur le médecin ou le psychanalyste n'est pas maniable. Et il n'est pas maniable parce qu'il ne respecte pas la structure proprement dite du transfert. Le psychiatre ou le psychanalyste objet du transfert n'est pas fantasmé par le patient, puisque ce patient psychotique est incapable de former des fantasmes, en ce sens qu'il serait incapable de distinguer fantasme et délire ou hallucination, parce qu'il croit à son délire ou son hallucination ; il les prend pour des réalités. Or en psychanalyse les fantasmes doivent être travaillés en tant que tels sans les prendre pour des réalités du monde extérieur.

Nous y reviendrons, mais il me semble que l'on pourrait formuler l'hypothèse inverse et la soutenir tout aussi bien : les psychotiques sont spécialement aptes au transfert, ou encore les psychotiques nous révèlent ce qui est l'essence même du transfert. En quel sens ? Ce qui me paraît à la base du transfert du psychotique, c'est l'impossibilité de poser une distinction entre lui-même et l'autre. Pour lui, il n'y a pas *deux* : ou bien il est absorbé par l'autre ou bien il absorbe l'autre. Il a l'autre en lui qui le dévore et à l'inverse il dévore l'autre. De vie il n'y a que pour un. C'est lui ou moi, c'est elle ou moi. Autrement dit : ou bien c'est l'aliénation par l'autre qui le manipule et lui interdit aucune sorte d'autonomie, ou bien c'est la séparation pure et simple de l'autre. On entend souvent des formules de ce genre : si je me sépare de ma mère, elle va mourir, puisqu'elle vit de moi, elle se vit par moi ; et à l'inverse si je ne me sépare pas de ma mère (mais c'est quelquefois le père) je vais mourir, parce que je n'ai pas de vie propre.

Mais cette position extrême adoptée par le psychotique ne nous révélerait-elle pas ce qui est présent dans toute relation humaine et, de façon très visible, dans la passion ? Dans le cas d'un amour violent, que nous pouvons tous éprouver, il n'y a pas non plus de place pour deux. C'est le refrain des amants : je ne puis vivre sans toi, je me meurs si tu t'éloignes, mais ta proximité me pousse à me fondre dans toi et à disparaître. Vous connaissez le mot de ce personnage d'un film de Truffaut : « Ni sans toi ni avec toi », et ce double lien conduit à l'homicide et au suicide. De là on a pu dire que l'amour est la haine. Il n'y a pas de différence, en effet, quand ce paroxysme est atteint, entre la vie et la mort. La vie est la mort. Nous sommes bien ici au bord de la psychose et la passion est à juste titre nommée une folie. Si nous entendons les névrosés en analyse, nous en arrivons dans certains cas à entendre la même chose. Ceci est particulièrement frappant des rapports entre mère et fille ; les jeux d'identification se font parfois à la vie et à la mort. Et on retrouve cela également dans certains cas d'homosexualité féminine.

Ce que je voudrais suggérer, c'est qu'il n'y a pas de solution de continuité entre la névrose et la psychose. Dans une analyse poussée assez loin, dans certains cas, toujours, on a l'impression de toucher au cœur de l'individu en analyse à une sorte de noyau psychotique. Un mélange de rejet et de fusion, dont il est bien difficile de venir à bout, tant le cœur même de la vie psychique est lié à cette jouissance et que l'abandonner ou lui tourner le dos, donne l'impression à l'analysant qu'il va perdre le meilleur de lui-même ; car en quelque sorte c'est exactement là ce qui lui permet de subsister.

Nous nous trouvons donc aux prises avec un paradoxe

singulier : ce qui empêche de vivre, ce point de folie, est en même temps ce à quoi nous tenons le plus pour continuer à vivre. Mais c'est un paradoxe qui peut s'entendre parce qu'il reproduit le paradoxe de toute relation humaine où la distance est le plus souvent inadéquate, puisque l'autre est trop proche ou trop lointain. La vie est la mort, l'amour est la haine, le rapport est un non-rapport.

Cela n'est pas pour effacer la différence entre psychose et névrose. Dans le cas de la psychose, la relation à l'autre se définit par une alternance d'aliénation et de séparation : l'autre est celui qui m'envahit ou celui pour qui je ne suis rien. Dans le cas de la névrose, on peut supposer un entrecroisement d'altérité et d'appropriation : l'autre compte pour moi comme autre et parce qu'il est différent, mais l'autre est aussi celui qui me fait vivre et qui m'autorise à me l'approprier. Ou encore j'ai quelque chose en propre qu'il reconnaît qu'il n'a pas et qu'il n'est pas, et je le laisse me prendre et me laisser, de moi en prendre et en laisser.

Mais nous pouvons aller plus loin dans la description de la relation dite transférentielle. Si, dans la psychose, il y a deux et il ne peut pas y avoir deux, dans la névrose, et tout spécialement en analyse, il y a quatre ou il doit y avoir quatre.

D'abord de la façon la plus banale, on pourrait dire qu'il n'y a jamais en psychanalyse de rapport duel (mais cela vaut sans doute pour n'importe quelle relation humaine) ; chaque individu étant divisé entre conscient et inconscient. Mais cette remarque ne nous mène pas très loin, car il faudrait supposer quatre sujets, deux conscients et deux inconscients. Et il n'est pas sûr que l'expression de sujet soit pertinente pour signifier l'unité du conscient et encore moins de l'inconscient.

Je voudrais plutôt décrire les choses telles qu'elles nous sont données dans notre expérience, ou du moins telles que nous pouvons les imaginer à partir des habitudes de pensée de notre mini-culture. Dans une cure de névrosé notre tâche au début de l'analyse est d'apprendre au patient à associer ; en d'autres termes nous l'introduisons sur l'autre scène, pour parler comme Freud. Associer sans retenue, c'est quitter le régime de parole imposé par la société pour accéder à ce que j'ai appelé ailleurs la déparole. Cette déparole qui n'est plus réglée par les nécessités de la communication fait apparaître les fantasmes, les imaginations, les désirs qui gouvernent toute notre vie et qui ne sont pas soumis au principe de réalité, qui défient la réalité du monde extérieur et de la vie en société. C'est encore quelque chose de nous qui se dévoile ainsi, mais cela ne peut être livré en dehors du cabinet de l'analyste. Le patient est donc deux, il est ce personnage social avec tous ses masques et toutes ses illusions, il est également cet autre secret qui tire toutes les ficelles de la comédie. Il est cette personne particulière et il est aussi ce patient en tant qu'il fonctionne réellement comme analysant.

À son tour le psychanalyste est deux : il est cet homme ou cette femme avec ses particularités, ses limites, ses préjugés, ses émois, ses pensées, mais il est également une fonction qui n'a pas de nom, un *x* sur lequel ou laquelle le patient va pouvoir fantasmer à sa guise, qu'il prendra pour son père ou sa mère, pour son frère, sa sœur ou son ami, qu'il revêtira de toute-puissance ou d'impuissance ; grâce auquel ou à laquelle il pourra devenir double. Ainsi l'analyste est-il deux : il est la personne de l'analyste et il est aussi la fonction d'analyste. Il importe que dans la cure même cette dualité de l'analyste soit présente. Je veux dire qu'il ne suffit pas de constater le fait que tel psychanalyste a une vie sociale et que par ailleurs il est psychanalyste. C'est en tant qu'analyste que sa division doit être effectuée, c'est en tant qu'analyste qu'il est à la fois une pure fonction sans individualité et qu'il est là avec ses pensées, ses fantasmes, ses réactions.

Il est parfois difficile, en particulier au début d'une analyse, de mettre en place ces quatre termes. L'analyste doit user de son art pour que le patient ne s'enlise pas dans le récit des aventures de son existence présente ou passée, mais qu'il expérimente qu'il est aussi un autre qui le surprend à travers les rêves, les lapsus, les comportements étranges. Il arrive souvent que l'analyse n'ait pas lieu, parce qu'elle se déroule à travers un trop de réalité et une absence d'imagination ou de fantasme.

Vous connaissez bien tout cela. Si je m'autorise à revenir sur ces évidences, c'est qu'elles nous permettent de décrire à l'inverse ce qui se passe pour le psychotique. Dans le cas, par exemple, du délirant, nous souffrons, dans la relation, d'un trop d'imagination, la réalité étant totalement absorbée dans des récits, des évocations ou des silences où il nous semble que nous n'avons plus aucun moyen d'intervenir.

Si, dans le cas du névrosé, nous avons bien du mal à faire apparaître l'autre scène, dans le cas du psychotique nous avons de la peine à poser une distanciation quelconque à l'égard de ce qui s'impose au patient. Nous devons donc dans son cas en quelque sorte travailler à l'envers, c'est-à-dire commencer par entrer dans le délire et l'hallucination.

Je me souviens qu'un jour à Sainte-Anne, alors que j'étais débutant, la médecin-chef m'avait demandé de voir un malade. Il s'agissait d'un jeune homme qui ne semblait avoir aucun symptôme grave et qui tenait un discours en apparence très cohérent. Il me parla de ses parents ; son père était, disait-il, allemand, sa mère autrichienne. Je lui glissai : « C'est un peu la même culture. » Il m'interrompit brutalement : « Mais non, ça n'a absolument rien à voir. » Un peu plus tard, il me parla de son école, il n'aimait que sa professeur de russe et son professeur de gymnastique. C'est moi qui lui dis alors que ça n'avait rien à voir. L'entretien se poursuivit sur le même thème. Il mettait toujours en rapport des choses qui, à son dire, n'avaient rien à voir. Au bout d'une heure je le quittai et j'allai dire au médecin-chef que ce garçon devait être un schizophrène qui pouvait être dangereux. Elle sourit, car elle n'en croyait pas un mot. Mais le lendemain le patient faisait une fugue et revenait à l'hôpital avec une alêne de trente centimètres, qu'il avait glissée dans sa bottine, et on trouva ensuite dans sa valise une bouteille de vitriol. Il voulait simplement prévenir de son caractère dangereux et être placé en pavillon fermé. Je ne l'ai pas guéri, ne l'ayant d'ailleurs plus revu. Mais j'en ai tiré la leçon que si nous voulions comprendre quoi que ce soit à un discours, même s'il n'avait pas les apparences diffluentes d'un délire, nous devions commencer par y entrer.

Entrer dans le délire, cela veut dire délirer avec, c'est-à-dire faire preuve d'imagination pour donner au délire les résonances dont nous sommes capables. En quelque sorte participer à un délire à deux, tout en gardant une certaine distance pour le contrôler. Il se passe alors quelque chose de singulier : d'une part un dédoublement de l'analyste entre la fonction qui reste intacte et un travail d'imagination où il se livre ; d'autre part le patient lui aussi va se dédoubler, car il saura de nos dires en prendre et en laisser. Nous deviendrons pour lui existant dans la mesure où il acceptera ce qui lui convient de l'amplification que nous donnerons à son délire, mais dans la mesure aussi où il deviendra capable de rejeter ce qui ne lui conviendra pas. Quand nous entrons ainsi dans le délire d'un psychotique, nous avons au moins cinquante chances pour cent de nous tromper et il sera ravi de nous prendre pour un imbécile qui n'entend pas, tout en sachant que nous entendons parfois. Avec un psychotique, du moins dans les cas où il parle, nous ne pouvons pas ne pas parler et donc risquer sans cesse de dire des bêtises. Mais c'est à partir de là qu'il pourra affirmer son autonomie, et s'il affirme explicitement cette autonomie de son délire devant un autre et pour un autre, un grand pas est accompli. Car alors il est déjà sorti de l'affirmation solitaire qui l'enferme dans sa folie.

Peut-être alors ce qui se passe avec lui n'est pas si éloigné de ce qui peut se passer avec un névrosé. Sans doute le silence prolongé est indispensable pour faire apparaître l'autre scène. Trop parler risque de transformer la cure en un entretien conforme aux canons de toute vie en société, mais ne pas parler ne donne pas à l'analysant la prise sur nos dires et sur notre personne qui pourrait lui permettre de se distinguer et de ne pas rester avec nous dans une relation fantasmée. Nous savons bien que les erreurs d'interprétation sont aussi précieuses en analyse que les formulations justes. Ce sont nos erreurs qui peuvent nous faire choir de notre toute-puissance, toute-puissance que l'analysant veut maintenir à tout prix pour n'avoir pas à choir de la sienne propre. C'est pourquoi il arrive souvent qu'un analysant fasse taire son analyste, sous le prétexte qu'il dit des bêtises, en réalité parce que cet analysant veut enfermer l'analyste dans sa fonction, en vue de réinstaurer le rapport duel qui lui évite de se dédoubler lui-même.

Recevant des psychotiques chez moi, il m'est arrivé de faire une expérience du même type concernant la peur. Ce que, dans certains cas, cache un discours incohérent, c'est la violence, la violence dont se sent capable le patient et qui peut aller jusqu'à l'envie et la possibilité de tuer. Pour que cette violence ait une chance d'être parlée, il faut que l'analyste ou le thérapeute, comme vous voudrez, reçoive une peur de l'analysant. Ce que veut, en effet, le patient, pour être sûr que l'on a perçu sa peur, c'est nous la faire ressentir à notre tour. Mais si nous voulons avoir une chance d'instaurer une modification, il est nécessaire d'opérer en nous un dédoublement selon la distinction que j'ai proposée tout à l'heure entre la fonction et la personne. Si nous nous enfermons dans la pure fonction et que nous nous contentons de percevoir de l'extérieur la peur de l'autre, sa peur va se déchaîner jusqu'au moment où il nous la fera éprouver éventuellement par des gestes de violence. Si nous sommes simplement, à l'inverse, une personne qui a peur, le patient, dans certains cas, va refouler sa peur et nous protéger, car il veut rester en relation avec nous. Que nous nous campions simplement dans notre fonction ou que nous nous laissions seulement aller à éprouver, rien ne se passe véritablement chez le patient qui reste dans le même rapport à sa peur. Il n'y a alors qu'un rapport entre deux termes sous la forme d'un choc brutal ou d'une isolation.

Ce qu'il nous faut subtilement réussir, c'est à accepter d'éprouver la peur comme personne et à nous en distancer grâce à la fonction. Nous avons peur, mais nous prenons cette peur pour ce qu'elle est dans la relation thérapeutique, un jeu par lequel l'autre nous signifie que sa violence n'est pas une force qu'il pourrait utiliser pour agir et produire, mais qu'elle ne vise qu'à la destruction de l'autre. Si nous accédons à ce dédoublement entre la réalité de la peur et le jeu du faire peur à l'autre, alors il arrive, dans certains cas, que le patient entre dans le jeu et qu'il perçoive qu'il a voulu faire peur pour se décharger de sa propre peur.

Je ne pense pas que nous soyons très loin de ce qui se passe cette fois encore, dans beaucoup de cas, en analyse. Dès les premiers entretiens l'analysant cherche à mesurer non pas le degré d'intelligence ou de compétence de l'analyste, ou encore s'il a de beaux yeux et un costume bien ou mal coupé, mais son degré de résistance à la violence de la parole. Il se demande tout simplement si l'analyste pourra supporter ce que lui-même ne supporte pas, une certaine poussée qu'il ne maîtrise pas, une force qui le désarçonne, une cruauté qu'il s'inflige à lui-même. Surtout au début de ma pratique, je me suis étonné que les patients mettent tant de séances à dire finalement pourquoi ils étaient venus. Ce qu'ils craignent, c'est de sortir quelque chose qui va leur revenir en pleine figure ou en plein cœur, parce que l'analyste le leur aura renvoyé, incapable qu'il est de le porter et de le supporter. C'est très vite fait, beaucoup trop vite fait de dire à l'analysant de dire tout ce qui lui passe par la tête, alors que nous ne sommes pas capables de l'entendre.

Mais vous comprenez qu'il ne s'agit pas là non plus de nous blinder, c'est-à-dire de nous enfermer dans la fonction, car c'est ne pas entendre que d'être sûr de pouvoir tout entendre. Il faut bien que la parole de l'autre nous atteigne, mais dans le même temps il faut que ce qui nous atteint ne nous déstabilise pas ou du moins pas trop longtemps. Sinon comme le psychotique, dans certains cas, le névrosé va chercher à nous protéger de ses dires. Il reviendra fidèlement, mais pour ne rien dire, parce qu'il craindra de nous troubler.

Il m'est arrivé de voir partir certains de mes analysants, sans qu'ils m'aient dit pourquoi ils s'en étaient allés. Certains sont revenus un an ou deux après et d'entrée de jeu l'un ou l'autre m'a dit : « Je suis venu voir si vous aviez changé. » Autrement dit, ils se demandaient : vais-je pouvoir enfin parler sans crainte de vous blesser et de voir retourner en boomerang le coup que je vous ai porté. J'étais alors trop dans ma personne. Mais à l'inverse, dans d'autres cas, il m'est arrivé d'entendre la fureur d'analysants me reprochant de tout supporter, de me laisser écraser par eux sans réagir, bref de sombrer dans le masochisme si cher à certains analystes. Peut-être qu'à ce moment-là, je m'enfermais dans ma fonction et j'étais incapable de métaboliser leurs dires pour les leur renvoyer sous la forme d'une interprétation distanciée. Au lieu d'un jeu à quatre termes, de nouveau il n'y en avait plus que deux.

Bien sûr, tout est beaucoup plus complexe que cette description ne permet de le saisir. Par exemple la fonction d'analyste est un *x* indéterminé, un autre sans singularité dans la relation. Mais, comme vous le savez, cette indétermination permet à l'analysant de faire de l'analyste ce que bon lui semble : il pourra être son père, sa mère, son frère, sa sœur ou toute autre personne qui lui plaira, sous la forme qui lui plaira. Or il importe au plus haut point que l'analyste perçoive la position qui lui a été assignée et ce n'est pas si commode. On voit cela de façon très claire dans les contrôles. Il devient souvent évident à l'analyste qui écoute l'analyste parlant d'un analysant, que cet analyste tient telle place déterminée et qu'il est par exemple un personnage soumis à la haine ou qui doit être protégé de la haine, qu'il est le refuge en cas d'abandon ou au contraire celui que l'on provoque à abandonner pour retrouver une situation infantile.

Ce qui est très curieux, c'est que l'analyste en contrôle n'a pas besoin, après avoir perçu où il était placé, de dire à son analysant où ce dernier le place. Il suffit qu'il le sache et qu'il accepte cette position, pour que l'analysant en parle et modifie la relation. Comme quoi nous ne travaillons pas seulement avec le langage, mais par exemple, sans rien dire, en adoptant la position que l'analysant veut nous assigner.

Cette place repérée par l'analyste désigne parfois la forme fondamentale de relation que l'analysant répète dans toutes les situations. Mais le fait que l'analyste reconnaisse cette place oblige l'analysant à inventer un nouveau type de rapport. On pourrait définir la guérison comme la possibilité, grâce au transfert, de cesser de répéter une forme unique et stéréotypée de relation pour apprendre des formes nouvelles dont le nombre est infini. Je vous disais en commençant que le succès d'une cure peut se définir comme le passage du singulier au pluriel. Voilà une des manières d'opérer ce passage. Le pluriel à venir pour l'analysant étant le corollaire de la possibilité pour l'analyste de se placer dans des positions diverses. Nous autres analystes, nous devons pouvoir être un père, une mère, une sœur, un frère, un ami, mais également un animal, un arbre, une pierre. En un mot retourner à la diversité de toutes les individualités de la nature après nous être pris ou fait prendre éventuellement pour un psychanalyste.

Pour finir, car je pourrais poursuivre sur ce sujet, mais j'ai hâte de vous entendre, je voudrais vous dire l'idée simple (et donc dangereuse) qui sous-tend tout ce que j'ai dit ou du moins qui m'évite de me perdre dans une pure description sans queue ni tête : nous reproduisons dans le transfert la quintessence de notre manière d'être en relation, non pas bien sûr notre manière d'être en relation visiblement dans la vie sociale, mais la façon fondamentale dont nous plaçons l'autre, autrement dit notre manière strictement personnelle ou singulière de haïr et d'aimer, de tuer et de laisser vivre, d'exploiter et de nous sacrifier. De même que les planètes se situent à une certaine distance les unes des autres en fonction de leur masse, de même chacun de nous, en fonction de son poids ou de sa futilité, se trouve à une distance fixe de chacun des autres.

Le transfert reproduit cette manière fondamentale, comme on parle en peinture de la couleur fondamentale, à nous ensuite de découvrir les harmoniques, car un individu peut révéler, si nous l'écoutons, une complexité et des variantes qu'il s'agira de mettre en œuvre pour modifier le monolithisme de la relation fondamentale qui relève de la névrose. Partialiser, « plurialiser », si vous me permettez ce néologisme, c'est-à-dire découvrir et faire découvrir que l'analysant est plusieurs, telle sera la tâche de la cure ; ce sera le plus sûr moyen de relativiser, ce qui est bien le plus sûr moyen de retrouver la réalité. Nous pourrons alors reprendre l'expression d'Anna de Noailles : notre cœur est innombrable. Le pluriel de nos fantasmes renverra avec un peu plus de souplesse au pluriel de la réalité.

La guérison*

Il semble que toute l'histoire de la psychothérapie dans l'ère scientifique ait été marquée par le souci de la guérison. Je parle de psychothérapie bien que le mot date de la fin du XIXe siècle, alors que son histoire commence avec le dernier quart du XVIIIe siècle. Mais il n'y a pas de mot unique permettant de recouvrir toute cette histoire.

- Est-il exact que la psychanalyse marque une coupure décisive dans ce champ, et s'il en est ainsi, comment la formuler ? Ce sera ma question...
- Si la psychanalyse opère par le transfert, c'est-à-dire par la névrose de transfert, comment est-il possible qu'elle libère de cette névrose ? Ce sera la seconde question.
- Et si la réponse s'avère négative, qu'est-il possible de proposer pour que soit mis fin au transfert, ou quel sens donner au transfert pour que l'on puisse prétendre y mettre fin ? Ce sera la troisième question.

Si l'on fait commencer avec l'arrivée de Mesmer en France l'histoire de la psychothérapie dans sa tentative d'exister face, ou plutôt grâce à la science, on peut dire qu'elle est essentiellement tournée d'abord vers la guérison. Les crises n'auraient pour lui aucun intérêt s'il ne pouvait justifier par elles les effets curatifs de son fluide magnétique. Mais,

* Paru dans *Le Bloc-Notes de la psychanalyse*, octobre 1988.

comme il le dit lui-même et comme le fait remarquer Lavoisier qui avait été commis pour décider de la réalité du magnétisme, la guérison ne prouve rien, car on ne sait jamais si la nature, au sens qu'avait ce mot à la fin du XVIIIe siècle, n'aurait pas guéri sans l'utilisation de ce moyen prétendu efficace. Ces propos, évidemment, étaient tenus avant l'ère de la médecine scientifique, mais ils valent toujours pour les psychothérapies. Car le moyen n'est pas isolable et on ne peut jamais le tester en appliquant la méthode des différences énoncées par Stuart Mill ; c'est pour cela que la question de la guérison n'est pas facile à poser.

Mais l'histoire du mesmérisme, c'est-à-dire du magnétisme animal, sans négliger la perspective de la guérison, s'est développée dans une autre direction. Le mesmérisme a été utilisé pour la connaissance intérieure du corps et pour la vision à longue distance. Une multitude d'expériences ont été faites dont la littérature se fait l'écho, comme par exemple l'*Ursule Mirouët* de Balzac où le magnétisme animal joue un rôle tout à fait décisif. Pour Balzac, mais pour bien d'autres encore, le magnétisme animal est considéré comme une science susceptible de vérification, science qui passait bien sûr par une initiation. C'était l'âme, la psyché entrée dans le sommeil, c'est-à-dire libérée des déterminations que lui imposaient les sens ; c'était l'âme qui, ignorant le temps et l'espace, était capable de communiquer avec tout.

Je ne fais pas gratuitement ces remarques historiques : elles montrent que dès que, dans notre culture, on touche à la psychothérapie, celle-ci n'est plus seulement une thérapie mais elle se veut d'une manière ou d'une autre une science qui pense avoir accès à des domaines que les sciences exactes et donc objectives ne peuvent qu'ignorer. Pour Lavoisier en effet, l'action du magnétisme animal doit être expliquée comme un effet de l'imagination ; et pour lui l'imagination n'est rien, puisque tout ce qui n'est pas matériellement constatable n'a aucun intérêt. Cela n'a pas empêché Mesmer et certains de ses disciples d'affirmer qu'ils pratiquaient une science. Je laisse de côté cette histoire, je laisse de côté aussi l'histoire très complexe de l'hypnose où on pourrait découvrir à l'œuvre aussi je crois les deux préoccupations de guérison et de scientificité. J'en viens tout de suite à la psychanalyse.

L'œuvre de Freud est tout entière traversée elle aussi par le souci d'utiliser la psychanalyse en vue de la guérison des névroses, mais également par celui de faire accéder à la connaissance scientifique d'un domaine négligé par les sciences de son temps. Je pense qu'il est inutile de donner à cette assertion de plus amples justifications puisqu'elles sont à la disposition de tous aujourd'hui. Ce qui m'intéresse, c'est de souligner que la cure elle-même est soumise à ce double impératif : de guérison et de scientificité. Mais, il faut noter tout de suite que ce fait va compliquer singulièrement la tentative d'explication théorique de la place qui est accordée à la guérison en psychanalyse. Le même fait complique la tâche assignée au psychanalyste dans la pratique. Comme s'il y avait une sorte de conflit, d'opposition entre la visée de guérison et la visée scientifique.

Essayons de définir la guérison.

Il est extrêmement difficile de définir la guérison en psychanalyse.

J'emprunte à Freud dans son *Introduction à la psychanalyse* une formule, une définition négative de la guérison. Il écrit ceci : « Le névrosé est incapable de jouir et d'agir, de jouir parce qu'il est obligé de dépenser beaucoup d'énergie pour maintenir sa libido en état de refoulement et se prémunir contre ses assauts. » Cette phrase pourrait être comprise comme nous disant en général les effets des symptômes. La guérison se définirait à l'inverse comme la possibilité de jouir et d'agir au moins un peu plus ou un peu mieux. On voit tout de suite que la guérison en psychanalyse ne saurait être comprise comme une restitution de l'intégrité antérieure selon la formule bien connue, mais comme la production d'un état qui n'a jamais été donné. Mais comment s'obtient la guérison ?

La connaissance certainement y prend part. On n'attaque pas les symptômes directement, à la limite on ne s'en occupe pas. On espère leur disparition grâce à la prise de conscience ou au devenir conscient de ce qui avait été refoulé, c'est-à-dire essentiellement à travers la remémoration de l'infantile. Et il est incontestable que la mise en paroles de l'infantile, ou comme disait Lacan la verbalisation, a des effets bénéfiques. Cette évidence permet de ne pas s'étendre davantage sur ce sujet. Mais je m'arrête, parce que ce sont les difficultés qui sont intéressantes. On sait par Freud lui-même que cette position, parfaitement conforme à la théorie, n'a pas abouti au succès escompté. Il lui a fallu constater la répétition en actes des souvenirs dans le transfert, et il lui a fallu proposer comme solution une autre forme de l'abréaction sous les traits de la perlaboration — c'est lui-même qui le dit —, perlaboration qui est un terme décisif, l'aboutissement de la cure, sur lequel pourtant Freud ne s'est guère étendu. Répéter ou perlaborer, cela n'est plus devenir conscient et encore moins connaître. Pour que la guérison soit obtenue, ne faudrait-il pas alors que le savoir et la tentative de savoir soient en quelque sorte mis en échec ? Il faut conclure que l'initiation aux mystères de l'inconscient, si poussée soit-elle, n'est pas à elle seule capable de guérir. Il y aurait donc à enregistrer un certain conflit entre les deux soucis de la psychanalyse : celui de guérir et celui de connaître.

Peut-être, avant d'aborder la seconde question que je proposais, pouvons-nous donner un exemple de conflit engendré par la position de l'analyse orientée vers le connaître. On a beaucoup parlé de l'amour de transfert, mais on n'a peut-être pas suffisamment remarqué qu'il apparaît tout particulièrement lorsque le psychanalyste se contente de vouloir connaître, et qu'il évite d'entrer dans la relation pour y jouer sur la scène du transfert l'abstraction et l'artifice de son rôle fantasmatique. Par la volonté de savoir de l'analyste, l'analysant ou l'analysante sont alors transformés en objet de connaissance ou de science ; mais comme cette situation leur est insupportable, ils tentent d'entraîner le psychanalyste sur la scène de la réalité. Vouloir savoir, au lieu de participer au jeu qui est sans doute tantôt une comédie, tantôt une tragédie, provoque l'analysante ou l'analysant à quitter eux aussi le terrain de jeu et de l'artifice pour chercher la réalisation de leurs fantasmes. On sait que les hystériques sont maîtres en la matière et qu'ils ou elles savent faire tomber l'analyste dans le double piège du goût du savoir et de l'exaltation de l'amour.

S'il y a une coupure opérée par la psychanalyse par rapport aux thérapies psychiques qui l'ont précédée, elle n'est pas à chercher à mon avis dans une opposition entre savoir et guérison, mais dans une ampleur donnée à la connaissance et dans l'élaboration d'une théorie d'une richesse inégalée. Mais précisément, à cette connaissance que l'on veut scientifique, le transfert fait problème. On sait que Freud n'a jamais construit une théorie du transfert, contrairement à ce qu'il avait fait pour le rêve, le mot d'esprit ou le lapsus. Ce n'est pas un trop de savoir qui nous a été transmis de son côté, mais un pas assez. Et la psychanalyse est encore sans doute affligée par ce problème. Ces indications nous seront précieuses pour saisir la réponse que je pourrai proposer à la troisième question.

Mais il faut déjà poser la seconde. Si la psychanalyse opère par le transfert et s'identifie à la névrose de transfert, comment peut-elle guérir de cette névrose par le même transfert ?

Nous n'avons pas de difficultés à admettre que la névrose puisse être guérie par la névrose de transfert, comme on guérit de certaines maladies en les inoculant à doses minimes, mais la maladie inoculée doit disparaître après un temps dans ses effets maléfiques pour être tout simplement intégrée à l'organisme sous forme de système de défense. Si je demande : « Comment peut-on guérir de la névrose de transfert par la névrose de transfert ? », je me trouve dans une situation aussi absurde que si j'affirmais : « Il faut guérir de la vaccination par la vaccination. » Vous connaissez la réponse classique : pour venir à bout de cette névrose provoquée, le transfert devra être dissous. Mais alors, n'est-ce pas l'analyse elle-même qui devra prendre fin, puisque, sans transfert, il ne peut pas y avoir d'analyse ? Freud ne s'est jamais vraiment sorti de cette difficulté. Il avance en effet à propos du transfert des propositions qui paraissent assez contradictoires.

Par exemple, première proposition : tantôt le transfert est considéré comme un moyen puissant qui permet d'agir pour le bien du patient, tantôt le même transfert est dit faire le jeu de la résistance. Ou encore, autre proposition : tantôt le transfert est présenté comme un artefact qui devrait avoir un usage temporaire, tantôt au contraire sa résolution ou sa disparition apparaissent d'une difficulté qui confine à l'impossible. Tout se passe comme si la psychanalyse avait découvert un remède merveilleux dont elle était ensuite incapable de se passer. À une maladie on a substitué une autre maladie que l'on ne saurait guérir. Nous devons donc nous reposer la question sous cette forme : comment est-il possible de guérir de la névrose de transfert ?

Avant d'essayer de répondre, je voudrais m'attarder sur l'expression névrose de transfert. En quoi consiste-t-elle ?

À travers le transfert, cette intense relation affective dont parle Freud, nous reproduisons le ou les types de relations que nous entretenons avec les autres. Types de relations qui ne sont pas directement ou facilement lisibles dans nos comportements parce qu'ils sont gouvernés par des expériences très anciennes, oubliées, actives ou passives, qui se sont transformées en fantasmes prégnants. Au contraire, dans l'artefact du transfert et comme dans un laboratoire, nous répétons à l'état pur notre mode de fonctionnement à l'égard des autres. À l'état pur, car nous sommes dégagés d'une part des réactions des autres qui nous obligent à cacher ou à travestir nos pensées et nos actions, et d'autre part nous sommes dégagés de la responsabilité de nos actes et de nos paroles, du moins pour un temps. Mais la description faite à l'instant ne fournit qu'un seul côté du transfert ; s'il était seul à jouer, la révélation de notre mode de fonctionnement serait lumineuse, nous pourrions si nous ne supportons pas cette révélation devenir fou comme cela arrive, ou au contraire si nous la supportons, modifier profondément notre mode de relation.

Mais il y a un autre côté du transfert qui en fait une névrose : nous sommes subtilement attachés à notre mode de fonctionnement relationnel, et nous ne voulons rien en changer ou n'en changer que les traits les plus apparents. Je pense qu'il est nécessaire de s'attarder sur ce point. Et pour le saisir revenir à une expérience élémentaire que nous faisons assez généralement lors des premiers entretiens avec un patient. Celui-ci, ce patient, nous explique qu'il souffre d'un certain nombre de symptômes et nous demande de l'en débarrasser, en un mot de l'en guérir, mais nous nous apercevons bientôt qu'il nous demande en même temps de ne pas l'en débarrasser. Si en effet les symptômes sont là c'est pour de bonnes raisons, mauvaises raisons sans doute, mais bonnes tout de même, car les symptômes sont utiles voire nécessaires. Ils ont été forgés savamment pour préserver un quelque chose auquel le patient est attaché, accroché, collé et qu'il ne veut pas lâcher. Tout se passe comme si un fond de souffrance et de déréliction était révélé par l'analyse et que le patient y tenait comme à son bien le plus précieux, comme si en lui tournant le dos il devait renoncer à son identité, comme si finalement sa souffrance, sa façon propre de souffrir s'identifiait à sa forme d'existence singulière. Comme me le disait un jour une patiente : « Ma souffrance est ma seule richesse. »

Cette souffrance maintenue, qui est la racine de la névrose, qui est pourrait-on dire le symptôme, serait totalement inintelligible si on ne la rapportait pas à un mode de relation aux autres. Préserver cette souffrance est la seule manière à notre disposition pour ne pas nous séparer de ceux qui nous ont reconnus dans la méconnaissance, de ceux auxquels nous avons demandé de soutenir notre image alors qu'ils ne voulaient qu'un double, de ceux encore que nous avons laissés entrer en nous et qui nous détruisaient. Cette souffrance qui est notre vie propre porte en elle l'ambiguïté de toute relation, celle d'un amour qui est la haine, celle d'un rejet par absorption, celle d'une pénétration à force d'exclusion. Il y a névrose parce que nous sommes incapables de nous passer de cette souffrance, en d'autres termes parce que nous sommes incapables de nous passer de cet autre qui nous persécute, car il est en même temps celui qui nous pose dans l'existence. Pour le dire encore d'une autre manière, tout un chacun oscille entre le désir d'indépendance, de maîtrise, de responsabilité, et le besoin infantile de se retrouver dans un état de dépendance, d'irresponsabilité et ainsi d'innocence.

C'est cette souffrance de et par la relation à un autre humain qui va se répéter dans le transfert ; elle va donc apparaître en clair et par là, elle pourra éventuellement être modifiée. Mais parce qu'elle constitue l'être propre, elle ne pourra être abandonnée. Bien au contraire : si le transfert lui propose de se répéter, si la psychanalyse lui fait croire que c'est son bien de se répéter, elle y mettra toute sa complaisance, et l'analyse ne sera rien d'autre que l'occasion de s'enfoncer un peu plus avant dans la névrose avec plus de lucidité peut-être mais sans espoir d'en sortir. Car rien d'autre que l'analyse n'est capable dans notre culture de mélanger à l'illusion d'un désir qui enfin deviendrait grand les âcres douceurs de l'infantilité adulte. Lorsque des analyses durent très longtemps, il n'est pas rare que cette souffrance en vienne à ravager l'existence.

Il est certainement arrivé à certains d'entre vous de recevoir des personnes qui après dix ou quinze ans d'analyse étaient dans l'état déplorable de ceux qui ont tout perdu : leur argent, leur situation, leur femme. Le pouvoir de l'analyste auquel ils se sont livrés les a littéralement décérébrés et ils avouent être prisonniers d'un piège. Après quelques années d'analyse, à l'époque où ils avaient pu constater une certaine amélioration de leur état, lorsqu'ils avaient pensé devoir mettre fin à leur analyse, ils n'avaient trouvé du côté de l'analyste d'autre écho à leur désir de s'en aller qu'un sempiternel « vous devez poursuivre ». Comme ils attendaient pour partir l'accord de leur analyste, et que l'analyste ne semblait pouvoir tenir à ce sujet aucun autre discours, ils étaient contraints d'entrer dans une dépendance toujours plus extrême. Leur souffrance se trouvait encouragée à se déployer et dans le même temps leur incapacité à considérer comme valable leur propre sentiment d'inutilité de la poursuite de l'analyse, et aussi leur incapacité à tirer la conclusion de leur impuissance à se poser comme individu responsable de leur propre destin.

Je sais bien que dans certains cas ce refus de l'analyste de décider la fin ou de l'encourager peut être une provocation bienfaisante, mais cela suppose justement des personnes capables encore pour une part de mener leur vie par elles-mêmes et de juger de ce qui leur est profitable ou nuisible. Or nous savons que l'analyse indéfiniment prolongée est susceptible de mettre à mal une telle capacité. Remettre son avenir dans les mains d'un autre est la tentation d'une multitude. La question ne se posait pas du temps de Freud puisque les analyses y étaient le plus souvent assez brèves, elle se pose à nous à mon avis de façon urgente.

J'aborderai donc ma troisième question en affirmant que l'analyse doit prendre fin. Je m'oppose par là à un adage constamment repris dans le milieu analytique, du moins celui que je connais : plus une analyse dure, plus elle sera bénéfique. Nous constatons dans les faits qu'il n'en est rien, mais pour les Français les faits n'ont pas beaucoup d'importance ; ce qui compte, c'est que la théorie puisse garder son prestige. Donc, comment essayer de penser cette assertion contraire : l'analyse doit prendre fin. L'analyse est, je dirai, comme un fruit qu'il faut savoir cueillir au bon moment : trop tôt, le fruit n'aura pas eu le temps de mûrir ; trop tard il pourrira.

Revenons à la question posée sur la résolution du transfert. On affirme comme je l'ai entendu bien souvent : il n'y a pas d'analyse possible sans transfert. Mais il faut se demander ce qu'on entend par transfert. S'agit-il de la relation à tel analyste avec lequel on a fait son analyse ? Il arrive de fait que ce transfert soit difficile à rompre, mais on ne voit pas que ce transfert à tel analyste ne puisse pas être dissous si on considère le transfert comme une relation intense à une fonction, c'est-à-dire à une figure protéiforme qui permet l'émergence dans la parole des rêves, des fantasmes, des pulsions. En fin d'analyse, le patient n'a plus besoin que cette fonction soit incarnée dans une femme ou un homme. Après un temps où l'analysant perçoit qu'il est aliéné par un autre, un autre quelconque, il devient capable de s'approprier cette altérité et il peut apprendre à vivre dans cette alternance d'aliénation et d'appropriation. Il a intégré en lui-même la fonction.

En d'autres termes, si le transfert est considéré comme la

relation constitutive à son autre ou à ses autres, car nous sommes innombrables, si le transfert est considéré comme une écoute constante de son propre génie au sens traditionnel ou de ses génies qui marquent sa particularité ou mieux sa singularité, on ne voit pas qu'il y ait à s'en détacher. Ici, il n'y a pas fin du transfert, mais il peut y avoir fin d'analyse au sens de travail sur les rêves, les fantasmes, les pulsions, c'est-à-dire fin d'une étude ou d'un effort pour expliquer ses comportements et ses pensées, soit un travail d'interprétation ou de compréhension. Rester dans le cercle du rêve ou de la situation analytique, car il me semble à la fin que c'est la même chose, c'est transformer la réalité de l'existence en exercice ou en effectuation du narcissisme.

Je voudrais m'étendre un peu sur cette question.

Le besoin d'un analyste, c'est le besoin d'un autre qui m'accepte, qui me reconnaît, qui me comprend, qui me tolère, qui ne me juge jamais. Finalement, c'est le besoin de quelqu'un qui soutient mon narcissisme et qui par là me communique la force de vivre, qui me soutient dans mon existence. Mais bientôt, ce besoin se transforme en tyrannie ; si je ne puis me passer de celui-là, c'est lui qui en lui possède le secret et la condition de mon existence. Je suis aliéné en lui comme je l'étais dans les pulsions, les fantasmes ou les désirs que j'ignorais. Et si on a fait une analyse pour que ces fantasmes tombent, eh bien à ce moment-là, on est obligé de s'appuyer sur la relation à cet autre pour subsister, ce qui n'est qu'une reconduction du narcissisme. Si j'ai toujours besoin de lui pour soupçonner ou reconnaître mes pulsions, fantasmes et désirs, il en devient la condition *sine qua non*. Je ne suis que par lui, je vis dans le besoin d'être entendu, regardé.

Le narcissisme se définirait par le fait de m'entendre moi-même, de me regarder comme Narcisse, de me comprendre ou de m'aimer et c'est sans doute de cette manière que certaines cures analytiques progressent et se terminent. On dit, et c'est certainement quelque chose de tout à fait important, qu'il s'agit de guérir d'un manque de narcissisme primaire. La thérapie consisterait à produire ou à rendre possible ce premier rapport à soi qui a fait défaut dans le regard ou l'oreille de l'autre : il n'y aurait pas eu cette admiration sans mélange qui fait l'existence unique, singulière. C'est cela qu'il faudrait restaurer et que la psychanalyse dans certains cas réussit à restaurer ou même à instaurer, ce qui est tout à fait positif et tout à fait important.

Mais je voudrais essayer d'aller un peu plus loin, car le narcissisme reste une maladie, la maladie du rapport à soi comme autre, du rapport à soi comme à son propre rêve, et on voit dans le milieu analytique ou à la fin d'une analyse des personnes qui sont de fait très narcissiques. Peut-être est-ce justement le comble de l'analyse. C'est César préférant être premier en son village plutôt que second à Rome ; c'est Freud comme Hannibal investissant Rome, ou Darwin humiliant le genre humain. Le rêve narcissique est toujours rêve de totalité et rêve de toute-puissance infantile. Le suprême de narcissisme est le suprême de relation. Le suprême de relation est la domination universelle.

Il y a peut-être une fin à cette fin de l'analyse, une fin de domination, une fin du suprême de la relation, une fin du besoin de toute relation aux autres et à soi-même. La plus grande guérison dans la plus grande maladie, c'est l'espoir-désespoir de la solitude. Non seulement il s'agirait de n'avoir plus besoin d'être regardé, d'être entendu, d'être aimé, ce qui serait l'état minimal pour que la névrose soit étouffée, le point zéro qui tue toute velléité de névrose. Non seulement cela, mais en outre ou en deçà, n'avoir plus besoin de se regarder, de s'entendre, et de s'aimer — ce qui paraît absurde —, la rupture de toute relation non seulement aux autres mais à tout autre et à soi, la fin du Narcisse, la fin de soi-même, la fin de la dualité, la fin du clivage — le fameux clivage du moi —, l'Occident qui veut être regardé ou qui se regarde faute d'être regardé, qui veut être entendu ou qui s'entend et se comprend faute d'être entendu et compris ; au contraire l'Orient qui regarde, être perdu dans le regard que je (probablement si peu « je ») porte sur les autres et sur le monde. À ce point, la fin de l'analyse, la guérison est le commencement de l'Orient.

Cela est évidemment, en retour, la condition de la relation et de toutes relations. Qui ne se regarde et ne se soucie d'être regardé, celui-là est regard et fait exister toutes choses par l'attention qu'il leur porte, mais il ne saurait réfléchir. Il n'y a nulle réflexion dans ce regard qui se donne et se perd en ce qu'il perçoit, regard qui ne revient pas sur lui-même, regard dont la contemplation se perd dans le contemplé sans possibilité de se reprendre, de se ressaisir, de se goûter même. C'est peut-être le regard des poètes et des dieux : à Delphes au soleil levant, ou dans les Abruzzes en avril, la lumière précise qui embrasse sans violence le contour des objets, ou avec Goethe « l'éternel faire valoir, l'éternel mettre en valeur la vie et le faire vivre ».

Il n'est pas contestable que l'interprétation soit nécessaire, qu'il faille comprendre et penser et réfléchir et lire et commenter, sinon bien sûr nous deviendrions des imbéciles au premier degré, des incultes incapables de saisir les nuances des couleurs comme celles des idées. Alors il faut accumuler les lectures et les écritures, il ne faut pas cesser de décrire, d'expliquer et de raisonner ; mais, en analyse, il vient un temps où la vie nouvelle qui circule tend à rendre caduques les dissertations les plus savantes, il vient un jour où les interprétations apparaissent dérisoires en comparaison de ce qui est en train de se passer. Ce qui compte alors, ce n'est pas l'interprétation, c'est la modification.

De quelle modification s'agit-il ?

Je voudrais indiquer cette règle : la fin de l'analyse commence par la modification de l'analyste. Une analysante me disait il y a quelque temps : « Si seulement j'avais l'espoir de vous modifier quelque peu ! » et ce quelqu'un est peut-être *borderline*, ce que j'ai essayé de nommer les frontaliers pour traduire ce mot anglais. Ce souhait peut être celui d'une hystérique qui veut laisser sa marque ou sa trace pour se savoir unique. Mais en ce cas, souhait que l'autre, l'interlocuteur, accepte d'elle quelque chose sans se prétendre, sans se refermer immédiatement, peut-être acceptation d'un don, et nous savons que nos analysants nous donnent beaucoup. Et le don suprême est celui qui s'opère dans la relation par une modification interne de cette relation et donc des protagonistes. Demande de modification qui peut encore se relier au fait qu'on veut être entendu. « Si vous psychanalyste, vous m'entendez, vous serez changé. »

Plus radicalement ce qui compte, c'est l'acceptation d'une possibilité de modification. Quand une personne qui n'est pas d'abord dans la séduction prononce ces paroles, peut-être comme un cri de désespoir, ou un cri d'espoir, « si seulement je pouvais vous modifier », elle dit essentiellement : « Si j'opérais en vous une modification, c'est que je pourrais opérer, dans cet autre qui est en moi et qui en moi m'aliène, une modification. J'aurais déjà opéré une modification et la névrose de transfert aurait été atteinte. » Ou encore elle dirait : « Cette forme de stéréotype de relation aux autres que je traîne avec moi depuis ma naissance a déjà été modifiée si j'ai pu vous modifier. Si j'ai sur vous le pouvoir d'un changement mon rapport à mon autre a lui aussi subi un changement. » Entendre, ce n'est pas comprendre ou interpréter, c'est entrer dans la genèse de la modification.

Entendre, c'est encore être affecté, c'est subir l'effet d'une œuvre d'art, d'une vie, d'une personne. Difficile sans doute de penser cette expérience : s'agirait-il d'une fermeture de l'inconscient au sens d'un refoulement prononcé, une fermeture plus totale qui n'aurait pu exister avant l'analyse ? Cela est possible, car il est toujours facile de se tromper sur son propre compte. Mais n'y aurait-il pas une autre forme de fermeture de l'inconscient ? Une non-réflexion, un non-regard sur soi, un inconscient qui trouve désormais inutile de parler, qui n'éprouve plus la nécessité de transmettre quelque chose de son état, qui se contente de vivre ce qu'il a à vivre. Ou, pour reprendre l'expression de Winnicott, qui s'attarde à intégrer les affects. Car grâce à l'analyse, cet inconscient a trouvé ses propres lois qui ne sont pas celles de l'intelligence séparatrice et réductrice. C'est un inconscient qui ne veut plus être aliéné dans l'interprétation, d'abord parce que toute interprétation est partiale et partielle et c'est pourquoi elle est indéfinie. Plus radicalement, et nous retrouvons ici le conflit entre savoir et guérison par quoi nous avons commencé, l'inconscient ne veut plus être aliéné par le savoir. En effet la tentative du savoir de l'analyste ou de l'analysant s'exerce toujours à l'égard de ce qu'il a d'abord figé, de ce qu'il a rigidifié, de ce qu'il a tué. Il y a une fermeture de l'inconscient qui s'apparente me semble-t-il avec le respect de la vie, celle qui agit en silence. On pourrait estimer que les psychanalyses qui s'éternisent transforment le patient en victime ouverte : comme les oiseaux sacrifiés, elles devraient permettre à l'augure encore et encore d'interpréter les signes, alors qu'il n'y a plus rien à comprendre. Comme le disait un ami américain : « Mon plaisir est de permettre à la vie d'aller son cours. » Ce pourrait être un adage pour les psychanalystes.

Une condition de la liberté*

La neutralité pourrait se définir comme une position d'équilibre entre des forces de directions contraires, qui se trouvent, de ce fait, dans un état de disponibilité optimum.

Essayons de déplier cette définition. Les forces contraires peuvent être comprises comme des forces qui sont dirigées soit vers l'avant, vers le futur, soit vers l'arrière, vers le passé, donc des forces de progression et de régression. Dans une cure analytique nous avons affaire à des forces de ce genre. La dépendance dans laquelle se place l'analysant tend à le faire retourner à l'infantile, mais cette régression n'aurait aucun sens si elle n'avait pour but de le projeter vers le futur, vers un avenir, vers une existence qui soit un peu plus le fruit d'une histoire, un peu moins l'effet d'un destin. Il n'est pas possible que ces forces soient disponibles en vue d'un futur, si d'abord elles n'ont pas été retrouvées sous la forme qu'elles revêtent dans l'infantile ; si le sujet en analyse n'est pas venu les rechercher et les reprendre là où elles sont demeurées dans leur fixité répétitive. Des forces ont été enchaînées dans le passé ; il faut revenir à elles pour les délivrer. Elles étaient mortes, il faut les rendre à la vie, pour qu'elles puissent être utilisées en vue de l'avenir. Avec Orphée il faut redescendre aux enfers et trouver le chemin qui permette d'en sortir.

Quand nous nous servons des termes de régression et de

* Paru dans *Psychanalystes*, janvier 1989.

progression, nous les entendons d'abord dans le sens temporel, et bien souvent nous nous en tenons là. En réalité ces termes doivent recevoir également, selon le conseil de Freud, deux autres sens, topique et dynamique. Ce qui nous apparaît exclusivement dans le registre de la diachronie doit être pris également dans celui de la synchronie. Une régression temporelle peut, à la limite, ne pas être nécessaire, si la régression topique est effectuée, car il importe avant tout de découvrir ou de désensabler le lieu où des forces jugulées sont en attente. Le passé est ce qui, dans l'actuel, est enfermé par la mort. De topique la régression devient dynamique, si ce sont vraiment des forces le plus souvent inconnues qui sont rencontrées en ce lieu. Le retour à l'infantile ne saurait être le point de départ d'une modification, s'il n'est pas actualisé comme soutenant la structure présente de l'individu. Des propos tenus en analyse sur le seul présent peuvent avoir autant d'efficacité thérapeutique que l'évocation des souvenirs d'enfance, si du moins la mention du présent va jusqu'à faire surgir ici et maintenant les forces de nature infantile, c'est-à-dire les forces qui se rendent manifestes par la dépendance, par les souvenirs, par les affects, par l'imaginaire, par l'instinctif, le pulsionnel, le sensible, l'animal.

Nous savons que la régression, fût-elle accomplie selon ces trois figures, ne saurait en elle-même devenir la source d'une modification. D'où la nécessité du passage par le point neutre, par la neutralité. Le point neutre est le lieu de passage du passé au futur. Pourquoi faut-il qu'il ait une existence propre, pourquoi doit-il être un moment perceptible comme tel ? On peut répondre, parce qu'il est le moment où les forces régressives sont non plus subies ou imposées comme une nécessité impérieuse, mais se trouvent rassemblées, mises en état d'attente, transformées en énergie potentielle. C'est uniquement grâce à la formation de cet état de neutralité que l'analysant est susceptible de voir ces forces mises réellement à sa disposition. Si une force est libérée de l'isolation que lui imposait le symptôme, c'est qu'elle a déjà été intégrée aux autres parts de l'individu et qu'elle devient énergie disponible. Or cette énergie ne peut pas être disponible si ne sont pas supposés un lieu et un temps où elle est reçue comme telle avant d'être dirigée vers une action. Le point neutre est celui de la mobilisation des forces.

Quel est l'intérêt de ce point de neutralité dans la cure, dont l'opération essentielle consiste à s'appuyer sur le passé pour aller vers le futur ? Ce point désigne la possibilité de la liberté. On va du passé au futur par la décision, c'est-à-dire en abandonnant l'infantile qui est toujours rêve de tout garder, en choisissant ceci et donc en laissant de côté cela. La décision est une folie, disait Kierkegaard, parce qu'elle est un saut dans l'inconnu et dans la nouveauté, plus précisément parce qu'elle est une perte dont on ne sait pas, dont on ne sait jamais, si elle pourra être compensée. La sortie de l'infantile pour l'humanité comporte la tolérance d'une perte. C'est cette perte qui est au cœur de toute décision. Mais comment la perte serait-elle possible si l'énergie potentielle n'était pas surabondante, si elle ne faisait pas sentir que la perte n'est rien auprès de la richesse de ce qui s'ouvre vers demain ? Les gens qui ne choisissent pas sont des moteurs à gaz pauvre, comme le disait Georges Bidault de Robert Schumann ; ils ont peur de tout perdre s'ils perdent quelque chose. La décision suppose donc la générosité, laquelle suppose la conviction que la dépense n'épuisera pas les forces, la certitude que la perte est le grand moyen de gagner. Seul le passage par le point de neutralité peut donner cette conviction et cette certitude. Ce point devient alors la condition de la liberté, il est un autre nom de ce que la tradition désignait par le libre arbitre. Si l'on ne passe pas par cet état, comme lieu de concentration des forces potentielles, il n'y a pas de perte possible et donc pas de choix, pas de décision qui trace aujourd'hui la voie de l'avenir.

Vous pensez peut-être que je m'égare en parlant de la neutralité de l'analysant, alors que la figure imposée pour ce congrès, est celle de la neutralité de l'analyste. Pourtant c'est bien de cette dernière dont je viens déjà de parler, en ce sens que la condition de possibilité de la neutralité de l'analysant est la neutralité de l'analyse.

Comment décrire ce phénomène ? S'il est seul, l'analysant

reste enfermé dans la répétition. C'est parce qu'il en est fatigué qu'il vient nous demander de le sortir du cercle vicieux dans lequel il est emprisonné. Nous pouvons penser qu'il suffit d'interpréter pour que l'analysant prenne conscience de sa répétition et qu'il s'en détourne. Mais les choses ne se passent pas ainsi. Nous devons, en effet, nous demander en quoi consiste cette répétition. Ce que répète l'analysant n'est autre que le trauma relationnel qui le définit, c'est-à-dire la forme de relation aux autres et au monde à laquelle son premier entourage l'a contraint. Ne disposant pas d'autre modèle, il l'a intériorisé et il a pris l'habitude de le reproduire. Comment rompre ce charme ? Ce ne peut être par des paroles, si pertinentes qu'elles puissent être. Puisque la forme de relation est si bien ancrée qu'elle se confond avec la forme de l'existence, seule une relation différente, c'est-à-dire une réalité de même structure, est susceptible d'opérer une modification. À supposer que des paroles soient efficaces, elles ne le seront que si elles sont entées sur la relation nouvelle.

Quelle est alors la tâche du psychanalyste ? Établir une relation qui rende possible l'apparition, chez l'analysant, de ce point de neutralité. Ce qui suppose d'abord que l'analyste fasse pour lui-même, dans la relation à l'analysant, l'expérience de cette neutralité. S'il n'est pas capable de se tenir en équilibre entre le passé et le futur, entre ce qui s'impose et ce qui peut advenir, entre ce qui est subi et ce qui peut être produit, s'il ne peut pas concentrer ses forces et les maintenir dans l'attente, sa présence ne sera d'aucun poids pour faire sentir à l'analysant la possibilité de cet équilibre, de cette concentration et de cette attente. Mais cette neutralité de l'analyse, lorsqu'elle est saisie du point de vue de la relation, revêt une forme particulière. Elle sera le lieu stable du passage entre deux extrêmes : la participation intense et l'identification à l'analysant d'une part, la mise à distance et l'objectivation d'autre part. Si le psychanalyste n'est pas pris dans les filets de l'analysant, fût-ce même inconsciemment et pour un temps, il n'y aura pas de relation et donc pas de modification ; mais si l'analyste ne se tient pas à l'écart et ne conduit pas l'expérience, fût-ce après coup et dans un temps second, il n'y aura pas non plus de modification, parce que la relation gardera son visage d'immédiateté et donc de répétition aveugle. On voit donc ici que la neutralité ne se confond pas avec la mise à l'écart et l'indifférence ; elle est la capacité de jouer avec des contraires.

De cette neutralité que lui impose l'analyse, l'analysant va se défendre. Il veut, en effet, pouvoir répéter son trauma relationnel. Comme par ailleurs il est désormais lié à l'analyste, il ne veut pas rompre la relation. Il peut le faire et cela arrive, mais il arrive aussi qu'il ne le veuille pas. En ce cas il est pris dans une contradiction : s'il résiste, il se sépare de l'analyste ; s'il ne résiste pas, il est contraint de changer son mode de relation. C'est donc de cette contradiction que pourra émerger sa neutralité. Il peut se contenter d'osciller d'un extrême à l'autre, c'est-à-dire se plaindre de l'abandon de l'analyste ou à l'inverse changer en apparence dans le seul but de faire plaisir à l'analyste. Mais cette oscillation, du moins dans les cas favorables, ne devrait pas durer si l'analyste continue à tenir son rôle et sa place.

Comment la neutralité de l'analyste, au sens entendu plus haut, peut-elle être un préalable à la neutralité de l'analysant ? Dans l'état de neutralité où il est censé se trouver, l'analyste se réduit à une force en attente, force non liée à des actions à entreprendre, à des pensées particulières ou à des sentiments. Cette force est une pure possibilité, qui n'entraîne avec elle aucune détermination. Elle se présente à l'analysant pour rencontrer chez lui la même force, c'est-à-dire la même possibilité. Elle n'impose rien qui soit déterminé ou particulier, ce qui ne veut pas dire qu'elle n'impose rien, puisqu'elle ouvre à l'analysant le propre espace de ses possibilités. L'analysant subit cette force qui le contraint à extraire de lui-même une force semblable afin qu'il fasse apparaître ses propres ressources. En ce sens on peut dire que l'analyse est, pour l'essentiel, un rapport de forces.

Encore faut-il s'entendre sur la signification de ce terme. Il ne s'agit pas ici d'un combat dans lequel chacun des adversaires devrait imposer à l'autre ses propres pensées ou ses propres volontés. Chaque fois que quelque chose de ce type est pratiqué entre des humains, on se trouve avoir établi des rapports de pouvoir. Ce que je cherche à évoquer pourrait être nommé un rapport de puissance, de liberté à liberté, de possibilité à possibilité. La puissance est la force comme pure énergie potentielle. Et c'est elle qui est donnée dans la neutralité. Se présenter dans la puissance, c'est imposer à l'autre qu'il se situe lui aussi dans la puissance qui lui est propre, en deçà de toute action, pensée ou sentiment. La puissance de l'analyste peut donc être entendue comme la contrainte imposée à l'analysant d'avoir à prendre sa place et de laisser advenir le possible. Elle est donc certes une provocation, au sens étymologique du terme, c'est-à-dire un appel à répondre. Dans sa neutralité, l'analyste ne transmet rien qu'il aurait en sa possession, car il n'a pas la maîtrise de sa liberté ; il la reçoit et peut seulement s'apprêter à la recevoir. Par contre il peut sinon transmettre, du moins susciter l'analysant à partir de ce qu'il est, à éprouver l'exacte mesure de la possibilité de sa liberté.

Ce qui est au cœur de l'analyse, c'est donc la capacité de se décider. Ce n'est pas là une perspective couramment développée parmi les psychanalystes. Freud utilise à plusieurs reprises le mot de décision. Par exemple dans son *Introduction à la psychanalyse* pour expliquer que, si une décision a conduit à la maladie, une autre décision doit ouvrir les voies de la guérison. Si l'on accepte cette façon d'envisager le rapport de l'individu à sa maladie ou à sa guérison, il ne sera plus question d'attribuer nos malheurs à nos géniteurs ou à quelque individu de notre premier entourage ; il s'agira de reconnaître que nous avons décidé nos malheurs. Il n'y aura pas d'accès possible à la neutralité, c'est-à-dire au pouvoir de choisir le futur, si nous ne commençons pas par reprendre notre histoire à notre compte. Sans doute nous pouvons penser que nous avons été victimes d'influences diverses, mais nous ne pouvons pas nous arrêter à ce constat d'irresponsabilité. C'est nous qui avons choisi de nous installer dans cet état de victime, nous aurions pu faire un autre choix. En remontant notre histoire, nous pouvons y faire des choix nouveaux, nous situer différemment par rapport à elle et, de la sorte, en devenir l'unique responsable. Les forces que nous avions subies passivement sont désormais à notre disposition pour nous permettre de transformer notre existence.

Mais, encore une fois, cette prise de responsabilité de l'analysant, par quoi se définit sa neutralité, ne sera rendue effective que dans la relation à la neutralité de l'analyste. Ce dernier pèse de tout son poids dans cette relation parce qu'il est libre, parce que lui-même, et dans la mesure où lui-même, dispose de son histoire. Si l'analysant ne change pas, c'est qu'il a trouvé en son analyste certaines forces mortes qui sont les corrélats des siennes et qui lui permettent de répéter son trauma relationnel. Pour paraphraser une formule de Lacan, la résistance de l'analysant au changement prend appui sur les résistances homothétiques de l'analyste. Chacun sait que l'on choisit tel analyste pour faire une analyse, mais pour n'en point faire aussi, parce que l'on a perçu dès le premier entretien avec une science infaillible qu'avec celui-là ou celle-là certaines interrogations brûlantes pourront être évitées. Toute modification de l'analysant suppose donc une modification chez l'analyste, c'est-à-dire un pas de plus vers la neutralité, telle qu'elle a été définie plus haut.

Je m'arrête un moment, avant de tirer certaines conséquences de ce qui précède, pour développer quelques-unes des objections que vous pourriez faire. Tout d'abord : ai-je bien raison d'observer en analyse la présence de forces de sens contraire, les unes nous tournant vers le passé, les autres vers le futur ? Je laisse de côté les questions que l'on pourrait dire d'ordre métapsychologique : qu'est-ce que cette notion de force, est-il vrai que de telles forces existent, est-il exact que, par nature, elles pourraient être de sens contraire, ou bien leur orientation supposée n'est-elle pas due plutôt à la manière de les utiliser ? Je me borne à constater que la littérature analytique parle le plus souvent de régression et de répétition, c'est-à-dire de référence au passé, et qu'elle laisse dans l'ombre ce qui pourrait avoir trait au futur ; la régression et son passage à la conscience étant jugés susceptibles d'un renouvellement ou bien l'avenir de l'analysant étant estimé comme une affaire qui le concerne seul. Mais alors il faudra expliquer pourquoi ce recours au passé est suffisant et quels sont, en conséquence, les buts poursuivis par la psychanalyse.

Ensuite, est-il légitime, comme je l'ai fait, de focaliser l'expérience de l'analyse sur la possibilité et l'exercice de la décision ? Sans doute les psychanalystes pensent respecter la liberté du patient en intervenant le moins possible et en laissant celui-ci parler à sa guise, en prenant garde de ne pas introduire dans leurs interprétations des mots ou des expressions que ce patient n'a pas lui-même utilisés, en évitant d'intervenir dans la réalité et en ne cherchant nullement à l'adapter au monde environnant. Mais alors ne peut-on se poser à cet égard deux types de questions ? D'abord la réserve extrême de l'analyste, qui se refuse de quelque façon à ouvrir le futur, n'a-t-elle pas pour conséquence d'entraîner dans une régression tous azimuts, dont les dangers ne sont plus à découvrir ? Car la régression à elle seule est incapable d'opérer des modifications ; elle conduit à des répétitions à l'intérieur et à l'extérieur de la cure.

Enfin, le respect sourcilleux de la liberté du patient n'induit-il pas un laisser-dire et bientôt un laisser-faire, qui énervent et débilitent ? Si nous pensons que le passage par le point neutre n'est pas nécessaire, c'est-à-dire s'il n'est pas la condition effective de la liberté, ce que nous défendons, est-ce autre chose qu'une liberté formelle, une liberté vide de tout contenu et qui ne pourra donc jamais s'exercer ? Une liberté peut-elle être effective en dehors d'une relation à un autre être humain, lui aussi susceptible d'une liberté semblable ? Tant que l'on se réfère à la seule liberté formelle, on laisse la porte ouverte à toutes les formes de pouvoir ; et la psychanalyse est très loin de s'en être débarrassée.

À ce propos il faudrait ne pas oublier que nous ne sommes plus dans les conditions culturelles où la psychanalyse a pris naissance. Il s'agissait entre autres pour Freud de desserrer l'étau d'un système de valeurs oppressantes par un retour au pulsionnel. Ce travail pouvait sembler suffisamment libérateur pour que les patients en tirent profit spontanément. Dans un monde où les impératifs collectifs ont disparu, impératifs religieux, philosophiques, moraux, politiques, et où l'individu est livré à la solitude de ses propres repères, n'est-il pas pensable que nous nous posions la question de savoir à quoi peut conduire une technique commandée par l'association libre et orientée vers la compréhension ?

D'ailleurs lorsque, en dehors des réunions officielles et loin des regards des grands prêtres qui veillent à la pureté de l'idéologie, nous parlons des difficultés de notre tâche et de nos tentatives de solution, il apparaît clairement que nous nous écartons de la prétendue pureté des règles analytiques. Mais nous nous sentons alors mauvaise conscience et nous prenons bien garde de faire connaître publiquement nos pratiques. Ferenczi parlait déjà de l'hypocrisie des analystes ; elle n'a pas cessé de se répandre. Il nous manque d'affronter ces questions de face et de tenter de penser autrement ce que nous faisons. Dans des articles ou livres récents écrits par des analystes qui ont été chercher quelque secours dans d'autres techniques, on perçoit le souci de justifier leurs infidélités par des précautions oratoires et par des surenchères de développements théoriques issus de la psychanalyse. Cette dernière représente pour ces auteurs un sommet indépassable qui n'a rien à apprendre de personne, de telle sorte que ces autres pratiques, auxquelles ils viennent cependant demander quelque chose, se présentent comme ne pouvant jamais en être que le pâle reflet.

Si vous acceptiez ce que j'ai avancé plus haut, il me semble que nous pourrions suivre une autre voie. Ce que je pense devoir être situé au cœur de la cure analytique pourrait bien être revendiqué comme tel par les autres thérapies. S'il en était ainsi, un certain dialogue pourrait s'instituer entre elles et la psychanalyse. Nous pourrions ainsi, sans mauvaise conscience et sans hypocrisie, bénéficier de leurs apports. Cela supposerait évidemment que nous cessions de considérer la psychanalyse comme la Mecque de toute thérapie possible et que nous fassions l'inventaire de ses limites, en un mot que nous abandonnions notre suffisance. Nous sommes à ce point victimes de l'idéologie dominante que nous n'osons pas penser ce que secrètement nous pensons. Il s'ensuit que nous n'entendons rien des questions qui nous viennent d'ailleurs, questions sans doute souvent posées avec maladresse et naïveté, mais qui toutes ont germé et grandi sur le sol de la psychanalyse, grâce à la psychanalyse et à cause de ses limites.

Vous savez peut-être que nombre de thérapies dites nouvelles sont issues du travail de Milton H. Erickson, à savoir l'hypnose indirecte, l'analyse systémique, la thérapie familiale, etc. Il a été en particulier le maître à penser de Gregory Bateson. Que les Français ignorent ces noms, cela peut être compréhensible, bien qu'ils n'ignorent plus ce dernier, pas plus que l'École de Palo Alto, dont l'influence a tout spécialement marqué Harold Searles. Ce qui est plus étrange et qui me semble caractériser la fermeture du milieu analytique international, c'est que, sur vingt psychanalystes interrogés dans différentes régions des États-Unis, pas un seul ne connaissait ce nom.

Laissons de côté la polémique. Comme il est impossible dans le cadre de ces journées de développer les rapports qui pourraient exister entre la psychanalyse et les autres thérapies, je voudrais me contenter d'ouvrir la voie à des modifications possibles de notre technique sur deux points particuliers que je qualifierais ainsi : accueillir *le symptôme* comme un don, faire travailler *l'imagination*.

Selon Freud nous ne devons pas traiter directement le symptôme, mais remonter du symptôme à la résistance par l'interprétation. Une technique plus répandue consiste à ne pas se préoccuper du symptôme et à attendre que la libre parole en vienne à bout par surcroît. Mais n'est-il pas possible aussi de considérer le symptôme comme un élément qui souffre d'isolation ? Par son insistance encombrante et inhibitrice, il révèle qu'un élément de la psyché a été mis à part et qu'il ne communique plus avec les autres éléments. Il s'agit donc de le réintégrer à la totalité de la psyché. Cela est possible dans la mesure où le patient cesse de le traiter comme un facteur de persécution et qu'il le reçoit, l'accepte, le veut comme quelque chose qui lui est indispensable et qui est porteur d'une force dont il a besoin. Par ce que je nommerai une décision de réintégration, le symptôme perd son caractère d'extériorité, il change de sens et devient une part nécessaire au fonctionnement d'ensemble. En ne traitant plus le symptôme comme un mal, en le replaçant sous sa propre responsabilité, le patient fait à nouveau circuler la force qui avait été utilisée pour la production de ce symptôme.

Soit un homme qui reproduit la méchanceté de sa mère, il n'en veut pas, il veut la laisser hors de lui. Il sait pourtant que cette méchanceté est la forme de son lien à sa mère. Si donc il modifie sa relation à cette méchanceté, s'il la perçoit comme quelque chose qui lui appartient et dont il ne veut pas se séparer, s'il la reconnaît et l'affirme comme son bien propre, il cesse d'en être la victime, et elle s'estompe par là même. Cela n'est pas de la magie, mais se fonde sur deux présupposés acceptables, me semble-t-il, pour un analyste : d'abord le symptôme est un enkystement d'une partie de la psyché, ensuite le passage d'une attitude passive à une attitude active transforme la relation au symptôme et réintègre la force qui le soutenait dans la vie psychique tout entière.

Seconde ouverture possible : faire travailler l'imagination. Nous rencontrons en analyse les produits de l'imagination en particulier sous la forme du rêve, et ce rêve nous pensons qu'il faut l'interpréter. Nous sollicitons le patient pour qu'il passe des images ou des mots du rêve à une compréhension du sens du rêve. Ne serait-il pas possible de considérer le récit d'un rêve comme porteur d'un désir inchoatif ? Il s'agirait alors pour l'analysant d'entrer à nouveau dans le rêve à la manière d'un acteur qui n'aurait encore joué qu'une scène et qui serait invité à continuer la pièce. Ce genre de travail permet non seulement de mieux faire apparaître le ou les désirs contenus dans le rêve, mais de devenir l'agent d'une transformation des données du rêve en fonction d'un futur qu'il retient. Il est question ici non pas de trouver dans les figures du rêve la révélation d'un arrière-monde, comme pourrait l'accomplir une analyse jungienne, mais de modifier le rapport de l'analysant à son propre monde imaginaire. Nous ne serions pas non plus ici dans la magie, mais nous poserions comme présupposé que nous sommes en permanence guidés par l'imagination, comme une forme possible de ce que nous nommons l'inconscient, et que cette imagination peut être travaillée et modifiée comme telle sans en appeler à une interprétation qui la surcoderait en lui attribuant un sens en fonction d'une théorie générale. Les fantasmes (traduction de l'allemand *Phantasie*, lui-même transposition du grec *phantasia*, constamment traduit par « image » dans Aristote) peuvent n'être pas seulement subis ; l'analysant peut être l'acteur et l'agent de leurs modifications.

Qu'est-ce qu'être psychanalyste ?*

La psychanalyse a commencé le jour où Freud, tournant le dos à la suggestion, a donné la parole à ses patientes dans un contexte tel que cette parole s'est avérée efficace. Le « dire » était redevenu un « faire », non pas sous l'effet d'une injonction émanée de quelque autorité ou de quelque pouvoir, mais par la force suscitée en celui-là même qui ressentait le besoin d'une modification. Cela signifiait que l'efficacité de la parole n'était plus le fait du médecin, mais du patient, qu'elle prenait son origine non plus dans le guérisseur, mais dans le malade.

Pour votre propre compte, vous venez, Mesdames et Messieurs, d'effectuer le même acte fondateur. Lorsque vous avez décidé de choisir comme sujet de votre rassemblement : « La psychanalyse, identité et différence », vous êtes redevenus des analysants de la psychanalyse, formant par là le plus beau geste que vous puissiez accomplir comme psychanalystes, même et surtout si vous êtes chargés d'une longue expérience. Vous avez, en effet, parlé ce thème et vous l'avez, dans le même instant, mis en acte. Vous avez affirmé vos différences à l'intérieur d'une identité.

Pour en arriver à ce point vous avez dû surmonter bien des craintes en vous et autour de vous, craintes de voir se réveiller des autorités sourcilleuses et mécontentes, dont la

---

* Conférence donnée à São Paulo en avril 1991 lors d'une rencontre entre quatre associations psychanalytiques brésiliennes. Publié dans *Esquisses psychanalytiques*, printemps 1992, p. 161-167.

parole n'est justement plus guère efficace, craintes aussi de voir disparaître vos particularités au contact d'autres particularités. Comme si toute réunion était une menace de dissolution, comme si l'altérité devait fatalement s'estomper dans la mêmeté, alors que le même authentique est toujours le corrélatif de l'autre. Le risque d'effritement des différences prend sa source dans la faiblesse de nos singularités, contraintes de se cacher frileusement à moins qu'elles n'adoptent des formes rigides. Le risque provient également de notre prétention à ériger nos singularités en loi universelle, c'est-à-dire à exclure les autres singularités et à prendre avec plus ou moins d'élégance un chemin totalitaire.

Vous avez tracé une voie exactement inverse par le choix que vous avez fait d'énoncer et d'effectuer ce thème de l'identité et de la différence en psychanalyse. Vous avez eu le courage, bien rare en nos temps et en nos milieux, de proposer le modèle qui devrait présider à toute rencontre d'individus humains et à tout échange de groupes humains, à savoir la possibilité de sauvegarder et de développer ce qui lui est propre, de telle sorte que soit maintenue et que puisse croître l'appartenance à une même cité, à une même culture, à une même humanité. En tant que psychanalystes vous avez, au plus beau sens du mot, effectué un acte politique. Cet acte aura, j'en suis sûr, pour la psychanalyse et pour cette cité qui ne veut pas être conduite, mais conduire *(Non ducor, duco* [1]*)*, les conséquences les plus heureuses sur la psychanalyse de demain.

Ce n'est pas par hasard, en effet, si vos quatre institutions ont décidé ce rassemblement sous l'égide de l'Instituto de Estudos avançados da Universidade de São Paulo. *Estudos avançados*, car il s'agit bien aujourd'hui de se détourner d'un passé où la peur des institutions interdisait les échanges et d'aller de l'avant vers l'avenir où, quelque peu, la coopération prendra le pas sur la rivalité.

Si la psychanalyse a commencé lorsque Freud a posé les

1. C'est la devise de la ville de São Paulo.

conditions d'une parole efficace pour l'analysant, c'est-à-dire d'une parole en acte, nous devons nous demander quelles ont été et quelles sont encore pour nous ces conditions. Si je pose cette question en ces termes, c'est que j'y vois une manière pertinente de définir la psychanalyse, même s'il n'est pas coutumier de le faire ainsi. Il ne me paraît pas, en effet, impossible que vous acceptiez de penser et de dire que la parole est le moyen privilégié de la cure psychanalytique. En psychanalyse on ne passe pas à l'acte, on parle. On parle et on écoute. Il ne me paraît pas non plus impossible que vous acceptiez de penser et de dire que la psychanalyse doit produire une transformation, donc qu'elle doit avoir son efficacité. Si l'on refuse à l'analysant le droit de substituer l'acte à la parole (ce que nous appelons le passage à l'acte), c'est que déjà sa parole aura été une mise en acte.

Vous êtes donc d'accord sur ces quelques points. Mais il est vraisemblable que votre accord est entouré, cerné même par une quantité innombrable de questions. Impossible de se contenter d'un accord facile qui voilerait nombre de malentendus. Si je veux parler de l'efficacité de la parole en analyse, il me faudra donc chemin faisant me livrer à une série d'éclaircissements, et c'est ici que les différences apparaîtront dans ma façon de m'expliquer. De quelle parole s'agit-il ? Celle de l'analysant ou celle de l'analyste ? Peut-on les placer sous le même titre général et confus de parole ? Comment la parole en analyse se distingue-t-elle de la parole émise dans la vie de tous les jours ? Sur quel fond se détache cette parole ? Quel est son rapport avec le transfert ? Cette parole est-elle le dire d'un affect ? De quelle nature est la parole dans l'interprétation et d'où provient-elle ? Quelle efficacité peut-on attendre de la psychanalyse ? S'agit-il d'une transformation radicale, d'une amélioration ou d'une sédation des symptômes ? Et je pourrais, à cette liste de questions, en ajouter une autre plus longue encore.

À l'intérieur de cette identité acceptée, à savoir que la psychanalyse se définirait comme l'exercice d'une parole efficace de l'analysant et sans doute aussi de l'analyste, je vais tenter d'exprimer ma manière personnelle, peut-être différente, peut-être semblable, de comprendre et de développer cette définition. Je voudrais montrer que la parole en analyse est efficace premièrement parce que, dans le transfert, elle est la verbalisation des affects constituants, deuxièmement parce qu'elle est une décision et troisièmement parce qu'elle invente le futur.

La parole en analyse est d'une nature très particulière. Lorsque Freud, à la fin de la *Traumdeutung*, décrit la méthode nécessaire à l'analyse des rêves, il explique que l'on doit laisser venir les représentations non intentionnelles et non voulues, qu'il s'agit d'instaurer un régime de paroles arbitraire et sans but. La parole en analyse est donc une parole insensée, au sens étymologique du terme, c'est-à-dire qu'elle ne vise pas intentionnellement un sens, comme doit le faire et comme le fait effectivement le langage humain quand il est parlé par des personnes qui veulent communiquer par des mots qui aient un sens. Selon l'hypothèse formulée plus haut, si la parole en analyse est efficace, c'est en raison de sa nature particulière qui se révèle soumise à la non-intentionnalité. Il faudrait en conclure que la parole sensée, la parole qui se veut avoir un sens, donc la parole intentionnelle, celle dont nous usons constamment, il faudrait en conclure que cette parole n'est pas efficace, qu'elle ne peut pas l'être et qu'elle n'opère pas ce qu'elle signifie. Or il en est bien ainsi. Sans se lancer dans des explications qui nécessiteraient des heures et des jours, il suffit de se référer à notre expérience de psychanalyste, pour se souvenir que le discours cohérent, rationnel, toujours maîtrisé d'un obsessionnel demeure stérile, ou que les plaintes ressassées d'un hystérique, qui attend la pitié pour recommencer à se plaindre, sont exprimées pour que rien ne change. Les paroles efficaces sont celles qui traduisent ces *Einfälle* (c'est-à-dire ce qui choit, ce qui chute, ce qui tombe) de la tradition romantique allemande et que Freud reprend lorsqu'il parle d'association libre. C'est ce qui arrive dans l'esprit comme par effraction, c'est ce qui vient rompre le discours intentionnalisé, c'est ce qui fait irruption comme un incident ou comme un accident et qui détruit le sens consciemment voulu, c'est cela qui fait tourner nos existences et qui leur fait prendre un autre cours. C'est donc à la parole insensée et à elle seule qu'une efficacité peut être attribuée.

Mais dans quel sol ou dans quel sous-sol les *Einfälle* prennent-ils leur origine ? Dans ce que nous appelons affects ou pulsions. Le discours insensé, typique de la parole en analyse, et que l'on pourrait nommer tout aussi bien déparole, est le dire des affects et des pulsions. Des pulsions en lesquelles se manifeste que nous faisons partie du monde des vivants, des affects qui sont le dépôt à l'intérieur de nous-mêmes de toutes les relations qui nous ont formés. Le discours doit devenir insensé parce que le discours sensé était fait pour recouvrir ce que nous sommes, pour le cacher aux yeux des autres et d'abord à notre propre regard. La parole ne peut retrouver sa force, grâce au transfert, que si elle renoue avec les pulsions et les affects, que si elle en est l'exacte traduction. De son côté la parole de l'analyste restera sans effet tant qu'elle se bornera à proposer des interprétations qui seront tirées d'un code ou d'une théorie que la culture a depuis longtemps assimilés et par quoi maintenant elle se protège. Au contraire si l'interprétation réussit à formuler la singularité actuelle de l'analysant ou encore la particularité de la relation transférentielle qui est vécue en ce moment précis par les deux protagonistes, alors la parole énoncera ce qui est en train de s'effectuer. Elle est efficace parce qu'elle donne une voix humaine à ce qui n'était, il y a un instant, qu'une souffrance enfouie dans sa propre immédiateté. Mais pour qu'une telle parole de la part de l'analyste puisse être émise, il est nécessaire que l'analyste ne se cantonne pas dans une réserve lointaine, qu'il participe à la situation de telle sorte que l'intensité de son investissement produise la distance impliquée par sa fonction.

Ferenczi avait remarqué que l'interprétation psychanalytique avait tendance à privilégier le versant intellectuel. Il notait que si l'association libre n'est possible pour l'analysant que s'il se met dans un état second, proche de l'état hypnotique, il faudra bien que l'analyste, de son côté, se trouve lui aussi dans le même état pour être à même de parler ce qui jusqu'alors n'avait pu l'être. Freud disait que nous devions recevoir chaque analysant, en prenant soin d'oublier tout ce que nous avions appris ; seul moyen d'entendre la singularité de cet analysant, singularité que nous n'avions jamais rencontrée et que nous ne rencontrerons plus jamais. Et il avait bien montré dans ses récits de cas qu'il était capable de réinventer la psychanalyse à partir de chacun d'entre eux. C'est, en effet, par l'abandon du sens connu par avance en vue d'entrer dans la confusion de la pulsion et de l'affect qu'un nouveau sens va pouvoir être créé. Nous expérimentons dans notre pratique au fur et à mesure que les années passent à quel point nous sommes capables d'accéder à la liberté qui nous fait entendre chacun à sa manière et à notre manière, liberté qui nous éloigne des dogmes établis, qui nous fait oser prendre des initiatives singulières, indispensables à la poursuite d'une cure.

Être psychanalyste, pour répondre une première fois à la question que vous avez posée, c'est avoir sa jeunesse devant soi, c'est laisser les vieillards ressasser leurs campagnes, c'est s'émerveiller chaque jour du surgissement des dires inouïs qui transforment une existence et des trouvailles qui renouvellent notre compréhension des êtres et du monde.

La parole en analyse est donc premièrement efficace parce qu'elle est, tant du côté de l'analysant que de celui de l'analyste, la verbalisation des pulsions et des affects constituants. Elle l'est deuxièmement parce qu'elle est une décision. Comment une parole peut-elle être par elle-même une décision ? En analyse on décide d'être ce que l'on ne savait pas encore que l'on était. Lorsque le dire d'un affect ou d'une pulsion, tombés par accident dans notre corps et notre esprit, comme y tombent un lapsus ou une repartie, lorsque ce dire vient à bouleverser le sentiment que nous avions de nous-mêmes, le premier réflexe est de l'écarter comme surgi d'un ailleurs ou d'un autre. Mais si nous surmontons cette surprise et que nous l'admettions comme nôtre, c'est que déjà nous avons choisi de nous voir et de nous situer autrement qu'hier. Puisque pulsion et affect ne sont que la lecture intérieure de notre façon de nous comporter et d'être au monde, la décision de les reconnaître sera donc le constat d'une position relative à l'environnement proche ou lointain. Décider, c'est tout simplement s'approprier une place que l'on ne savait pas être la sienne et que l'on tenait comme un automate incapable de réflexion. La parole aura été efficace parce qu'elle aura transformé le destin en histoire, parce que le dire surprenant devenu notre attribut nous aura modifié par là même.

On pense souvent la décision, comme décision d'accomplir ceci ou cela, alors qu'elle est d'abord décision d'adhérer à ce que l'on est, c'est-à-dire de prendre sa place relative au sein des réseaux qui nous constituent. En Chaldée, deux millénaires avant J.-C., les devins avaient formé une discipline encyclopédique d'analyse des présages afin de guider le choix des consultants. Il s'agissait de ne rien entreprendre qui en vienne à troubler l'ordre du monde. Pour cela il fallait connaître l'exacte position du décideur dans son rapport à l'état actuel de l'environnement. Nous avons réduit le monde aux limites étroites de la psyché, mais notre tâche reste la même. Le psychanalyste, comme l'indique le mot repris plusieurs fois par Freud, doit deviner *(erraten)* les déterminants multiples de l'état présent et singulier de l'analysant, afin qu'il puisse s'y inscrire de manière renouvelée. Il n'est pas encore question d'orienter son existence dans telle ou telle direction, cela viendra par la suite comme il arrive à un fruit mûr ; il suffit pour l'heure qu'il endosse activement ce qu'il subissait comme une nécessité indéchiffrable. En ce sens, et je réponds par là encore une fois à votre seconde question, le psychanalyste est un devin, ou un devineur, qui fait émerger par la parole le tissu relationnel dans lequel le patient a été pris à son insu. Il est le devin qui propose au consultant d'être aujourd'hui ce qu'il était déjà sans vouloir le savoir. Quand on affirme qu'une interprétation doit venir en son temps, ni trop tôt ni trop tard, on signifie qu'en cet instant particulier l'analysant est capable de décider cette parole, c'est-à-dire de prendre à son compte et à sa charge sa propre position dans l'ensemble complexe où il est placé aujourd'hui.

La psychanalyse est donc le lieu d'une parole efficace parce qu'elle est la verbalisation des affects et des pulsions, elle l'est en second lieu parce qu'elle est une décision de tenir la place que le devin a désignée, elle l'est enfin parce qu'elle invente le futur. On entend dire parfois que la psychanalyse ne s'intéresse qu'au passé de l'analysant. Certes il est bien exact que Freud a souligné à quel point l'enfance, et tout particulièrement l'expérience de la sexualité dans les premiers temps de la vie humaine, étaient déterminantes. Il est bien vrai aussi que Freud a fait de la remémoration des jours les plus reculés une des tâches principales de la cure. À de nombreuses reprises il a estimé que la névrose se constituait avant la période de latence et que c'était là qu'il fallait chercher les clefs susceptibles de la défaire.

Cependant il est impossible d'estimer que la psychanalyse resterait cantonnée dans l'investigation du passé. Du seul fait qu'elle ait rendu à la parole son efficacité originelle, elle a ouvert, dans le présent de l'analyse, les voies de la création, c'est-à-dire celles du futur. Nous avons oublié que la technique de l'association libre était une technique d'invention importée du champ de la littérature. Pour raconter comment lui en est venue l'idée, Freud fait référence, entre autres, à un texte de Börne, extrait d'un volume qu'il avait reçu en cadeau pour ses quatorze ans. Texte qui explique qu'il suffit, pour devenir un écrivain original, de passer trois jours à écrire sans discontinuer tout ce qui vient à l'esprit.

Mais la technique proposée par la psychanalyse ne lui est pas spécifique, elle vaut pour toutes les formes d'invention. Même en mathématiques, comme l'a très bien expliqué Henri Poincaré, la découverte n'est pas le fruit d'une déduction ; elle est, après un long travail et alors que l'on ne s'y attend plus, l'irruption soudaine d'une solution qui fait fusionner des éléments jusqu'alors étrangers les uns aux autres. Par l'association libre la psychanalyse ne fait donc rien d'autre que proposer à tout analysant ce qui est le privilège des créateurs en art ou en science, à savoir la possibilité de donner, non plus au bronze, au son ou à la matière, mais à l'existence humaine, des formes nouvelles. Tout analysant est l'artiste ou l'inventeur de sa propre vie et pour lui chaque jour, comme pour un peintre ou un savant, peut devenir une aurore. Le psychanalyste peut reprendre à son compte, de façon transposée, le mot du politique qui fonda votre capital : *Tudo se transforma em alvorada nesta cidade que se abre para o amanhã*.

Il n'y a pas de distance entre l'invention et la libre parole. Si la déparole est le dire des pulsions et des affects, elle sera immédiatement la force qui bouleverse et qui déplace le lit du fleuve de nos vies. Pour cela sans doute il faut se laisser aller à l'angoisse du non-sens, du jamais vu et jamais entendu, il faut approcher la limite de l'extinction du discours au profit de l'image et du silence, dans l'attente du passage des dieux, dont nous ne pouvons jamais certifier le retour. Inventer sa vie, inventer pour que s'invente la vie d'un interlocuteur, c'est courir le risque de s'égarer. Qui ne l'ose aura besoin de certitudes et de conformités, de malentendus recouverts, de compromissions méconnues. Qui l'affronte pourra n'avoir en partage que le doute à répétition, l'interrogation permanente et, comme en prime, une solitude à la fois nécessaire et dangereuse. Nous savons bien dans notre pratique quotidienne que nulle invention n'est possible que par l'abandon de la toute-puissance que l'on nous prête et par la reconnaissance de notre irrémédiable impuissance. Comme le peintre qui chaque matin pense avoir produit hier sa dernière toile ou l'écrivain sa dernière page, nous sommes dans l'évidence que cette fois du moins l'inspiration va nous manquer, que la tâche ou le cas nous a dépassés, que nulle clarté ne viendra plus écarter la confusion.

Par là on peut saisir que la psychanalyse, sans pouvoir devenir une science, en sera cependant proche à travers le processus de la découverte. Elle ne peut en aucun cas transformer ses résultats, comme le font les mathématiques, en formules apodictiques, elle ne peut pas davantage proposer des vérifications expérimentales, comme c'est le cas en physique ou en biologie. Ainsi que le remarquait René Thom, son discours relèvera toujours de la rhétorique, et donc de l'art de persuader. Car elle ne peut que généraliser ce qui vaut pour un cas singulier et qui peut éventuellement et partiellement être appliqué à plusieurs autres. Elle est incapable de donner les preuves irréfutables de propositions universelles. Donc en ce sens la psychanalyse ne peut ni en droit ni en fait se poser comme scientifique.

Par contre, si l'on considère la science comme en train de se faire, c'est-à-dire à l'instant de sa genèse, nous nous trouvons dans la plus grande proximité. En effet les processus de l'invention sont tous semblables. Le défaut de la psychanalyse, au regard des sciences, est de ne jamais quitter le temps de l'origine et de l'état naissant. Mais sa gloire n'est-elle pas de reconduire chacun de ceux qui lui demandent secours à cette heure où les eaux se retirent pour faire place à la terre, à celle où du chaos immémorial un dieu fait émerger les jours, où l'errance des choses et des êtres prend fin par la nomination ?

Il est donc possible, pour finir, de proposer une troisième définition du psychanalyste. Il est celui qui redevient en permanence un analysant, à la fois le plus modeste et le plus ambitieux. La psychanalyse n'est-elle pas dans notre culture un excellent moyen de devenir un chercheur de la parole efficace, c'est-à-dire peut-être tout simplement un être humain ? Depuis la magie bavarde qui veut nous faire croire en la puissance de ses abracadabras, en passant par la religion chrétienne dont les sacrements, centre de ses pratiques, doivent opérer ce qu'ils signifient, et jusqu'à la science qui n'a raison que par les résultats de ses procédures, la question de la parole efficace hante l'humanité. Comme si, dès qu'elle eut émis le premier mot qui marquait son pouvoir, elle avait été prise d'angoisse devant le risque encouru que ce qui lui servait à nommer pour vivre et pour survivre se détache de la chose qu'elle avait besoin d'appréhender. C'est pourquoi elle cherche en tout temps et en tout lieu à mettre du sens là où il n'est pas certain qu'il y en ait. Elle est menacée par la folie si les mots ne dominent plus ses entreprises. Elle sait pourtant qu'il lui faut affronter ce danger pour que des choses qui l'affectent elle dégage la force du sens. Le langage efficace est le privilège de l'homme, mais il ne sera jamais sa propriété. Seuls les malins, qui savent en soupçonner et en respecter les lois, pourront y avoir accès.

Rêve, imagination et réalité*

Dans le champ formé par les disciplines qui opèrent sous le signe de la *psukhê*, deux tendances s'affrontent : d'une part les psychothérapeutes veulent élargir la notion de transfert afin de pouvoir penser grâce à lui la relation qu'ils entretiennent avec leurs clients, d'autre part les psychanalystes orthodoxes veulent limiter l'usage du mot transfert à son apparition dans l'espace de la cure analytique proprement dite. (La même chose vaut *a fortiori* pour le titre de psychanalyste.)

Il y a des raisons pratiques et théoriques à ces divergences de vue. Les raisons pratiques peuvent être dites commerciales, car il y a un intérêt de la part des psychothérapeutes à prétendre qu'ils agissent avec les mêmes instruments que les psychanalystes, ceux-ci étant supposés tenir le haut du pavé dans le champ de la psychothérapie. Corrélativement, l'intérêt des analystes est de garder leur chasse et de traquer les braconniers qui prélèvent du gibier sur leurs terres en usant de leur principal moyen d'action.

Les raisons théoriques relèvent du principe de l'idéologie dominante. La psychanalyse s'est arrangée pour faire croire qu'elle était seule capable de penser la relation psychothérapeutique et que, par le concept de transfert, elle détenait la clef de l'intelligence de cette relation. Les

---

* Conférence lors du symposium de Lyon, en novembre 1992, à l'Institut international de psychanalyse Charles-Baudoin. Parue dans *Action et Pensée*, avril 1993.

psychothérapeutes sont soumis à la même croyance et, bien que leur travail, selon différents aspects, se distingue de la psychanalyse, ils ne voient pas comment ils pourraient se passer de la notion de transfert pour fonder leur pratique.

Pour surmonter cette opposition qui risque d'être stérile, parce que les mêmes arguments sont inlassablement répétés de part et d'autre, ne faudrait-il pas pousser les psychanalystes à mieux définir ce qu'ils entendent par transfert et inviter les psychothérapeutes à se libérer de la tutelle ou de la fascination de la psychanalyse en décrivant avec une plus grande pertinence ce qui spécifie leur pratique ?

Si l'on veut savoir ce que les psychanalystes pensent du transfert, le mieux est de se renseigner auprès de l'un de nos meilleurs spécialistes en matière de freudisme. Je veux parler de Jean Laplanche qui a précisément écrit sur le sujet un livre qui est intitulé : *Le Baquet, transcendance du transfert*. L'auteur y note que la littérature analytique est enfermée dans un cercle tautologique. Elle définit, en effet, la situation analytique par la production du transfert et le transfert par le phénomène qui apparaît dans la cure analytique. Pour sortir de ce cercle qui n'éclaire rien, il propose de se mettre à la recherche des modèles qui pourraient rendre compte du transfert. Le plus évident est celui de l'appareil psychique. Or cet appareil, dont les éléments sont exposés dans la *Traumdeutung*, est tout entier le produit de la réflexion de Freud sur le rêve. L'appareil psychique, par son évidente proximité avec le rêve qui apparaît dans le sommeil, se définit d'abord négativement par l'isolation, l'isolement, la déconnexion à l'égard du monde extérieur. C'est un système clos sur lui-même pour lequel la question de la réalité et de l'irréalité ne se pose même pas.

Mais pourquoi le transfert est-il placé constamment par Laplanche en relation avec le rêve ? Tout simplement parce que le cadre analytique engendre une situation artificielle qui met entre parenthèses, pour le temps de la séance, la réalité extérieure. C'est dire que le rapport de l'analysant au monde et aux autres n'est plus ce qu'il est dans la vie courante. L'autre qu'est l'analyste, et qui représente tous les autres, ne lui offre pas de résistance, n'entre pas en réaction avec les propos tenus, ne propose aucune tâche à entreprendre. De même sont levés, dans la situation analytique, les impératifs de la vie économique, sociale, politique, morale ou religieuse. Pas plus que dans le rêve, il n'y a donc ici de véritable altérité, d'abord et avant tout parce que le langage spécifique de cette situation n'est pas le langage intentionnel, c'est-à-dire celui qui vise à communiquer un sens à un interlocuteur. En analyse on ne parle pas véritablement, lorsqu'on se laisse aller à la libre association, on « déparle » puisque l'on dit n'importe quoi en mettant en suspens, comme dit Freud, l'intention et le vouloir et que l'on tend donc à se rapprocher d'une certaine forme de délire.

Laplanche ne fournit pas ces explications, mais elles sont supposées par la proximité, qu'il souligne, du transfert et du rêve. C'est pourquoi il reconnaît nécessaire de répondre à l'objection de Viderman pour lequel cette clôture sur elle-même de la situation analytique conduirait à une déréalisation et devrait donc être caractérisée par le fantasme ou le fictif opposé au souci de la réalité. Laplanche veut répondre à cette objection : à ses yeux on ne saurait parler de fictif, et donc d'irréalité, puisque le transfert est la manifestation de l'inconscient et que l'inconscient selon Freud ne peut être soumis à l'épreuve de réalité. On ne peut donc pas attribuer à la situation analytique la catégorie de fiction ou d'illusion parce qu'on ne peut pas lui faire subir l'épreuve de réalité.

Mais Laplanche sent bien que cette réponse n'est pas suffisante, qu'elle n'est rien d'autre qu'un tour de passe passe métapsychologique. L'objection de Viderman (dans *La Construction de l'espace analytique*) ne cessera pas, en effet, de hanter ce livre. Apparue à la page 83 elle est reprise à la page 236, comme s'il n'y avait pas encore été répondu. Car, à supposer que l'inconscient freudien ne soit pas soumis à l'épreuve de la réalité, c'est-à-dire qu'il ne puisse être dans ses affirmations contredit par la réalité extérieure, par les événements du monde environnant, par les jugements tirés de l'expérience, on est bien obligé de se demander de quelle sorte de réalité il relève. Laplanche, dans cette voie, avance à petits pas.

La réalité du transfert, qui est la réalité dans laquelle se déroule la situation analytique, c'est, nous dit-il, la réalité de l'inconscient. Mais à nouveau on peut demander en quoi consiste la réalité de l'inconscient. La question n'est pas impertinente. Elle secoue et fait trembler de bout en bout ce livre de plus de trois cents pages, sans qu'il puisse lui être apportée de solution, car enfin cet inconscient n'est rien d'autre qu'un produit de notre imagination. Ce n'est pas moi qui le dit, c'est Jean Laplanche. Je ne peux éviter de vous citer intégralement la page 76, car cette lecture nous évitera de nous encombrer de précautions inutiles et nous ouvrira un territoire où nous pourrons penser librement le sujet qui nous intéresse aujourd'hui :

« Le rêve, c'est l'ouverture, brusquement, ou l'éveil, sur l'inconscient. Le rêve n'est pas l'inconscient, même s'il fonctionne au plus près de celui-ci. Ce que Freud montre, c'est que son *fonctionnement* est au plus près du fonctionnement de l'inconscient, au plus près de ce que nous pouvons *imaginer* d'un processus dit primaire, d'un processus qui ne serait pas lesté, pas refréné, pas inhibé, où les pensées ne s'arrêteraient pas sur un but, sur un terme, sur une visée pragmatique ; mais, à la différence de ce qu'on peut *imaginer* de l'inconscient, le rêve fonctionne sur des contenus qui ne sont pas spécifiques, qui sont ce que nous appelons des “restes diurnes”, des morceaux de la vie quotidienne parfaitement accessibles à la conscience. Le rêve c'est donc du préconscient soumis au processus inconscient, aux lois du processus primaire ; tandis que *nous nous figurons* — mais cette fois nous n'en avons pas d'autre modèle — l'inconscient ou le ça, non seulement comme processus mais comme comportant des contenus qui lui soient propres ; contenus que nous ne pouvons guère que *conjecturer*, puisqu'ils sont par définition refoulés, très difficilement accessibles. Mais il est d'autres différences, entre le rêve et l'inconscient, que cette hétérogénéité de leurs contenus. Toujours dans la mesure où nous tentons de l'*imaginer*, le fonctionnement inconscient est fermé à la dimension intentionnelle, c'est-à-dire fermé à une ouverture sur un référent, une ouverture à autre chose que lui-même. »

C'est l'honnêteté intellectuelle dont il fait toujours preuve qui a fait écrire à Jean Laplanche cette page libératrice. Mais, comme bien souvent dans son œuvre, il affirme des vérités premières fort troublantes pour le petit monde analytique, sans pouvoir en tirer les conséquences. La chose est fort compréhensible. Car s'il avait déployé le contenu de cette affirmation : l'inconscient est un produit de notre imagination, cela le conduirait bien loin de la doctrine freudienne, ce qui est par définition impensable. Car enfin pourquoi se fatiguer à chercher de quelle nature est la réalité de l'inconscient, s'il est tout simplement quelque chose que nous imaginons, que nous nous figurons, que nous conjecturons. Pourtant, à partir de l'affirmation de la réalité et même de l'hyperréalité de l'inconscient, la logique interne à une recherche sérieuse va conduire Laplanche à des découvertes qui ne manqueront pas pour nous d'intérêt.

La réponse à la question de Viderman va peu à peu tout au long de ce livre se diversifier. Laplanche essaie toute une série de solutions. Il renvoie par exemple au texte de l'*Esquisse*, où Freud parle du trop de réalité auquel le sujet doit faire face. Puis il propose l'hyperréalité de l'infantile. Ou encore, le noyau dur serait cette expression, la dernière et la plus vraie, de nos désirs inconscients. Le dépôt inconscient de ce vécu infantile serait lié fondamentalement à la sexualité. En outre l'auteur va tenter de rapprocher le transfert du fantasme, de la parole et de la sexualité. Ces trois éléments s'entrecroisant sans cesse.

Mais où donc s'entrecroisent-ils ? Cela n'est dit qu'en passant, comme timidement, alors que Laplanche fait là un pas décisif dans un champ que l'analyse semble vouloir ignorer et qui peut pourtant nous conduire à reposer en termes nouveaux la question de la nature de la relation psychothérapeutique, et en conséquence la nature de toute relation entre les humains. Je vais me contenter de reprendre les passages où Laplanche, dans son livre, ouvre ce champ sans toutefois en tirer les conséquences.

Tout d'abord à propos du rêve, il écrit : « Autre point où le rêve ne peut être considéré comme tout à fait équivalent à l'inconscient, c'est l'ouverture sur l'autre, la dimension de la communication ou l'adresse. Nous parlions tout à l'heure de la dimension référentielle, il s'agit cette fois de la dimension de l'allocutoire, la virtualité qu'un discours soit adressé à quelqu'un. Eh bien, ici encore, nous nous représentions l'inconscient comme fermé, comme une sorte de discours qui ne serait adressé strictement à personne, un phénomène de sens sans référent mais aussi sans allocutaire. Or qu'en est-il du rêve ? Assurément il ne parle pas directement à quelqu'un ; il a son autonomie, sa subsistance propre... Mais néanmoins on ne peut se passer de relever chez l'être humain, de tout temps, bien avant l'analyse et en dehors d'elle, une véritable compulsion — assortie d'un plaisir certain — à raconter à d'autres le rêve, à l'ouvrir sur un autrui ; c'est ce mouvement spontané de conversion vers un allocutaire qui, dans l'analyse, devient encore plus manifeste, puisque toute l'évolution des rêves au cours de l'analyse, c'est qu'ils deviennent de plus en plus un élément du dialogue et, plus généralement, de la relation » (p. 78).

Plus loin à propos du jeu dans les analyses d'enfant par Melanie Klein, il remarque : « Le problème n'est pas celui de la matière du discours — de son matériel verbal ou, par exemple gestuel — mais du fait qu'il est adressé à quelqu'un : communication, allocution et non pas simple comportement, même doué de "sens". En d'autres termes le jeu peut être pris comme un comportement, mais dans certains cas, il peut être une adresse, et cet aspect est évidemment le seul qui intéresse Melanie Klein » (p. 106).

Finalement Laplanche lâche le morceau à propos de cet infantile sexuel qui serait le noyau dur de l'inconscient : « Cet *hyperréalisme* serait, dans son fond, à rapporter à cette condition de base, indépassable, du vécu infantile, que constitue l'*hyper-signifiance* de ce vécu, soit le débordement des capacités structurantes de l'enfant par une luxuriance de messages dont il n'a pas la clé, mais dont il sait que ce sont des messages » (p. 222). Ou encore : « Ce que j'essaye cette année de cerner c'est la façon dont la cure, ou, d'une façon plus générale, les situations de transfert, sont en résonance avec cette immersion du petit humain dans un univers de signifiances qui lui préexiste et qui le dépasse, le déborde et le traumatise » (p. 235). Ces messages ou ces signifiances reçus par l'enfant seraient émis par les parents ; ils seraient en particulier le produit du désir sexuel énigmatique de la mère. De plus ces messages, sur ce point Laplanche est explicite, ne seraient pas nécessairement verbaux. « Ils peuvent être intra-verbaux ou para-verbaux » (p. 234). Ils peuvent dire tout en étant constitués par le faire ; ils peuvent même être, comme on vient de le voir pour le jeu, de simples comportements.

Vous avez donc bien entendu : l'hyperréalité de l'inconscient qui est de l'ordre de la sexualité se réduit à des messages reçus par l'enfant et qu'il ne peut assimiler. On n'est donc plus dans le fictif puisque les messages qui ont été reçus par l'enfant sont bien des messages réels, verbaux ou non verbaux qui peuvent être détectés par ce que l'on pourrait appeler soit la macro- soit la micro-perception. En conséquence une certaine réalité va pouvoir être donnée au transfert. On peut penser que l'analysant transférera sur l'analyste ces messages intériorisés durant son enfance.

Chose curieuse, après tous ces détours et tous ces essais de solution, l'auteur nullement satisfait en vient à noter : « Vous voyez que si j'ai voulu insister longuement sur le thème du fictif, et la réduction de l'analyse au fictif, c'est que cette question revient toujours » (p. 249). Nous sommes à la fin du livre et l'on pourrait penser que ce thème a été suffisamment traité. Mais il n'en est rien. Pourquoi donc cette question revient-elle toujours ? Sans doute parce que le point d'aboutissement de la réflexion de Laplanche ne peut être pris en considération dans la situation psychanalytique. Ou pour le dire autrement : la situation psychanalytique est ainsi faite que ce point d'aboutissement y perd son sens. Si l'on accepte, comme clef de tout ce débat, la traduction de la réalité de l'inconscient en termes de message, c'est la situation analytique qu'il faudra repenser autrement et se poser des questions aussi élémentaires que celles-ci : qui, dans l'enfance et maintenant dans l'analyse, émet des messages et à quelle fin, qui dans les deux cas les reçoit ? Qu'est-ce en effet qu'un message qui ne serait adressé à personne ou à quelqu'un qui est n'importe qui ou personne ?

Revenons à l'enjeu du débat. Laplanche voudrait répondre à l'accusation portée par Viderman selon laquelle la psychanalyse se déroulerait dans le fictif. Mais peut-être cette polémique n'a-t-elle nulle raison d'être. Car il est facile de montrer qu'ils ont tous les deux raison. Il est bien vrai que la psychanalyse crée un espace artificiel et se déroule sans tenir compte de la réalité, sur une autre scène comme le disait Octave Mannoni, reprenant une expression de Freud. Nous nous y mouvons après avoir mis entre parenthèses tous les impératifs de la réalité extérieure et c'est donc bien de fiction qu'il s'agit. Viderman a donc tout à fait raison. Mais cette fiction est une réalité ; elle est, par exemple, la somme des souvenirs de séductions de l'enfance, comme le veut Laplanche. En cela il a donc raison.

Leur erreur à tous deux est de ne pas suffisamment réfléchir sur la nature à la fois fictionnelle et réelle de cet espace. Leur erreur est encore de ne pas penser le rapport de ce réel fictionnel avec la réalité extérieure, celle de nos vies intramondaines. Mais, comme psychanalystes, enfermés dans leur discipline, peut-être ne le pouvaient-ils pas.

Essayons de reprendre la question en des termes différents et tout simplement traditionnels. Par quoi notre vie quotidienne est-elle dominée et informée ? La réponse ancestrale, toujours actuelle, ne fait aucun doute : elle l'est par l'imagination. Or le pouvoir et les productions de l'imagination sont bien réels, mais pas dans le sens où nous l'entendons pour la réalité extérieure.

Vous pouvez lire par exemple dans l'un des *Petits traités d'histoire naturelle* d'Aristote : « De même que, en effet, sur le point d'accomplir un acte, et pendant que nous l'accomplissons et après que nous l'avons accompli, nous y pensons souvent et le faisons dans un songe véridique *(euthuoneira)* (la cause, c'est que le mouvement se trouve préparé par les éléments recueillis durant le jour), de même inversement il est nécessaire que les mouvements qui ont lieu dans le sommeil soient souvent les principes d'actions accomplies durant le jour : c'est que l'idée de ces actions a déjà été préparée dans les représentations *(fantasmata)* de la nuit. »

Donc les produits de notre imagination durant le jour sont comme les rêves l'antichambre de notre action.

Loin d'Aristote, mais dans notre culture, c'est l'opinion de Montaigne : « Il ne faut point de cause pour agiter notre âme : une rêverie sans cause et sans sujet la régente et l'agite. »

Plus près de nous encore, comme une évidence universelle, Casanova nous prévient en le soulignant au seuil de ses *Mémoires* : « Plusieurs choses deviennent réelles qui n'existaient auparavant que dans l'imagination. »

Enfin, hier même, ces phrases d'Émile Coué, qui a profondément marqué notre maître Charles Baudouin : « Chaque fois qu'il y a conflit entre l'imagination et la volonté, c'est toujours l'imagination qui l'emporte et, dans ce cas, non seulement nous ne faisons pas ce que nous voulons, mais nous faisons précisément le contraire de ce que nous voulons et plus nous faisons d'efforts volontaires, plus nous faisons le contraire de ce que nous voulons. »

On pourrait même aller jusqu'à montrer (mais je ne m'y attarderai pas faute de temps) que ce ne sont pas d'abord les sensations qui préparent les perceptions, mais les hallucinations. Le nourrisson, par exemple, qui ne peut pas encore percevoir distinctement le monde environnant, le connaît dès sa naissance dans sa totalité et dans ses différences et l'hallucine de la sorte afin de pouvoir le saisir distinctement. C'est là que l'imagination prend racine, dans une capacité à sentir, à connaître et ensuite à agir sur la réalité extérieure, qui est donnée dès le principe et qui sera toujours là avant toute action. Cette capacité est le réservoir des possibles, elle est une puissance, un pouvoir et une force qui nous oriente et nous détermine dans toutes les entreprises intramondaines.

Il n'y a donc pas à se défendre du caractère fictif ou fictionnel qui marque de bout en bout l'expérience analytique. C'est en effet ce qui en constitue la valeur et l'efficacité. Il est peut-être seulement inutile de se cramponner au terme d'inconscient, utilisé substantivement, puisque celui d'imagination fait tout aussi bien l'affaire et qu'il est alors porteur d'un trait positif, disant quelque chose de son contenu, alors que le mot inconscient ne sera jamais que le négatif de la conscience, entraînant avec lui des difficultés philosophiques et pratiques à peu près inextricables.

Si les psychanalystes redoutent les accusations au sujet du caractère fictionnel de leur entreprise, c'est qu'ils ne pensent pour ainsi dire jamais les rapports entre fiction et réalité. Je ferais aujourd'hui à la psychanalyse deux sortes de demandes conjointes et opposées : qu'elle aille plus avant dans l'affirmation et la réalisation du fictionnel, qu'elle articule et associe effectivement dans la cure ce fictionnel à la transformation de l'existence. Nous savons en effet, par exemple, qu'un psychanalyste strictement fidèle à Freud *d'une part* ne s'interroge pas sur les moyens d'obtenir un état qui pourrait rendre possible l'association libre et se contente d'inviter le patient à dire tout ce qui lui passe par la tête, *d'autre part* il ne s'intéresse pas à la réalité de la vie du patient, il veut rester sur l'autre scène, celle de l'inconscient ou selon Laplanche celle du rêve.

Pour la plupart d'entre vous, un tel langage apparaîtra sans doute comme une caricature de leur manière de travailler. Il y a beau temps, me direz-vous, que les psychanalystes ont pris leur distance à l'égard des règles imposées par la stricte orthodoxie. Je le crois volontiers, mais cela ne nous empêche pas de penser le plus exactement possible les situations que provoquent différentes techniques.

Je reviens donc aux deux demandes que je fais à la psychanalyse. Tout d'abord par quels moyens préparer les analysants à l'association libre ? C'est-à-dire comment créer un état où l'intention et la volonté, selon les propres termes de Freud, n'aient plus de part de telle sorte que la parole devienne une « déparole ». Nous savons bien que cela n'est pas facile. Si beaucoup de psychanalyses tournent en rond, c'est qu'elles ne sortent pas du registre de la pensée consciente et que l'injonction de tout dire, c'est-à-dire l'injonction à la liberté, dont on a remarqué souvent le caractère paradoxal, ne suffit pas à libérer la parole de l'analysant. Pour obtenir cet état ne serait-il pas possible d'utiliser des techniques d'induction de l'hypnose ? Ceci ne serait pas illégitime, puisque Freud a noté à maintes reprises que le moteur de l'hypnose et celui du transfert étaient identiques. L'association libre est la conséquence d'un état de détente et d'abandon, nous devrions donc nous attarder à créer cet état. Lorsque le psychanalyste qui veut relancer l'analysant lui pose itérativement la question : « À quoi pensez-vous ? », il risque de privilégier le registre de la pensée et de la maîtrise, alors que la question qui se pose lorsqu'on a réussi à placer quelqu'un dans un état où l'intention et la volonté ne jouent plus leur rôle, cette question devient : « Que ressentez-vous ? » Ce qui oriente inévitablement le travail sur le versant des émotions et de l'imagination.

La seconde demande concerne le rapport à l'existence du patient. On a dit que la guérison en psychanalyse était donnée par surcroît et que l'on n'avait pas à s'en occuper. Sans aucun doute, cela permet à l'aventure psychanalytique de se développer, mais il y a des patients qui ne réussissent plus à faire retour à leur existence et dont la vie est absorbée par la psychanalyse. Il faut trouver un moyen de combiner les deux aspects. C'est ce que l'on cherche à obtenir en hypnothérapie. D'une part on essaie de créer l'artifice de la détente et de l'abandon, d'autre part on cherche à permettre au patient de modifier peu à peu son existence. Si l'hypnose a été le plus souvent considérée dans le passé comme un état de pure réceptivité qui rendait sensible aux injonctions de l'hypnotiseur, elle est maintenant le point de départ d'une transformation de l'existence. Émile Coué déjà — lui qui avait puisé le meilleur de l'hypnose auprès de Liébault à Nancy — ne cessait de répéter qu'il n'y a pas de suggestion qui ne soit autosuggestion. Il n'y a donc pas d'hypnose qui ne soit, comme le répétait Milton H. Erickson, auto-hypnose. Ce que l'on apprend au patient, c'est à se guérir lui-même, à se changer aujourd'hui comme il lui paraît qu'il peut le faire. Le thérapeute est alors un catalyseur qui rend possible l'autoguérison.

Il pourrait vous sembler que je me suis égaré par mes spéculations loin de la question posée par le transfert qui est cette relation intense qui va de l'analysant à l'analyste. Il me semble que nous y voilà revenus des deux pieds et que nous pouvons nous engager maintenant dans une réflexion plus poussée sur le transfert.

Reprenons l'hypothèse de Laplanche. Le transfert serait, dans sa structure, semblable au rêve. Mais pourquoi cette analogie ? Parce que, comme on l'a vu, la relation analytique divan-fauteuil est coupée de la réalité extérieure, que la parole n'y est plus intentionnelle, que nous sommes sur l'autre scène, celle dite de l'inconscient. Nous y parlons comme en rêve, nous ne mettons plus de limite à l'expression de nos désirs, de nos sentiments ou de nos pensées, ni par intérêt ou utilité, ni par souci d'une action, ni par respect pour l'interlocuteur. La seule limite qui est posée est celle de l'interdit de l'agir, et cela ne fait qu'accentuer la ressemblance entre situation analytique et rêve, car le rêveur est lui aussi interdit de mouvement.

Mais, me direz-vous, en quoi cela concerne-t-il le transfert, puisque le transfert est une relation à un autre et que vous décrivez l'individu en analyse comme sans relation ? La réponse est claire : le transfert est une relation fictive, fictionnelle, déréalisée. L'analyste est une personne qui est Personne, comme Ulysse aux prises avec le cyclope. L'analysant en fait ce qu'il veut, il y projette à sa guise toutes les personnes connues et inconnues dont il a besoin pour dire ce qui le fait souffrir ou jouir. C'est pour cela que l'on dit que le psychanalyste est neutre, un visage sans visage. Il arrive bien souvent qu'un analysant ne sache pas véritablement si son ou sa psychanalyste est blond ou brun, s'il a des lunettes ou s'il n'en a pas, s'il est grand ou petit. L'analysant a rêvé son psychanalyste.

Vous savez bien pourtant que la description que je fais là n'est qu'une des faces du transfert. Pourquoi un analysant est-il capable d'atteindre son analyste au défaut de sa cuirasse avec une habileté sans égal, pourquoi est-il capable de saisir au début ou à la fin d'une séance les différences de son regard ou les nuances de ses gestes ? Pourquoi un bonheur ou une dépression de l'analyste se communiquent-ils dans certains cas à l'analysant avec l'immédiateté de la foudre ? La communication est donc ou peut donc être très intense, trop intense. Trop parce qu'elle est elle aussi sans limite et que le ou la psychanalyste en viennent à prendre dans la vie du patient une place démesurée, à la mesure du rêve entretenu. Comme le disait Freud, la névrose s'est changée en névrose de transfert, seconde névrose à laquelle il est bien difficile de mettre un terme.

De ces faits nous devons conclure que la neutralité du psychanalyste n'est pas neutre du tout, ou alors que sa neutralité, c'est-à-dire son retrait en deçà des échanges ordinaires, porte la relation à l'extrême de son intensité. La neutralité, parce qu'elle s'établit dans le domaine du rêve et de l'imagination, devient quintessence de relation. C'est pour cela, à mon avis, qu'elle peut devenir le point de départ d'une modification de l'existence. S'il est vrai que le rêve par ses adresses et l'imagination par ses projets déterminent l'existence intramondaine. Comme si le psychanalyste, en s'introduisant dans la structure du rêve et de l'imagination du patient, pouvait en renouveler les éléments ou le rapport qu'ils entretiennent entre eux. Finalement la neutralité, pour être efficace et pour avoir un sens, suppose un investissement maximal de l'analyste. Le transfert, comme relation intense de l'analysant à l'analyste et de l'analyste à l'analysant, ne serait plus seulement semblable au rêve, il supposerait une entrée dans le rêve et l'imagination du patient, une formidable effraction pour les modifier de l'intérieur. L'analysant ne se contenterait plus de se répandre en fantasmes et en plaintes répétitifs et à la fin inentendus, il accepterait, à travers cette relation portée au rouge, une nouvelle torsion de son existence.

Mais cette manière d'envisager les choses est peut-être improbable, car un autre piège s'ouvre sous les pas du transfert. Selon Freud, et cela est devenu une des mieux vulgarisées parmi les fables de la psychanalyse : le transfert aurait une invincible tendance à devenir amour de transfert. Et, dans ce cas, l'analyse s'arrête et aucune modification n'est envisageable. Avant de nous demander si la précipitation du transfert en amour est fatale, nous devons savoir en quoi consiste cette précipitation. Le transfert est ce lien puissant par lequel l'analysant ou l'analysante transforme l'analyste en l'autre dont il rêve, et donc un autre dont il ou elle serait aimé (ou persécuté, ce qui revient au même). C'est donc la neutralité de l'analyste, le fait qu'il soit disponible à revêtir tous les masques, qui fait virer le transfert en amour. Mais un autre trait fondamental est ici à relever : le transfert ne se change en amour que par le passage subreptice du fictif au réel. L'analysant ou l'analysante, ne supportant plus l'artifice de la cure, met en acte le transfert, c'est-à-dire le fait pénétrer dans la réalité. Mise en acte qui est passage à l'acte. À l'illimitation du transfert qui, fictivement, fait de l'autre l'objet de tous les fantasmes, se substitue la réalité effective de l'amour infini, soit donc la passion amoureuse.

Si nous nous demandons maintenant pourquoi toute neutralité ne conduit pas à la passion amoureuse, la réponse nous est donnée par la description du passage du transfert à l'amour. Cette chute ne sera pas fatale à la condition expresse que le transfert demeure dans le domaine du fictif. Mais comment cela est-il possible ? Si le fictif n'était que pur imaginaire, que pure illusion, son maintien ne serait pas tenable, car alors des séances reprises des mois durant ne pourraient ouvrir bientôt que sur le délire (solution dont nous savons qu'elle n'est pas seulement un cas d'école). Il faut donc que le fictif, tel que nous en avons parlé plus tôt, devienne réalité, une hyperréalité. Mais de quelle réalité ou hyperréalité s'agit-il ? Pour répondre à cette question, il faut décrire plus avant la neutralité dont on vient de voir qu'elle était à l'origine du transfert.

En étant neutre, je suis, comme psychanalyste, indifférent à tout ce que pourra dire ou éprouver l'analysant. Je lui ouvre la possibilité sans limite de parler et de sentir tout ce qui viendra à surgir en lui. Mais indifférence ici ne signifie pas désintérêt ou désinvestissement. C'est même tout le contraire. La neutralité n'est pas une attention flottante, au sens de vague, diffuse ou hésitante : elle est concentration exclusive à l'autre, elle est l'accueil par excellence, la disponibilité active, l'ouverture à tous les possibles qui viendraient à se faire jour. En un mot elle est disposition, énergie sous tension et déjà communication d'une puissance qui va trouver dans l'existence les voies de sa réalisation. Elle est donc comme artifice bien plus réelle que la réalité extérieure, elle est la force de l'existence pure sans encore de détermination, mais contenant en elle toutes les déterminations possibles.

Je suis sûr que ces mots ne sont pas pour vous des abstractions, mais qu'ils sont chargés de votre expérience quotidienne, du meilleur de ce que vous proposez à ceux qui viennent vous trouver dans le désarroi ou dans la peine. Nos analysants ou nos patients n'ont que faire de notre amour, de notre sympathie, de notre commisération ou de notre pitié. Ce qu'ils viennent chercher, c'est la source de l'énergie, de la force et de la puissance, une source dont ils se sont éloignés ou qu'ils n'ont jamais connue. Nous pouvons la leur donner dans la mesure où, ne voulant rien de particulier pour eux, nous nous concentrons sur nous-mêmes sans pensée, sans émotion, sans désir, et bien plus encore sans inquiétude et sans angoisse, pour aller rejoindre l'origine de notre existence ou plus simplement le fait de notre existence. Nous nous posons, nous nous plaçons là devant eux ou à côté d'eux comme des arbres dont les racines vont loin dans le sol, plantés dans la vie la plus dépouillée, à la fois esprit et terre, en état de correspondance avec tout et avec rien, comme si nous étions au commencement du monde, au premier matin.

Romantisme que tout cela, penseront certains, et même, certains parmi eux iront jusqu'à sourire : mysticisme que tout cela. Ils auront raison, et j'accepte volontiers comme vérités ce qu'ils prennent pour des injures. Pensez-vous que nous pourrions poursuivre longtemps notre travail si nous n'étions capables de rejoindre par quelque biais les poètes ou les visionnaires ? Nous ne sommes tout de même pas dans nos officines comme dans des fabriques d'objets de consommation. Ce qui nous passionne, c'est de faire resurgir l'existence là où elle s'était enlisée dans la boue ou dans les marais. Mais comment le pourrions-nous, si nous ne nous placions pas nous-mêmes, avec ceux qui l'ont éprouvée ou proclamée, au cœur de l'extrême pauvreté qui donne tout parce qu'elle n'a rien, qui ne possède rien parce qu'elle veut pouvoir s'étonner à chaque instant qu'il y ait, qu'il y ait quelque chose et non pas rien. *Thaumazein*, l'étonnement dont la science est fille, comme le dit Aristote, ou qui permet, selon Péguy, de « remonter le courant de l'être ».

Adieu la vérité*

Ils ont vu, et leur regard, définitivement, a été modifié. Le cours de leur vie, fleuve sortant de son lit sous la violence d'un séisme, ne retrouvera plus les vallées d'autrefois. Un instant qui courbe l'histoire. Jamais plus. Désormais. La nouveauté. Le radicalement autre. Éblouissement d'un soleil insupportable ou bien vertige au bord d'un abîme, Dieu, la mort. Brusquerie d'un commencement qui réduit le passé à l'inconsistance d'un tas de broutilles. Les traits épars de l'avenir prennent leur place, limaille sous l'effet d'un formidable aimant. Une route qui redresse les courbes et les détours, des échos se répondent parmi les accidents et les monstres, une harmonie des aspérités. Le sens parcourt la diversité naguère insignifiante. Pascal : joie, pleurs de joie, et plus tard, tout accepté jusqu'à l'eau bénite. Maître Eckhart créant le monde, pas seulement avec Dieu, mais ainsi que Dieu lui-même. Jean de la Croix : miens sont les cieux, mienne la terre. Plus rien qui échappe, plus rien au-dehors, plus rien d'étranger ou d'étrange. Les asperges trouvées sur le chemin à l'automne, les murs infiniment lointains de la prison, la foule qui se presse dans les solitudes.

Et s'il s'agissait plutôt de s'amuser sur les bords, sur les crêtes, sur les confins, sur les rebords pour dire que peut-être il y va de l'autre côté, ou de l'autre versant, ou de l'autre

---

* Paru dans *Nouvelle Revue de Psychanalyse*, « Résurgences et dérivés de la mystique », automne 1980.

rive, ou de la vue prise, attrapée juste après le tournant, ou juste avant lui parce qu'on s'est retourné, que l'on a jeté un clin d'œil au-dessus de son épaule, un paysage qui ne se reverra plus ; les occasions sont si nombreuses, un temps, un instant sans doute, pas même pour se souvenir, pour le garder et l'empaqueter, pas non plus pour faire sa petite provision d'images, de sens, de beautés et de tristesses, comme s'il fallait prévenir la soif d'un autre jour, plutôt pour l'envoyer par-dessus sa tête, pour le balancer comme un noyau de pêche, quand on est fatigué de le croquer ou de le sucer, parce qu'on n'a plus envie de s'y faire les dents. Pourquoi serait-ce une expérience fondamentale, une expérience décisive, un sommet atteint, une grande première, une sans seconde, sans autre, unique, et pourquoi pas la plus furtive, celle qui ne se reproduira pas, parce que jamais la lumière ne sera tout à fait la même, parce qu'il y avait ce jour-là un nuage qui voilait le soleil de ce côté, un certain vert qui ne sera plus coloré ainsi au pied de la falaise, ou un certain mauve du rocher parce que la neige était encore proche ? C'est tous les jours que les moments ne se retrouveront plus. Ce regard de peine ou cette bouche de malice ou cet amour qui embrasse tout le corps dans la pénombre et qui élargit la place pour le fondre et s'y fondre, puis les contours qui résistent et qui réveillent. Où avez-vous vu le définitif et le plus jamais, sinon celui qui dévorerait de son feu les multiples visages et les multiples faces ? Il n'y a de décision que celle reprise à chaque aurore pour la déposer à la nuit. Ce n'est même pas que tout passe, comme si l'on pouvait adopter un point qui mépriserait la fuite, un point à la vue tournante plus rapide que la lumière. Un point fixe en somme, c'est RScela que vous cherchez, que vous voulez agripper pour vous y installer, même si c'est inconfortable. Dans le mouvement, la chute et l'échec, réussir à ne pas bouger, puisque le centre est partout. Ou bien vous cherchez des rythmes et des nombres, vous voulez pouvoir compter, et surtout ce qui vous intéresse, ce que vous désirez avec obstination, c'est pouvoir recompter, toujours et encore le même nombre, le même calcul connu par cœur. Cœur envahi d'amour, dites-vous, mais comment, puisque vous n'êtes pas amoureux aujourd'hui, sans lendemain, puisque vous n'acceptez pas de vous perdre dans ce qui se passe, puisque, au lieu de conter ce qui coule moment après moment, vous répétez l'unique, la vision, l'hyperclarté qui doit suffire, le Sinaï de feux et de paroles, inusables, toujours à tourner et retourner, un brillant qui raye chaque chose sans jamais se rayer lui-même. C'est cela dont vous rêvez, que vous dites tenir dans vos mains : enfin, qu'il y ait un enfin qui soit un commencement absolu.

Ils disent qu'ils ont un message à transmettre et qu'il faut se préparer à le recevoir. Jamais assez purs pour entrer dans leur vision, la partager, faire le même chemin, passer par les mêmes voies escarpées. Ils veulent faire de tous des mêmes, parce que leur vision est pour tous. Se faire happer par leur inspiration, se laisser pousser par le souffle venu des lointains, être pris par le courant, comme eux, avec eux, ne pas résister à ces forces. Vers le haut. Plus solitaire est leur expérience, et plus innombrables leurs disciples. Saint Bernard traversant des bourgs, et les hommes se pressent pour le suivre sans savoir où ils vont, ce qui pourra leur advenir, subjugués par la voix, torrent de séduction qui coule depuis l'éternité où se mêlent la neige et le soleil. Dix pieds de glace sur cent pieds de lave. L'infini plaisir de croire en celui qui a vu, dont la certitude est sans faille, qui ne laisse pas le moindre espace, le plus petit interstice, le moindre défaut où puisse s'introduire quelque doute. Plus de vacillement, nulle flamme qui hésite, nul son qui vienne troubler l'harmonie. La perfection. Comment ne pas se laisser emporter ? C'est la négation même dont ils sont venus à bout, s'installant pour toujours dans le rien du monde, habitant le vide pour l'acclimater et pour qu'il ne revienne pas ébranler à l'improviste les murailles de la ville reconstruite. L'abîme comblé par leur soin, la foule peut en parcourir les chemins.

Qu'est-il possible d'opposer ? À l'inobjectable on n'oppose rien. D'ailleurs comment opposer sans certitude, et la seule qui se puisse être est qu'il n'y en a pas d'assez forte, à moins de s'entraîner à ne plus rien sentir, voir, toucher, à faire taire toutes les questions, parce que l'espace et le temps sont abolis. J'ai entendu le vacarme d'un village africain, bruit nécessaire, la nuit durant, pour faire réapparaître la lune éclipsée, nécessaire pour soutenir l'angoisse de sa disparition. Elle est revenue éclairant d'européens sourires. Vous qui avez fait des nuits le jour, vous rejoignez les calculateurs qui ont voulu effacer l'insupportable incertitude du retour de la lumière, dont les pleurs inconsolables de l'enfant au crépuscule sont pour nous la dernière trace. Si je ne suis pas assuré que le soleil se lèvera encore, que tu m'aimeras demain, sans doute est-ce que je ne puis accepter que cet amour prenne les traits d'un chien fidèle, mais c'est surtout que je veux être prêt à l'étonnement si jamais demain cet amour commence. Pour un jour encore, pas pour toujours, pas à jamais. Ce ne serait là que les mots de la stérilité et de la mort.

Si je décide, c'est pour la forêt. Je ne peux plus laisser la futaie proliférer à sa guise, son exubérance risque bientôt de devenir ma prison. Mais pourquoi préférer le chêne au sycomore, le feuillu au résineux, car tout peut pousser sur ma terre ? Sur quoi miser et pourquoi serait-ce à vingt ans et non pas à cinquante ? Tous les choix sont bons et mauvais. C'est selon. Excellents aujourd'hui, mais peut-être désastreux plus tard, ou insipides maintenant, précieux par la suite. Comment savoir ? Petites décisions, limitées, infimes, et cependant audacieuses parce qu'elles engagent des générations ; critiquables, car elles ne sont corrigibles qu'à long terme. Je ne vois que peu loin et de proche en proche, l'épaisseur et l'obscurité peuvent reprendre. La clairière n'est que d'un instant, même si j'y place déjà mon avenir et ma mort. Choix imperceptibles au regard de la grande forêt qui fixe le sol et régit les eaux. Choix graves, de toute façon, parce qu'ils pèseront dans leurs conséquences. Légère inflexion sur le cours du temps des arbres. Résistance imperturbable de ces cercles concentriques qui marquent la suite des années. Il n'y a que du partiel, du relatif, du régional ; il n'y a qu'un court savoir circonscrit.

Monstres que vous êtes avec vos ouragans absolus. Cavaliers ravageurs qui avez fait de la grande forêt castillane la terrible Meseta. Terre à blé sans doute, mais infiniment monotone. Vous étiez croyants, mystiques, mathématiciens, splendides recréateurs du calcul après des siècles de barbarie et de ténèbres, mais quel désastre tout de même ! Vous l'avez eu votre soleil, la lumière définitive, irrémédiable, sans espoir d'une ombre, qui ronge et dévore tout ce qu'elle touche. Je préfère la douce clarté des Abruzzes au printemps, celle qui rend païen à jamais, qui ne violente aucune chose, qui filtre assez pour donner l'illusion qu'elle vient d'en bas, du sol même qu'elle réveille doucement. Je déteste la brusquerie de vos évidences, vos buts toujours impatients, votre perpétuelle étourderie, car vous êtes perpétuellement ailleurs. Vous ne vous soutenez que de l'ignorance de la complexité qui vous entoure et des réductions par lesquelles vous contraignez.

Vous savez bien que tout discours est incertain et que l'on ne sait jamais d'où et quand viendra la révélation de cette incertitude, c'est pourquoi vous avez voulu dès l'abord prendre en compte l'incertitude radicale, de telle sorte que plus rien par la suite ne puisse vous étonner. Quand on fait sa terre de l'abîme et du néant, de l'absence ou du vide, la multitude de nouvelles apparences ne saurait troubler. Chaque phrase est pour vous du feu qui déchire le ciel et s'inscrit à jamais. Et si c'était le long chemin du fleuve, imposé par des dénivellations, les failles, les butées. Il s'étend grâce aux ramifications opposées de ses affluents, il est contraint de creuser son lit, de descendre toujours davantage, il s'enfonce, forcé par les obstacles, par ce qui lui résiste, par ce qui l'oblige à se détourner, parfois à s'oublier en infinis méandres pour trouver le meilleur angle d'attaque. Mais le succès de son dire demeure provisoire. Il ne s'affirme que ce jour, en ce lieu, et ne sait rien de la rencontre qui viendra s'opposer à lui demain. Il ne sait rien par avance, il n'a pas de solution tous azimuts, il n'est pas croyant une fois pour toutes, et en chaque point de la même façon. Ici la glaise à imprégner et le sable où se perdre, là effeuiller le schiste et contourner le granit. Chaque liaison de mots, pour tenir, doit se charger de la plus extrême patience, autrement, sous la poussée des contradictions qu'elle recèle, elle se briserait et ne serait plus que des morceaux épars.

Triomphe des petites choses, impossibilité de proposer des valeurs définitives, incapacité de lever le cou plus haut que la tête, fin des prétentions, cheminement lent des sabots sillon après sillon. Nul temps que l'on puisse réduire, allonger ou abolir. L'énoncé le moins lapidaire. Parcourir. La faim, l'envie, la passion, l'amour, les forces qui viennent d'en bas. Nulle croyance générale, quelques expériences fortuites, des rêves entretenus comme rêves parce que c'est mon plaisir, et autant de cauchemars qui suscitent le besoin de se battre. Sortir de la prison et des pièges, venir à bout du filet qui me recouvre, heure par heure, jour après jour.

Votre édifice est sans autre fondement que la cécité engendrée par la trop grande clarté du rien. Vous chantez l'extrémité et l'absence, et que tout est cendre et déchet. Vous adorez l'horreur qui vous fascine et vous recouvrez tout cela du grand mot de vérité. Ainsi vous liez les mains et les têtes, vous n'avez de cesse qu'ils s'autodétruisent dans la passion du mépris, de l'abandon, de l'infinie négligence de toutes les formes de vie. Plus loin, plus large, plus profond et plus vaste doit aller le désert, la brûlure consumante de toutes choses. Au-delà, au-delà ; que chaque forme se réduise au brouillard qui s'évanouit, à un nuage éloigné par le vent. Vous dites : clarté, transparence, éclat. Mais vous ne vous rendez pas compte que vous épaississez les ténèbres tout autour de vous, que votre lumière n'est qu'une victoire à la Pyrrhus, qu'elle est seulement le refus aveugle de considérer la nuit alentour, celle qui serait capable de reposer vos yeux et de leur faire découvrir, d'abord dans la pénombre, tant de figures ignorées. Vous ne connaissez que ce que vous pouvez broyer entre vos mains, jamais ce qu'il faut doucement approcher, effleurer, caresser, reconnaître main à main, doigt à doigt, point par point. Vous abolissez sans même le savoir toute possibilité de découverte, d'invention, de renouvellement. Tout est donné pour vous, puisque déjà tout est détruit. Il n'y a plus rien qui pousse et qui serait susceptible de renverser votre vérité sinistre, votre désabusement devenu le principe premier de l'univers. Ceux qui ne se laissent pas séduire par votre terre dévastée, qui ne se précipitent pas dans l'incendie que vous avez allumé, qui ne marchent pas enthousiastes, inspirés, ravis, vers le cimetière grandiose que vous leur offrez, vous les traitez de pleutres et de divertis, de gens qui ne savent rien de la flamme et de l'eau, parce qu'ils ne se préparent pas dans l'allégresse à être consumés ou engloutis.

Nous n'avons pas la prétention d'avoir atteint la lumière, peut-être même aucune lumière, car il nous arrive de voir la nuit et le jour échanger leurs qualités, et se donner l'une pour l'autre. La sottise d'hier est l'intelligence d'aujourd'hui, et rien ne fertilise le sol comme les déchets. Avec votre éclatante pureté vous êtes les précurseurs ou les derniers *soutiens d'une civilisation* que hante le besoin de propreté, qui fait de l'exclusion, de la partition, de la ségrégation l'indispensable moyen de survie. Nous aimons le mélange des idées, des genres, des races. Le bien est aussi du côté du mal, la vulgarité source de beauté, le plus commun capable de l'unique. La certitude d'être aveugle et de ne même pas savoir en quoi et comment rend nécessaire la recherche et oblige à l'invention. Construction incertaine dans l'obscurité, hypothèse fragile cernée par l'ignorance, dentelle pour fixer la boue, nous n'avons aucune peine à accepter que la vérité ressemble à une adéquation provisoire que l'on se donne, un prisme qui modifie assez le réel pour le rendre conforme à nos désirs et nous permettre de nous y reposer un instant avant de laisser à nouveau le reste, l'exclu, l'abandonné nous investir et nous contraindre à d'autres découvertes. Et si notre image se trouble sous l'effet de l'ouverture de notre bêtise, et qu'il faille laisser venir autre chose qui nous effraie d'abord, nous admettons que ce ne soit pas plus à la fin que pour assurer une nouvelle image et rendre plus ferme le narcisse que nous resterons. Pourquoi voulez-vous déchirer les vêtements qui nous protègent, arracher les cils qui tamisent votre lumière et réduire à néant nos constructions imaginaires ? Elles nous rendent sensibles aux nuances des tons, aux gammes des camaïeux, à l'infinie variation des intensités. Il n'y a que des vérités multiples, passagères, remplies de mensonges qui nous plaisent aujourd'hui et qui se dissiperont peut-être demain parce que la terre aura tourné.

Laissez-nous un espace pour rire et danser, laissez-nous gambader n'importe où et nous perdre, trébucher sur un tronc coupé et tomber notre long, nous tromper, pas une fois, mais dix, mais cent, refaire les mêmes erreurs, sans profit, sans regret, parce que les illusions nous amusent. Tout ce que nous connaissons n'est qu'un crachat sur la mer. L'énorme masse liquide nous entoure et nous fait faire ce que nous ne voudrions pas, à notre insu. Ou bien c'est la même machine secrète, qui se présente à nous sous des visages toujours inattendus et qui nous manœuvre pour nous faire trouver tôt ou tard les mêmes ornières. On peut en pleurer de rage, si l'on s'obstine à vouloir jouer au maître qui domine, au voyant aveugle qui surplombe l'univers et ses remous, on peut aussi en rire et sauter çà et là comme sur les pierres d'un torrent que l'on traverse et ne pas trop s'émouvoir de glisser encore une fois. À quoi bon surimposer un sens et un but, comme s'il n'y en avait pas une multitude et qui changent, mais que nous ne connaissons que parce que nous nous persuadons de les connaître. Pas plus que les fleuves qui vont pourtant quelque part, nous ne soupçonnons ce qui adviendra, et ce peut être la plus grande banalité, le plus commun oubli. Rire de nos certitudes, rire de nos croyances, de nos amours et plus encore de nos haines les mieux chevillées. Il n'y a rien qui ne puisse devenir autre ou moindre, ou qui ne sache disparaître sans même un signe. Rien n'est plus durable que les odeurs furtives qui montent de la terre, celle de l'herbe coupée, celle de la pluie qui s'achève, celle des feuilles froissées dans les mains, celles qui s'entrecroisent dans les chemins où l'on court.

Table

Achevé d'imprimer en juillet 2015
par l'IMPRIMERIE MAURY S.A.S.
Z.I. des Ondes - 12100 Millau

N° d'impression : G15/52596C
N° d'édition : 7381-0818-4
dépôt légal : avril 2000

Imprimé en France